新时代教育家与特色学校创建丛书

丛书总主编　杨光富　武海燕

学做真人

齐齐哈尔中学求真教育办学思想的实践探索

张志勤　**主　编**

孙　浩　董　海　杨轶雪　**副主编**

苏州大学出版社

图书在版编目(CIP)数据

学做真人:齐齐哈尔中学求真教育办学思想的实践探索 / 张志勤主编. —苏州:苏州大学出版社,2021.3
(新时代教育家与特色学校创建丛书 / 杨光富,武海燕总主编)
ISBN 978-7-5672-3458-1

Ⅰ.①学… Ⅱ.①张 … Ⅲ.①中学-办学经验-齐齐哈尔 Ⅳ. ①G637

中国版本图书馆 CIP 数据核字(2021)第 019305 号

书　　名	**学做真人** 齐齐哈尔中学求真教育办学思想的实践探索
丛书总主编	杨光富　武海燕
本书主编	张志勤
责任编辑	汤定军
策划编辑	汤定军
装帧设计	吴　钰
出版发行	苏州大学出版社 (地址:苏州市十梓街 1 号　215006)
印　　刷	镇江文苑制版印刷有限责任公司
开　　本	700 mm×1 000 mm　1/16
字　　数	235 千
印　　张	15. 25
版　　次	2021 年 3 月第 1 版 2021 年 3 月第 1 次印刷
书　　号	ISBN 978-7-5672-3458-1
定　　价	65.00 元

发现印装错误,请与本社联系调换。服务热线:0512-67481020
苏州大学出版社网址　http://www.sudapress.com
苏州大学出版社邮箱　sdcbs@ suda.edu.cn

编委会

主　　编： 张志勤

副主编： 孙　浩　董　海　杨轶雪

编　　委：

安东旭　李　勇　徐国臣　孟宪东　曹　蕊　孟淑娟

薛立群　李振洋　贾书贤　王翠娟　王玉昕　王　磊

孙　鹏　吴　丹　刘　敏　杨柏松　马金俊　于毅丰

李维佳　康纯芳　张　智　张传锋　赵赫南　刘奉阳

孙海琴　王立峰　董　佳　郭宏静　李莉莉　单金威

吴珊珊　杨光富　武海燕　张丹宁　章　盼　周志杰

陈钰颖

做新时代的教育家和好校长
总序

奚洁人

随着新时代的来临，中国人民对美好生活的向往越来越强烈，对教育的需求和期待进入了新阶段。高质量的教育需要好老师，好老师施展才能需要好学校。一所好学校应该是有特色的学校，一所好学校必然需要具有教育家素养的好校长。因此，为了满足新时代“建设教育强国、办好人民满意的教育”的需求，创建特色学校、呼唤新一代教育家和好校长成为人民的希望。正是在这样一个特殊的时间节点，“新时代教育家与特色学校创建丛书”出版了，这是一件值得庆贺的事。

这套丛书主旨有三个核心指向。其一是指向新时代。中国特色社会主义进入新时代，这是我国发展的新的历史方位。教育是时代进步的标志，教育是服务国家、面向未来的，是国之大计、党之大计！新时代赋予教育的使命是什么？习近平总书记曾在全国教育大会上指出：教育工作的目的是凝聚人心、完善人格、开发人力、培育人才、造福人民，要为中华民族的伟大复兴培育德、智、体、美、劳全面发展的社会主义建设者和接班人。因此，教育的新时代已然来临，在中国发展新的历史蓝图中，教育者必然要找准自己的位置，不负重托，不辱使命，在高歌向前的历史潮流中做出自己应有的贡献。教育是民族发展的基石，基础教育更是教育的基石。作为基础教育的中小学教育使命崇高、责任重大，它意味着：必须全面贯彻落实党的教育方针，承担起为国造士育才的奠基重任；必须着力于培养有人文情怀、民族气度、中华风骨的全面发展的“大写的人”；必须着眼于培养面向世界和面向未来、能勇于直面未知、肩负起建设人类命运共同体之责的世界公民；必须着重于激发学生的内生动力，引导他们乘时代之东风而扬帆启航，走善于驾驭自我的自觉成长之路。其二是指向教育家。众所周知，作为新时代基础教育发展的引路人，中小学校长的能力与素质将直接决定中国基础教育的走向和发展的高度。办人民满意的教育，一定程度上也取决于校长的觉悟与水准，因为他们是引领“中国梦之队的筑梦人”。一位优秀的中小学校长应是什么样的人？“教育家”这三个字想必是我们所有人心中的答案。教育家办学一直是中国教育界努力追求的目标与指向，对学校进行正确的思想引领是教育家办学的最高价值追求。基于全新的历史转变与发展视角，不难看出新时代的教育家是能够真切回应“为谁培养人、培养什么样的人、怎样培养人”这一关键问题的人。他们是全面贯彻党的德、智、体、美、劳五育并举教育方针尽责尽力的人；他们是以自己先进教育思想和理念引领教职工改变学校教育环境的人；他们是潜心躬耕于学校教育实践、时刻关注孩子成长并以自己高尚人格影响塑造师生品格的人；他们是勇于守初心担使命、助人筑梦、助人圆梦的人；他们更是具备高度的专业化水准、着眼于全球发展大格局和教育发展大趋势的人。因此，中小学校长成长为教育家不仅是满足教育发展的需求，也是新时代所赋予的使命。其三是指向特色学校创建。马克思主义者承认“人是环境和教育的产物”，同时更强调环境和教育“正是由人来改变的”。因此，特色学校既是师生工作学习和成长的环境，又是教育家校长带领师生共同创造的教育环境。特色学校创建是我国基础教育改革与发展的战略方向，是改变千校一面、“唯分是举”、片面追求分数的教育观念和改革教育现状的应然要求。特色学校是在先进的教育思想及办学理念的指导下，基于独特的文化传承、现实基础及发展愿景，在长期的办学实践中既不断创新又一以贯之所形成的具有独特韵味的办学风格及优质办学成果的学校。因为教育是“人与人精神相契合、文化得以传递的活动”

（雅思贝尔斯），所以特色学校的创建遵循了教育的内在规律，最大限度地关照人、尊重人，着眼于学生良好人格构建与自主成长的需求，在生命、生存、生活乃至发展生涯等维度构筑学生发展的路径和平台，其终极指向是学生的兴趣与特长、人格与能力、理想与信仰等优良品质的养成。也正因为如此，学生的群体气韵和良好的集体人格特征才是特色学校的优质名片。

“新时代教育家与特色学校创建丛书”的鲜明特点之一就是兼具纵深感和整体性。丛书视野中的学校不仅有小学、初中和高中各学段的学校，还包括经济发达的城市中学、偏远落后的农村乡镇中小学、厂企转制回归地方的特殊学校等，在地域上涵盖了从祖国东部到西部的跨越，在学校类型上兼备了从省会城市学校的深厚精致到塞外乡镇学校的纯粹与质朴，体现了丛书作为全国性教育案例的典型性和代表性，这也是难能可贵的。

国家昌明，必贵师重傅；学校兴盛，必德才兼顾。虽然丛书中所涉猎的新时代教育家的高度可能还不尽如人意，新时代特色学校的真正特色还需要继续梳理挖掘和开创，但“高山仰止，景行行止。虽不能至，心向往之”。

是为序。

2020 年 6 月 8 日于上海

（作者系中国浦东干部学院首任常务副院长、中国领导科学研究会原副会长、上海市领导科学学会首任会长和名誉会长、教授、博士生导师）

齐齐哈尔中学赋

于　波

北国名城，美丽鹤乡。斯校也，叶茂枝繁，底蕴厚重；其学也，凤集鸾翔，丰神俊朗。齐齐哈尔中学勋名驰于龙江，巍巍乎雄踞于卜奎，薪火赓续，誉播遐荒。

尝忆一九四九，齐中肇创；时称齐铁一中，庠序开蒙。一九七六，省立重点；二零零二，示范高中。历经风云，脚步清晰凝重；奋楫七秩，弦歌振铎传声。适逢甲申，铁一更名齐中；归属地方，学府威望频升。沐日月星光，齐中芳草绿，详述教育叙事，谱就人生华章。教人求真，培元固本勒石铭；学做真人，追高求卓树榜样。孜孜园丁，遍植栋梁；青青子衿，学运恒昌。怀瑾握瑜，魁首质量，必求人人成人；掬水濯苗，育才沃壤，追求人人成功。言传焉，身教焉，诠释治校精髓，践行兴教大纲。

春华秋实，沐雨栉风，笃信奋勉，行健无疆。赫赫齐齐哈尔中学，教泽绵远鸿功昭仰。市级大榜，九摘文理双星；高考状元，三登全省顶峰。立志而成学，循序以致精，问鼎北大清华，升学折桂蟾宫。莘莘学子，遍及宇内海外；灼灼桃李，艳遍南北大江。今之齐中，办学理念与时并进，教风谨，威信生，学风习习清韵扬，校风浩浩凯歌唱。淬锋蓄势，初心来路不忘；焚膏继晷，社稷使命担当。

先进集体，优秀单位，国省奖项，熠熠星光。英贤渊薮，雄杰源地，殊荣为证，佳绩屡创。明德担责修身力行，勤学善思触类旁通。释疑解惑，教天地人事，质量是生命；授业传道，铸弘人自觉，规则作保障。厚德载物，昭昭师道惠家邦；敦品励学，矻矻教者骋沙场。常态化，特色化，风格化，优质化；关键点，着力点，突破点，激励点。整资源，理秩序，为生之道，为学之道，体现信念信仰，引领发展方向。

鲜花斗艳，草木葳蕤，独览教苑风光；墨韵飘馨，惠风和畅，尽占仙阙华芳。鼓楼钟响，豪情骀荡，卓越齐中，嵯峨恢宏。格物致志，历秋雨而果丰穰；博学雅行，拈春华乎神思长。积馥郁之学养，显菁华之嫣芒，文章华府风雅颂；校长职级改革，格局纷呈精彩，执经问义赋比兴。一中心，三维度，国学素养，科技支撑。航空航天壮志长风，尚仁尚礼曜名韫望。赛场竞技，频传艺冠群芳；教坛论剑，常有锦奖高擎。

素质加个性，合格加特长；规范加特色，专业加专长。施教因材，赢在班级胜在课堂；培优扶差，纵向取萃横向求广。创名校，鹏翼高翔，师生黾勉同心，诚怀赤诚满腔；占鳌头，暑耘寒耕，思接古今真理，胸纳四海来风。竞学海，良师导航，跃马争雄，举中华巨旗，立明德纲常；重主体，兼容并蓄，厚积薄发，担天下道义，绘锦绣前程。教者善行躬耕，修枝抹赘，诲人未央；学子热血激昂，养气守正，功显德彰。学府俨然，黉宇崔巍，殷殷校训雄雄志向——壮哉齐中，擘划时代鸿猷，振翮远景风光。

教育服务人民，齐中至真至诚。树办学理念，倡科艺相彰；继圭臬纲领，奠校本基桩。入斯地，诗书礼乐化书香，德智体美焕春芳。承斯教，抑扬顿挫诵典章，侧勒努趯写辉煌。美哉齐中，意气方遒，伟岸宏业永襄；优哉齐中，蓄势待发，一路扬帆远航！

（作者系黑龙江省齐齐哈尔市新闻传媒中心高级记者、中国作家协会黑龙江省分会会员）

目　录

第一章　理论与渊源：求真教育的理论基础

齐齐哈尔中学的创建始于 1949 年，其原名是齐齐哈尔铁路分局第一中学。1976 年成为省首批重点中学，2002 年被评为省级示范性高中。学校学生曾三次获得省高考理科状元，9 次夺取市理科状元和文科状元。建校 70 多年来，学校培养了一大批以中国工程院院士栾恩杰为代表的优秀毕业生。在多年的办学实践中，学校秉承“教人求真，学做真人”的校训，并提出了“求真教育”的办学思想，将思想渗透到学校课程、教学、管理、学生发展等各项工作中去。

齐齐哈尔中学的建设发展离不开理论的支撑。在雄厚的理论基石之下，齐齐哈尔中学的求真教育体系才能够蓬勃发展。首先，学校构建了全球视野下的求真教育脉络；其次，学校拥有求真教育理念的顶层设计；最后，学校有具体的教育理论作为支撑。

第一节　全球视野下的求真教育思想发展脉络

所谓求真，实际上和“诚实”二字息息相关。古往今来，不论是国内还是国外，都有很多教育大家倡导求真。虽然他们的表述不尽相同，但所拥有的核心思想是一样的，即倡导诚实守信。孔子、苏格拉底、杜威、陶行知都是非常著名的教育家，在他们的思想中可以看到求真教育的影子。

一、孔子“信”之观

子以四教：文、行、忠、信。孔子主张四教并重，他重视知识层面的“文”之教。所谓的“文”，即文化的学习。作为读书人，孔子自然倡导文化方面的熏陶。而与“文”相对应的是“行”，孔子主张个人需要言行一致，从而才能够成为真正的君子。从这个角度来说，孔子也十分重视实践层面的“行”之教。除此之外，孔子还强调道德层面的“忠”之教和“信”之教，而其中的“信”之教与求真教育密不可分。对于孔子的观点，齐齐哈尔中学的老师也有感悟：

子曰：“富而可求也，虽执鞭之士，吾亦为之。如不可求，从吾所好。”孔子喜欢钱，很想致富。“虽执鞭之士，吾亦为之。”如果不为尊者讳的话，孔子对富贵的强烈愿望是不言而喻的。孔子的等级观念非常强。

——李莉莉：《阅读养德，教人求真》

“信”指的是日常交往相处时应遵守的基本道德规范，与“忠”构成个人品格的内在基础，同为孔子思想重要的伦理道德范畴。“信”之教是一种道德教育，指人们交往时表现出来的讲诚信、重诺言的外在行为的养成，亦指个人给予信任、言行一致的内在修养的塑造。“信”之教在于教育意蕴与教育内涵，以此来彰显儒家德智相济、以德驭智的教育价值取向。①

---

① 黄冬冬，黄明喜. 孔子“信”之教考辨[J]. 教育史研究，2019（4）：58—65.

也就是说，孔子所谓的“信”之教倡导的是给予个人道德方面的培养，让人们在日常行为中遵守相应的道德规范，从而形成一种讲诚信、重诺言的良好修养，让人成为真正的君子。

孔子认为“信”是一个人应该具备的最基本的道德品质，是人之为人立于世上的最基本的德行。他说：“人而无信不知其可也，大车无輗，小车无軏，其何以行之哉?”①

这句话的意思是，人不可以没有“信”，如果一个人没有了“信”，那么他就像车没横木不能行走一样。由此可见，孔子以车为喻，进一步强调了人如果不诚信是无法立足于世的。从这个角度出发，孔子已经将诚信的遵守和能否立足于世相互联系，由此可见“信”这个字在孔子眼中的重要地位。

“朋友”之谊是《论语》中的核心伦理关系之一。《论语》开篇即讲“有朋自远方来，不亦乐乎”，可见孔子将朋友之间的关系作为基本的社会伦常之一，并在社会功能的表述上赋予其秩序性的伦理意义，同时也规定了其相应的关系准则。②“有朋自远方来，不亦乐乎”是一句耳熟能详的话语，体现出孔子的“信”，即孔子与朋友之间的“信”。因为无论朋友在何处，孔子与他们总是能够坚信彼此之间的友谊，而在这种“信”的支撑下，当朋友从远方来的时候，才能够做到“不亦乐乎”。

“信”是言与行的统一。孔子指出，守信不仅是言语上的，还要体现在行动上，即判断一个人是否“信”，不能“听其言而信其行”，而要“听其言而观其行”，看其能否做到言行一致。“古者言之不出，耻躬之不逮也。”这句话的意思是，古人不轻言，以行不及言为耻。也就是说，孔子倡导人们需要言行一致，这也是求真教育的体现。但是，很多时候说起来容易而做起来难。正因为言易行难，君子必须谨言慎行。由此，孔子也是在这个意义上强调，“君子欲讷于言而敏于行”，即君子必须正

---

① 刘敏. 论《论语》中的“信”的思想[J]. 理论观察，2019（08）：40—43.

② 杜海涛. “不亿不信”：信息“缺场”的信任选择——论孔子的信任思想及其现实意义[J]. 东南大学学报（哲学社会科学版），2019（1）：26—31，143.

确处理与把握言行关系，因君子重信，所以少言、慎言，外在表现好似木讷、愚笨，但表象背后是君子的重信求仁。孔子直截了当地指出，“君子耻其言而过其行”。这句话主要是说，君子以言行不一致为耻，所以孔子要求的是说到做到。

从统治者的角度来说，孔子也强调以“信”治民，因为如果统治者以政治来领导民众、以刑罚来整治民众，民众只求免于刑罚，不认为不服从领导是可耻的。如果统治者以德行来感化民众、用礼仪来约束民众，民众慢慢会“知耻”，久而久之就能达到统治者希望他们达到的样子。

为政以德，譬如北辰，居其所而众星拱之。“德”即得也，统治者要秉承上天赋予的德性，以德性为本。孔子强调统治者首先必须具备高尚的德行，用自己的德行去感召民众，才能治理好国家，特别注重统治者的道德修养，而“信”德就是十分重要的德行。在孔子看来，“信”不仅存在于个人生活领域，用来调节人际关系，“信”还存在于政治生活领域。因此，孔子主张统治者必须具备“信”德，制定合理的政策树立威望，获取民心。①

由此可见，孔子“信”的理念与求真教育紧密相连。从这个角度出发，小到个人的言行，大到国家的治理，都需要做到“信”。即在求真理念的指引下，个人可以发展完善，国家可以治理有效。

二、苏格拉底“诚”之念

苏格拉底在西方哲学史乃至世界哲学史中占据着举足轻重的地位，古今中外的多名学者对苏格拉底都有很高的评价。“苏格拉底‘是精神本身的一个主要转折点，这个转折点是在他身上以思想的方式表现出来的’，作为‘首位雅典哲学家’‘西方哲学的奠基者’，其宝贵的思想涉及哲学、政治、神权、伦理、道德、辩证法等多个领域。”② 也就是说，

---

① 张玉杰. 孔子“信”之内涵探析——以《论语》为中心[J]. 辽宁教育行政学院学报，2018（3）：4—7.

② 王惠敏. “三大美德”视域下苏格拉底体育价值思想及当代启示[A]. 第十一届全国体育科学大会论文摘要汇编[C]. 中国体育科学学会，2019：4174—4175.

苏格拉底的思想涉及了方方面面。而值得注意的是，苏格拉底也是非常讲究“诚”与“信”的。

首先，从苏格拉底关于“正义”的论述中可以体会他的“诚”的思想。苏格拉底认为，守法就是正义。而这样就将“守法”和“正义”两者相互关联起来。

首先，从城邦之法和不成文法方面来说，严格地遵守城邦之法，不违反现行的法律规定，才能在城邦中建立一种牢固的守法精神。首先，守法是依法治理城邦的最终环节和核心部分，城邦上下形成对法的确信，一致地遵守法律是对城邦进行有效管理的前提。法律通过人民的遵守来实现对个人权利的保护、对国家政权的维护，这也是建立一个和谐稳定的城邦之要义。严格地遵守不成文法，即不违背人类公认的伦理道德，才能避免行为本身所带来的惩罚、增强全社会的道德观念，这样一来，人类社会就会形成一种共通的价值观念，行正义之事、不做不义之事自然而然地会成为人类的行为准则。①

如果想让一个城邦和谐稳定，就需要每个人做到对法律的维护，这体现出来的是一种遵守，这种遵守是需要所有人共同维护共有的道德文化体系，由此才能够做到正义。所有人对共同道德体系的维护体现出来的是所有人的“诚”。由此可见，只有大家都能够求真，都能够遵守相应的准则，这个城邦才能和谐。这是苏格拉底的“诚”。

其次，苏格拉底关于死亡的论述也能够体现他的“诚”的思想。实际上，“灵魂不死”是苏格拉底的观点，在苏格拉底的眼中，灵魂和肉体是相互分开的。也就是说，苏格拉底将灵魂与肉体区别开来，肉体是灵魂使用的工具，并不是人的本质，只有灵魂才是。因此，从这个角度出发，灵魂统治肉体。人既有自己的肉体，也有独特的灵魂；人既有脆弱的肉体生命，也有强大的精神生命。

在苏格拉底的审判中，因为苏格拉底要遵循法律，要遵守自己内心

---

① 严晓. 良法与恶法之争——论苏格拉底的守法精神[J]. 法制与经济，2019（11）：151—152.

的正义，所以才能够毅然决然地赴死。

自己如果从事政治活动，就很容易在政治斗争中牺牲，无论于己于国，都徒劳无益。“真心为正义而困斗的人，要想苟全性命于须臾，除非在野不可。”即使后来被无理控诉，在法庭申辩中，苏格拉底还希望法官们能够让他继续活着，不是为他自己，而是为雅典城邦和雅典民众。“雅典人啊，我此刻的申辩远不是为我自己，如有人之所想，乃是为你们，使你们不至于因处死我而辜负了神所赠的礼物……这样的人不易并遇，你们若听我劝，留下我吧。”①

苏格拉底是为了心中的信念、为了自己城邦的信念而走向死亡的道路，这里可以充分体现出苏格拉底的“诚”。

三、杜威道德观

杜威是著名教育家、实用主义思想的代表人物。“作为享誉国际的伟大哲学家、教育家，美国学者约翰·杜威在他长期不懈的学术研究和教育实践过程中取得了许多哲学与教育学成果，提出了很多富有创设性的道德教育主张，尤其是他的生活化道德教育思想一度成为各国备受追捧的道德教育改革新风尚。”② 从杜威关于道德教育的论述中，我们可以清晰地捕捉到求真教育的影子。

首先，杜威提倡追求兴趣的“真”。杜威十分不满传统教育中对孩子的压制，他提倡的是“做中学”，在“做”中体现儿童的兴趣。对于兴趣的追求体现了儿童对于自己本性的释放，即追寻自己本来的“真”。杜威的教育过程也是求真的过程。实际上，杜威十分重视兴趣观念在教育中的地位。杜威认为，一个人只有对自己所做的事感兴趣，才会认真去做这件事。兴趣的实质就是自我对某一对象的主动认同，此处的自我主要指一个人对自身存在的实际体验。也就是说，兴趣才是最好的老师，

---

① 田方林，魏榛. 苏格拉底的生死观及其当代阐绎[J]. 重庆师范大学学报（社会科学版），2019（3）：48—56.

② 殷秀萍. 回归生活——杜威的道德教育思想探析[D]. 哈尔滨：哈尔滨工业大学，2019：1.

因为兴趣所体现的是一种自我认同，是个人实实在在地希望去做好某一件事情，在这种内驱力的指引下，才真正有可能将这件事做好。

其次，杜威提倡的是道德教育中的“真”。与兴趣相互关联，杜威认为，道德是在生活中学习并对其中有兴趣的知识的一种积极体验。“杜威十分重视道德教育在学校教育中的地位与作用。他总结出道德教育的两种模式，即直接与间接的道德教育模式。他认为，直接的道德教育模式是一种道德观念强行灌输的模式，或者说是一种关于道德的知识强行传授的模式，这一过程并没有考虑到将道德观念付诸实践的动力。杜威批评直接的道德教育模式是一种病态的、失败的、流于形式的道德教育模式。在这种模式下，道德教育并没有使学生以同情和尊敬之情去关注他人的思想感情，他们在兴趣和情感上根本没有触动，他们更多的只是一种佯装向善的行为。这种道德教育模式不利于学生良好道德品质的培养。”① 也就是说，杜威所批判的是当时教育中道德教育的“假”。杜威认为当时“假”的道德教育是一种病态的、失败的、流于形式的道德教育模式，而在这种道德教育模式的引导下不可能有成功的道德教育。杜威自己所追求的是一种“真”的道德教育，他提倡间接的道德教育模式，即道德教育无所不在，并不是通过一门道德课程或科目就可以达到理想的道德教育效果。学校的道德教育要注重培养学生的社会性道德，学校里的一切设施都和道德教育有着直接或间接的联系，道德教育不是单独分离的。杜威提倡的是“三位一体”道德教育模式，即通过学校生活、教材和教学方法来统一进行道德教育的模式。这三方面相互联系，共同促进学生道德品质的提升，在道德教育过程中具有不可替代的作用。

最后，杜威提倡日常生活的“真”。“杜威视野中道德的含义是具有强烈的民主主义色彩的。他认为道德是在实现自身利益前提下的利他化，是一种朴素的道德，是一种发生在日常生活中的道德。因为他的民主主义社会的特征是所有社会成员应该享受并获得利益，有所贡献，社会就应该有所回报，贡献和回报之间应该实现一种平衡，这是民主社会

---

① 王世铎，孟宪乐. 杜威道德教育思想及启示[J]. 中国德育，2019（13）：15—19.

的核心。"① 也就是说，杜威希望的是将道德教育融入日常生活之中，包含在日常生活的所有点点滴滴里，因为日常生活代表的是个人真实的一面，杜威希望的是将日常生活的"真"与道德教育的培养相结合，从而达到道德教育的目的。

四、陶行知"教人求真"

陶行知是我国著名的教育家。他曾明确地指出："千教万教，教人求真；千学万学，学做真人。"这也是求真教育最为直接的来源。"教人求真，学做真人。培养出来的人，不做人上人，不做人下人，不做人外人，要做人中人。"② 也就是说，陶行知先生倡导的是一种"中庸"。当然这种"中庸"体现的是所有事情恰到好处。而"教人求真"是教育者应该做的事情，"学做真人"是学生应当学的。

陶行知先生告诉我们教学生求真知、学真本领、养真道德、说真话、识真才、办真事、追求真理、做真人。这也是我校的立教之本。本着求真教育的主旨，结合新课改提升学生科学素养的要求，我校也在尝试新的以"学习共同体"为主体的教学模式。

——董佳：《共学互助，求真悟理》

实际上，陶行知认为，读书求学、教书育人的第一要务就是求真。他在晓庄学校时就以"千教万教，教人求真；千学万学，学做真人"来自勉，后来又把这十六字写进了育才学校校歌。这十六个字道出了教育的本质、目标、宗旨、任务，已成为教育的至理名言和核心价值，被广为传颂，还被刻在了陶行知的墓碑上。这句名言内涵十分丰富。

这句名言中，关于"真"有两个关键词：求真、真人。其中，"求真"是手段，"真人"才是教育的最终归宿。真人是什么人？真人就是

---

① 石玉. 杜威的道德教育观对我国学校道德教育的启示[J]. 教学研究，2006（02）：103—106.

② 赵海蓉. 从"新"出发 学做"真人"——陶行知八字精髓在"新中班"的教育实践[J]. 科学大众（科学教育），2020（1）：100—101.

既保持本真、为人正直、真诚可靠，又知晓真理、追求真理、有真本领、有真才实学的全面和谐发展的人，即真正意义上的人。①

陶行知所追求的是让人追寻真情和真理。一方面，讲真情可以培养个人的道德，从而让个人成为具有优秀道德品质的人；另一方面，讲真理所代表的是一种科学精神。陶行知要求的是让个人具有优秀的道德品质和广博的学识，从而才能够真正达成教育的目的。由此可见，“真情”和“真理”是息息相关的，在这两方面的共同支撑下，才能够让个人成为优秀的个人。

陶行知的学习目的论即追求真理、学为真人的学习目的。他倡导学习者树立追求真理的就学目的。他把柏拉图的吾爱吾师、吾更爱真理作为毕生的追求，同时付诸实践。他认为行为的真理必须在真理的行动中才能追求得到。他要求青年坚持学做真人的价值追求。②

由此可见，陶行知倡导的求真教育体系体现的是“真情”和“真理”的结合，在两方面的相互作用下，方能够达成培养人的目的。学校老师中很多人都认为陶行知的教育思想与学校办学理念相关，这从问卷调查中可看出一二，如图 1-1 所示。

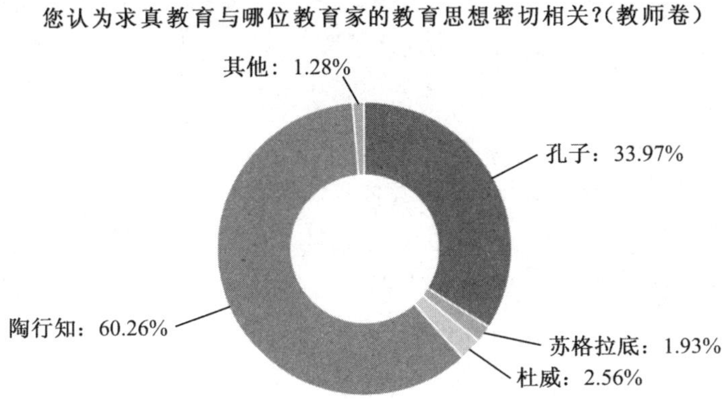

图 1-1 求真教育与教育家的教育思想之间的关系问卷调查统计

① 张先华. 从陶行知“求真教育”深度解读真语文内涵[J]. 语文建设，2013(19)：22—25.

② 刘克勤. 求真求实：高职生高效率学习的内核——基于陶行知学习思想的视角[J]. 中国职业技术教育，2009(2)：47—49.

陶行知认为，教师追求的也是一种“真”。教师最应该具备无私奉献的精神，在这种精神的指引下，教师才能够真正做到自己职业所要求的东西，从而才能“捧着一颗心来，不带半根草去”。

我们从事乡村教育的同志要把我们整个的心献给我们三万万四千万的农民。我们要向着农民“烧心香”。我们要常常念着农民的痛苦，常常念着他们所想得的幸福……你若把你的生命放在学生的生命里，把你和你的学生的生命放在大众的生命里，这才算是尽了教师的天职……真教育是心心相印的活动，唯独从心里发出来，才能达到心灵的深处……捧着一颗心来，不带半根草去。你们抱着这种精神去教导小朋友，总是不会错的。①

从陶行知的点滴论述中可以看到他所希望的教师精神。实际上，这种教师精神体现出的是教师的真心，也是教师的纯粹，这无疑是“求真教育”的核心所在。

第二节　求真教育理念顶层设计

齐齐哈尔中学致力于求真教育的建设，从多方面创建求真教育体系。学校以核心素养为依托，构建了核心素养脉络下的求真教育体系；学校的办学理念完整地体现了求真教育思想。

一、核心素养脉络下求真教育体系的构建

所谓核心素养，即一种能力，也就是学生未来发展所应具备的能力。“学生发展核心素养，主要是指学生应具备的能够适应终身发展和社会发展需要的必备品格和关键能力……中国学生发展核心素养，以‘全面发展的人’为核心，分为文化基础、自主发展、社会参与三个方面，综合表现为人文底蕴、科学精神、学会学习、健康生活、责任担当、

① 赵国权. 千教万教教人求真——浅议陶行知的教师素养理论[J]. 河南教育学院学报（哲学社会科学版），2011，30（6）：98—100.

实践创新六大素养。”① 从图 1-2 学校教师问卷调查结果来看，在参与调查的教师中，有 95.51%的教师对此持支持态度。

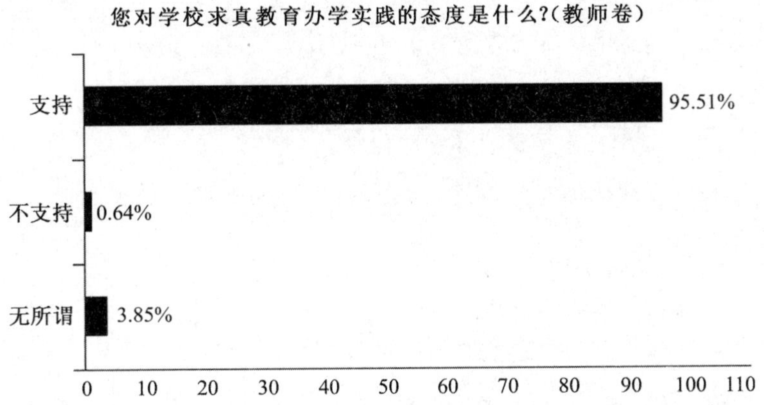

图 1-2　教师对求真教育办学实践的态度问卷调查统计

人文底蕴、科学精神、学习能力、健康生活、责任担当、实践创新这些素质归根到底是对人的发展全方位的要求，其内涵涉及一个人发展的方方面面。学校在核心素养背景下构建的求真教育体系也是本着学生发展之需，培养学生应该习得的各项能力，从而使得教育教学取得良好效果。

（一）探寻求知能力，培养学会学习的人

学生的发展是根据他们自己实际需要去探寻知识，这是一种自主发展的能力。所谓的自主发展，是让学生知道应当如何去学习，让他们自己去探寻属于自身的价值。这是一种主动的过程，即让学生有一种发自内心的对新知识追求的渴望，而非被动的知识灌输。学生应当具备的是一种对于自我价值的认识，在此基础上方可应对纷繁复杂的社会环境。学会学习所体现的是一种学习意识的培养与学习方式的展现，意为知晓如何灵活学习各种知识技能，这是学生的综合能力表现。

---

① 核心素养研究课题组. 中国学生发展核心素养[J]. 中国教育学刊，2016（10）：1—3.

学校重视学生求知能力的探寻，希望培养出学会学习的人。本着育人为本的理念，学校构建了以“求真知”和“做真人”为基本原则的多元课程体系；依着教人求真的理念，学校开始了学生学习共同体的建设，以期学生在此环境之下真正培养求知能力，从而真正成为一个学会学习的人。

1. 育人为本：多元课程体系的构建

学校多元课程体系的构建灵感来自霍华德·加德纳多元智力理论体系。

这一理论认为，就其基本结构来说，智力是多元的——不是一种能力而是一组能力，而且这组能力中的各种能力不是以整合的形式存在，而是以相对独立的形式存在。在《智力的结构》一书中，加德纳首次提出并着重论述了他所谓的多元智力理论的基本结构。加德纳认为，支撑多元智力理论的是个体身上相对独立存在着的、与特定的认知领域或知识范畴相联系的七种智力。换句话说，个体身上相对独立存在着的、与特定的认知领域或知识范畴相联系的七种智力构成了多元智力理论的基本结构……他所提出的七种智力的观点虽然比较准确地反映了人类智力的特点，但在某种程度上还只是一个理论框架或构想——重要的不是七种、八种或九种智力，而是一种多维度地分析智力问题的方法……事实上，加德纳自己已经于 1998 年又在前述七种智力之外增加了第八种智力。①

由此可见，加德纳提出的多元智力体系注重的不是某种单一的能力，而是多种相互联系的智力组成的一种智力结构。而综合来看，这几种智力主要包括“言语—语言智力、音乐—节奏智力、逻辑—数理智力、视觉—空间智力、身体—动觉智力、自知—自省智力、交往—交流智力和认识自然的能力”②。而这八种智力在每个人身上都会呈现出不同

① 霍力岩. 多元智力理论及其对我们的启示[J]. 教育研究，2000（9）：71—76.

② 霍力岩. 加德纳的多元智力理论及其主要依据探析[J]. 比较教育研究，2000（3）：38—43.

的组合方式，由此形成了每个人不同的智力结构。对于学生来说，可能某些智力表现较为突出，而其他智力表现不甚明显。从这个角度出发，可以认为学生有一种潜在的智力，而这部分的智力则是等待开发与发掘的。

因此，如果能为学生提供有利于某些智力发展的条件，那么就可以让学生的智力发展取得相应的进展；同样，如果学生没有接触到开发某种智力的环境，那么其生理潜能不论有多大，都不太可能被激发出来。基于此，学校致力于为学生提供多元化的课程及学习环境，以促进学生多元智力的激发，从而使其得到相应的发展。

齐齐哈尔中学以多元智力理论为依据构建其课程框架。从求真教育内涵出发，以“求真知”和“做真人”为课程体系两大支柱。

在“求真知”框架下开发出基础型课程与扩展型课程。基础型课程，顾名思义，即最基本的课程，此种课程是必不可少的，因此包含了国家必修类课程和国家选修类课程。这些课程是学生学习的基础，所涉及的知识体系是学生必须掌握的。而扩展型课程相对来说则更具有开拓性，可以将其理解为基础型课程的补充，在基础型课程都能很好掌握运用的基础上进一步发展，使学生能进一步认识所学习的知识。扩展型课程主要分为两大类，即人文类扩展课程和理工类扩展课程。此外，为了适应时代发展的需要，扩展型课程还包括国际化扩展课程，目的是让学生拥有更好的国际视野。齐齐哈尔中学的求真教育也非常注重学生道德方面的培养。

由图 1-3 可知，有 96.79%的教师认为求真与个人的品格培养有关。如果说“求真知”注重的是知识性的传授与获取，那么对于“做真人”来说则更加侧重于对学生内心的熏陶。所以在“做真人”框架之下开设的课程主要分为修身型课程和潜能型课程两大类。“修身”二字侧重的是对身心的修养，如何才能使身心得到应有的修养是学校所关注的。学校认为，学生首先应当有一个大体的对人生方向的规划，然后应当有良好的道德修养。从这个角度出发，在修身型课程之下，学校开设的课程类别分别是生涯教育类课程和涵养德行类课程。除身心修养之外，学校

您认为诚实、求真对培养学生良好人格是否重要?(教师卷)

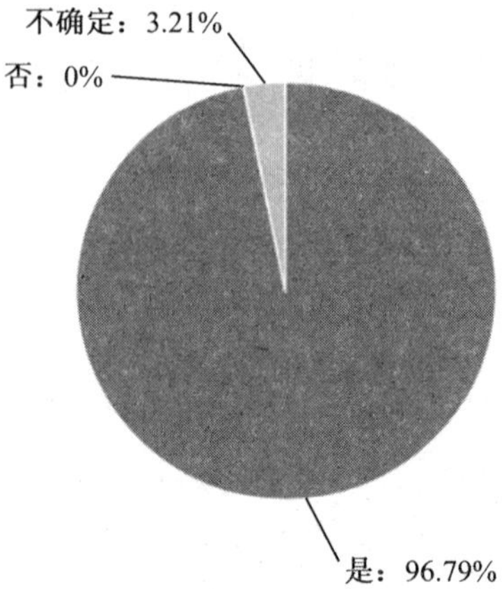

图 1-3　诚实、求真对培养学生良好人格的重要性问卷调查统计

还认为学生的潜能应当被激发，因而就有了潜能型课程的开设。潜能型课程包括了艺体素养类课程和创意设计类课程，此两种课程着重的是能力素质的培养和内在潜力的激发。人文类扩展课程包括“国学课”“行星与地球”“阅读课”“生活与哲学课”等。就人文修养来说，从传统文化到生活哲学，学校开办的课程体现了对人文的关注，从中也可以看出学校对培养学生深厚的文化底蕴的追求。

综合来看，学校开设课程的层次是十分清晰的，其总体目标是为培育终身发展的现代人奠定坚实的人生基础。在此目标之下，基础类课程可以使学生打好基础，为下一阶段的学习做好准备；扩展类课程可以使学生更好地发展自己的能力，成为更加优秀的自己；修身型课程则更加注重学生道德的培养和品格的完善；潜能型课程则使学生发展好自己的潜力，展现出个人的特长。由此来看，学校在多元智力理论体系构建的基础上、在求真教育理论体系的具体框架下开发出的课程体系是符合学校特色和适合学生发展的。

2. 教人求真：学习共同体建设

学习共同体的建设是学校倡导的一个学习理念，其构想与发展有着深厚的理论基础和积极的实践探索。

实际上，学习共同体的提法由来已久。1990年，彼得圣吉出版《第五项修炼》，第一次提出以系统动力学为基础研究如何建立一种理想的“学习型组织”。1995年，博耶尔对美国的一些基础学校进行调查研究，发表了《基础学校：学习的共同体》的报告。这些都为学习共同体建设打下了理论基础。

所谓学习共同体，归根到底，即一种交流与互动：

学习是学习者与学习环境不断相互作用的过程，这种相互作用既包括学习者与学习内容之间，也包括人与人之间，即学习者与助学者之间和学习者相互之间的作用。不难看出，人类的学习活动是学习共同体性质的活动。①

从学习的概念本身出发，学习的过程是学习者与环境之间的交互过程。此过程不是静止的，而是动态的，所追求的是一种交流互动。学生与教师之间的交流、学生与学生之间的探讨都会促进学习效果的展开。而对于“学习共同体”这个概念而言，其本身则意味着一种学习方式：

所谓学习共同体，是为完成真实任务问题学习者与其他人相互依赖、探究、交流和协作的一种学习方式。它强调共同信念和愿景，强调学习者分享各自的见解与信息，鼓励学习者探究以达到对学习内容的深层理解。学习者在学习的过程中与同伴开展包括协商、呈现自己的知识、相互依赖、承担责任等多方面的合作性活动。学习共同体有两个关键特点：一是分布式专长，二是相互欣赏。学习共同体可以分为现实的学习共同体和虚拟的学习共同体。②

由此可见，学习共同体的关注点在“共同体”三个字上，其含义是学习并非学生独自学习的孤立过程，而是在与他人的交流互动中不断提升，而得到的收获也是多方面的。教育教学从来都不是单方面的灌输，

---

① 薛焕玉. 对学习共同体理论与实践的初探[J]. 中国地质大学学报（社会科学版），2007（1）：1—10.

② 钟志贤. 知识建构、学习共同体与互动概念的理解[J]. 电化教育研究，2005（11）：20—24，29.

教师从来不应该成为课堂的主宰，学生也从来都不是一个被动的接受者。学习共同体教学方式的应用可以锻炼学生的多项能力，促进学生的各项技能发展。

学校为积极构建培养支撑学生终身发展、适应时代要求的关键能力的课程体系不断努力。因此，如上文中所提及的那样，学校在核心素养提出的大背景之下，以加德纳多元智力理论体系为依托，结合学校自身发展的需要，创设了多元课程体系。通过课堂改革、实验教学等多种途径，在培养学生基础知识和基本技能的过程中，学校逐渐采取学习共同体的方式进行教学实践，具体如图 1-4 所示。

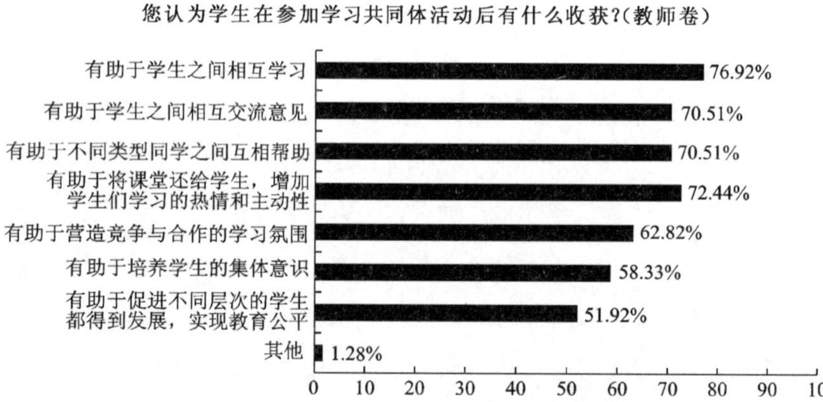

图 1-4　学生参加学习共同体活动后的收获问卷调查统计

利用学习共同体的方式，可以培养和提升学生在互助学习过程中独立思考、逻辑推理、信息加工、语言表达和文字写作的素养，从而使学生形成浓厚的学习兴趣，养成良好的学习习惯，并培养终身学习的意识和能力。

学校所探究的学习共同体是一种探究学生合作学习的方式，其目的是关注每一个学生，尤其是学习成绩相对较差的学生。在实践的过程中，学校尝试采取让学习成绩好的学生带学习成绩差的学生一起学习的方式，不要让任何一个学生掉队。从某种程度上说，这培养的是一种团队意识和合作精神。

（二）激发创新能力，培养具有科学精神的人

创新是一个时代的要求，现代社会的发展需要创新能力的养成和科学精神的展现。所谓创新，并不仅仅局限于专业人才高科技研究领域，学生在日常学习生活中发现问题、解决问题就是一种创新。而与创新能力相伴而生的是科学精神的展现，科学精神注重的是一种思维能力的养成，包含了理性批判与探究精神。

学校提倡创新能力的激发，在教育教学过程中注重对学生科学精神的培养。为养成学生的创新意识，学校开展多种创新项目，如航空航天项目实验室工作的开展和多种学科教室的创建，都是学校对于学生创新意识培养探索的展现。与此同时，在校园内打造多种特色文化更能对学生产生潜移默化的影响。学生和教师在教育教学活动中的作用不可替代，于教师而言，创新能力与科学精神也同样不可或缺。因此，齐齐哈尔中学也十分注重教师的创新，学校以多样课题研究为依托，注重教师研究能力的培养。

1. 探索展现：创新项目的开展

学校为展现学生的创新能力，开展创新项目，打造科技创新文化。其中，大型科技项目的开展使学生直观地感受科技的魅力，激发创新能力；各种学科教室的打造则给学生更多的机会进行创新能力的展现。

2. 校园文化：特色文化的创造

除了校园硬件更新之外，学校的软件建设也必不可少。学校致力于营造特色校园文化，不断提高文化含量和美育功能，逐步形成布局合理、环境优美的绿色学校、园林化学校，使学校的每一处都成为育人的亮点，把学校建设成为精雕细刻的精品学校，不断形成学校的文化品牌。学校关于特色文化的创新包括以国学为根基的阅读文化、科技创新文化和开拓国际视野的异域文化。

（三）帮助学生实现价值，培养具有责任担当的人

学生的发展除智育之外，德育也起着非常重要的作用。若无正确的道德理念，一个人就不可能真正被称为“人”。这涉及人生价值的选择，

若成为一个真正有利于社会和谐及促进实现国家良好发展的人，必然要有适宜的价值观念，在此基础上实现自己的价值。价值体现的也是个人的责任担当。所谓的责任担当，主要表现为学生在处理在个人与国家的各种关系时表现出来的一种选择。

1. 德育核心：为人之道探究及大型传统教育活动展现

齐齐哈尔中学致力于在校内营造积极的德育氛围，构建有特色的德育工作体系。学校着眼于学生为人之道的探寻，利用各种大型传统活动打造良好的德育氛围，让学生在此种积极的环境中健康成长，最终实现道德教育所希望达成的目标。

学校重视德育工作的开展，以《中共中央、国务院关于进一步加强和改进未成年人思想道德建设的若干意见》为依据，以学校自身发展情况为依托，研究新形势下德育工作的特点，开创学校德育工作的新局面。

学校强调对学生行为规范方面的教育。行为规范是国家对中小学生的基本要求，是学校德育的基础工程，是中小学生的基本伦理道德教育和基础文明行为训练的主要内容，是学生思想道德素质的重要标杆之一。行为规范教育的目的是让学生现在和未来更适应社会。从这个角度出发，学校将学生行为规范教育划分为两个重点：一是学生文明礼貌教育，二是学生良好行为养成教育。学生的文明礼貌与其本身的日常生活息息相关，也与学生个人的素质紧密相连。可以说，文明礼貌是探寻为人之道的基础所在，也是学生具有良好道德修养的重要体现。德育是不可以速成的，所以除日常文明礼貌之外，学校强调的是良好行为养成教育。其目的在于，通过对学生日常教育，学生潜移默化地受到道德教育的熏陶，从而在不知不觉中接受良好的影响，成为一个有道德的人。

从图 1-5 可以看出，在学校开展的一系列德育活动与求真教育关系的问题上，有 48. 08%的教师认为“非常相关”，有 38. 46%的教师认为“比较相关”。与道德教育建设另一个相关的点在于特色班级文化的打造与班级竞赛活动的开展。学校每学期都会进行班级文化建设并开展班级竞赛活动，且以此作为学生行为规范教育活动的进一步延伸。此项工作致力于将外部的规范教育转变为学生的自觉行动。

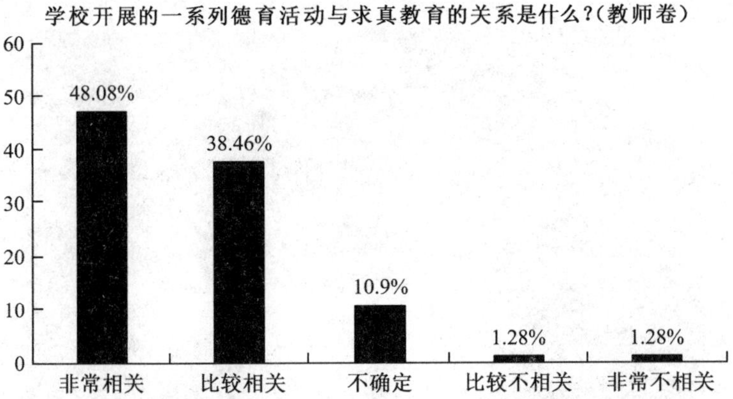

图 1-5　德育活动与求真教育之间的关系问卷调查统计

齐齐哈尔中学将班级文化建设的重点从班级物质文化建设转移到班级精神文化建设，要求班级在开学初制定班级文化建设的实施计划，确定班风的主题，实施形式多样的班级文化活动，从而使班级精神得以树立，一个班风正、学风浓的先进集体得以形成。

2. 就真求实：生涯规划课的探究

对于学生的发展来说，若想成为一个真正有德行且发展良好的人，人生应当有确切的发展规划。学生更好地获取职业规划的途径在于开设生涯规划课，以此为学生人生发展助力，让学生实现自己的价值，成为一个有责任担当的人。

“生涯规划”这个概念不是特别针对高等教育，高中生涯规划对学生人生的成长发展尤为重要。

生涯规划教育是人们在对“职业指导”理念与实践不断进行反思与超越的过程中逐渐发展起来的，其任务随着社会发展对教育需求的变化而不断更新。当前，传统意义上的以职业生涯辅导为核心的高中生涯规划教育担负着更加多元的任务：既要着眼当前，使学生顺利升入理想的大学或走向社会，也要放眼未来，为他们将来能够很好地适应快速变化的社会奠定坚实的基础。①

① 刘静. 高考改革背景下高中生涯规划教育的重新审视[J]. 教育发展研究，2015，35（10）：32—38.

图 1-6　老师们在生涯规划老师的指导下设计兴趣岛

高中生涯规划教育的具体实施目的在于通过一定的职业规划体验，学生明确目标且自觉行动，最终推动生涯发展能力的提升，获得属于自身的成长发展。

高中生涯规划教育是普通高中的一种系统的教育构想，它通过生涯认识与体验、生涯设计与行动、生涯进程与修正等内容，培养学生的生涯发展能力，使之目标明确、行动自觉、动力充足地过好高中的学习生活，获得属于自己的成长和发展。开展高中生涯教育及其实验是落实《国务院关于深化考试招生制度改革的实施意见》和教育部与之配套的《关于普通高中学业水平考试的实施意见》《关于加强和改进普通高中学生综合素质评价的意见》的精神，引导高中学校积极应对变革，重建课程体系，调整管理思路，全面关注学生学业与发展的重要举措，是高中学校建设的一个重要转型。①

由此可见，生涯规划教育是高中教育阶段中必不可少的一环。齐齐哈尔中学受哈佛大学著名“目标威力”实验启发，此项实验研究结果表

① 赵清海，李丽芳. 高中生涯规划教育的必要性及其实施策略[J]. 教育实践与研究(B)，2016 (1)：5—8.

明：有清晰且长远目标的人，一直朝着同一个方向努力，成为社会各界的顶尖成功人士；有清晰但比较短期目标的人，生活在社会的上层，成为行业专业人士；目标模糊的人，生活在社会的中下层；没有目标的人，生活在社会底层，抱怨社会和他人，经常失业，家庭也不幸福。

从这个角度出发，目标的定位对一个人的发展尤为重要。学校总结学生学习情况发现，学生所呈现出的学习效率低下的根本原因是学习动力源出了问题，即学生对于目标的定位有一定的模糊性。因此，齐齐哈尔中学致力于让学生懂得现在的学习和未来生活之间的联系，提高了生涯规划课的实际效果。

（四）身心两健发展，培养健康生活的人

在人生的发展中，除了智力水平和道德品质之外，身心健康也不容忽视。从心理层面上讲，拥有良好心理素质的人从内到外都会散发出活力；从生理层面上讲，拥有良好身体素质的人才能更好地享受生活，成就自己的人生。

齐齐哈尔中学关注学生的健康生活，为学生提供了所能提供的各项关注。学生健康生活的呈现并不是一个单一的过程，而是表现出阶梯式上升的趋势，在基本健康需要得以满足的基础之上，往更高层次的健康生活迈进。从基本的身体保障开始到最终爱与归属的体现，是一个循序渐进的过程。

1. 生存需要：基本健康的要求

马斯洛在《人类激励理论》（1943 年）一文中提出了著名的“需要层次论”，后在《动机与人格》（1954 年）一书中将人的需要具体表述为生理、安全、爱与归属、尊重以及自我实现五个层次。①

根据马斯洛的理论，人的需要是层层递进的，只有在上一阶段需要满足的基础上才能进一步追求下一层次的需要。从这个角度出发，学校关于学生生理健康和心理健康的培养也呈现一种阶梯式趋势，在基本需

---

① 胡家祥. 马斯洛需要层次论的多维解读[J]. 哲学研究，2015（8）：104—108.

要满足的基础上探讨更进一步的高层次需要。这样，在基本健康要求得到保证的基础上追求更高层次的健康。

健康是生命的根本，离开生命健康去谈生命的价值体现和知识与智慧，便是舍本逐末。因此，学校从生存需要（身体健美、生命安全、心理健康）和爱与归属（人际关系、团队意识、家国情怀）两大方面来帮助学生成就健康生命。

图 1-7　学生体验艾灸

生存需要是基本健康的要求，只有当这些要求得以满足之后，才能谈得上学生的进一步发展。

（1）身体健美

一个人身体素质的好坏固然或多或少与遗传有联系，但也与后天的生活及体育锻炼密切相关。良好的身体素质是一个人健康的重要保障。因此，学校关注学生身体素质的提升，重视体育活动，通过科学开展体育活动全面提高学生身体素质。

学校希望学生呈现出积极健康的生命状态，由此开展的一系列活动都以提升学生身体素质为目的，如远足拉练、体育节、鹤乡行、成人仪式、课间体育活动等。值得一提的是，学校连续 25 年开展远足活动。远足不仅使学生的身体素质得以提高，还使其意志得以磨炼。总之，多样形式与体育相关的活动使学生可以通过多种途径来锻炼身体，达到使身体健美的目标。

（2）生命安全

生命是很宝贵的，人生只有一次。学生应当理解生命的珍贵，懂得珍爱生命。

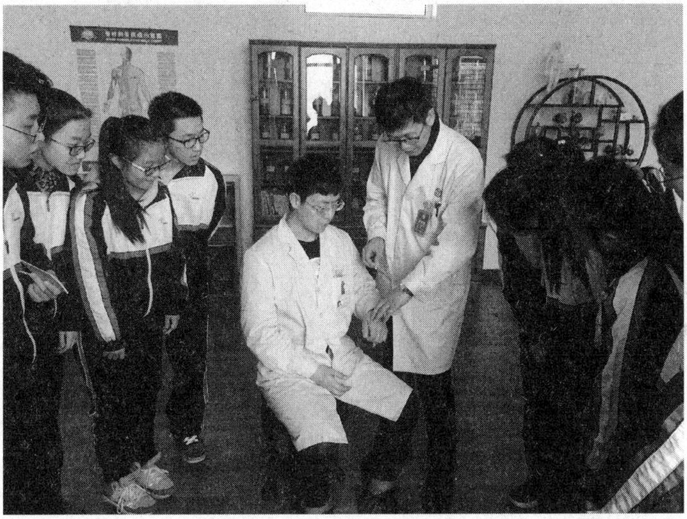

图 1-8　学生体验针灸

学校力求让学生树立“珍爱生命、尊重生命”的意识，由此开展了“和谐鹤城、平安校园”主题系列活动。学校希望通过这一系列活动的开展，学生能更好地理解生命的重要性。这一系列的活动包括征文、安全知识讲座、安全知识竞赛、消防演习等。通过这些活动，学生了解安全方面的知识，更好地保证自己的生命安全，对生命有了更深层次的认识，更加热爱生命。

（3）心理健康

学校长期以来一直重视学生的心理健康，自 2000 年起就设立了心理咨询室，并配有专业的心理教师，从而为学校心理健康教育的开展提供了有力支持。

值得一提的是，学校还通过心脑成像技术的运用更好地促使心理健康教育的展开。所谓心脑成像技术，是齐齐哈尔医学院鹿凤山副教授通过多年校内校外数千个案例实践研发的一种积极心理学实用技术。此项技术运用《易经》《道德经》《金刚经》等经典智慧，同时结合了现代积极心理学思想，运用能量学的研究成果，通过有形的图卡、字卡与学生进行高效的交流沟通，帮助学生看见自己，觉察内在的自己，以正向积极的态度看待自己的问题，借助心态的改变帮助自己提高进步。

心脑成像技术为学生认识自己提供了有力支持。走进学生心灵，了解孩子们深藏于内心的困惑，帮助他们认识自己、发现自己，为他们拨开迷雾看到真实的自己，明确成长的方向，提供成长的自信与动力。

2. 爱与归属：高层次健康的保证

学校在基本的健康得以满足的基础之上，培养学生的爱与归属感，从而更进一步满足学生的高层次健康需要。

（1）人际关系

人际关系是一个人在社会中立足的重要层面。拥有良好的人际关系和人际交往能力的人在社会中可以更好地表现自我。学校在提高学生人际沟通能力方面做出了很多努力。

学校提倡学生自编自演心理剧，给学生提供环境以讨论交流，一方面可以起到教育学生的作用，另一方面在游戏交流的过程中学生的人际沟通能力也得以加强。学生普遍感受到处于一个和谐互助的班集体中，更有利于自己的发展和成长。

（2）团队意识

一个人在社会中终归不会孤立存在，应当与社会发生这样或那样的联系，这体现出了团队合作的重要意义。拥有良好的团队意识和团队合作能力，则可以提升完成任务的效率。现如今，良好的团队意识已成为现代社会人必不可少的品质。

齐齐哈尔中学将团队意识的培养渗透到学校教育过程的方方面面。最典型的例子是学校学习共同体教学方式的开展。此种方式不仅可以调动学生学习的积极性，转变了以往课堂教学的模式，而且使学生更有效地进行团队合作，让他们在各个学习共同体中磨合成长。

(3) 家国情怀

家国情怀对应中国传统文化的基本内涵，也是国民必须拥有的重要品质。家与国紧密相连，构成了一个人成长所必需的一环。家国情怀涉及的是一个人的精神归属，有了精神归属之后生命才更具有价值和意义。

学校以各类活动促使学生家国情怀的养成。学校曾开设“学习十九大，永远跟党走”的知识竞赛，高一、高二40余名学生代表参加此项竞赛。竞赛以党的历史、党规党章、十九大报告等为主要内容，旨在进一步在学生中掀起学习十九大精神的热潮，使“十九大精神进校园”落到实处。学校还十分注重关于国家利益方面的教育，曾经邀请合肥工业大学军事教研室李张兵博士为学生主讲题为“钓鱼岛争端”专题讲座。在此项报告会之后，学生掌握了钓鱼列岛名称及地理位置、钓鱼列岛概况、中日钓鱼列岛争端历史、钓鱼列岛是中国固有领土的理由分析及钓鱼列岛的战略价值等方面的知识，不仅拓展了知识面，更重要的是激发了他们的爱国热情。

二、学校办学理念下求真教育特色的展现

学校致力于求真教育理论体系建设。从人才培养角度出发，学校期望实现“学会学习”“创新精神”“责任担当”“身心健康”的目标。与此同时，齐齐哈尔中学还在文化特色的营造中展现自己的求真教育特色。

(一) 学校办学理念

齐齐哈尔中学主张，学校教育的最终目的在于最大限度地促进学生发展，学校教育只有在为学生的发展和选择提供帮助的时候才能发挥最佳的功能。因此，学校进一步阐明了其办学思想，即以学生发展为本，以厚德励志为先，追求卓越，崇尚创新，为教师的长足发展搭建优质平台，为学生的一生幸福奠定坚实基础。

对于“求真教育”这四个字而言，一在于“求”，二在于“真”。所谓“求”，即有“学”与“探索”之意；所谓“真”，则是一种真实

的展现。因此，"求真"二字合起来则可以理解为一种对于真我的追求，即本着以学生发展为本的原则，在此基础上唤起学生内在的潜能，让学生成为更好的自己。如此一来，学校的办学思想就与求真教育理念完美契合，以求真教育体系为引领，结合学校自身的发展特点，使其办学思想得以确立。

（二）人才培养目标

学校期望培养能够学会学习的人、具有创新精神的人、具有责任担当的人、拥有身心健康的人。在这些培养目标的指引下，学校逐渐发展并完善具有自身特色的求真教育体系。

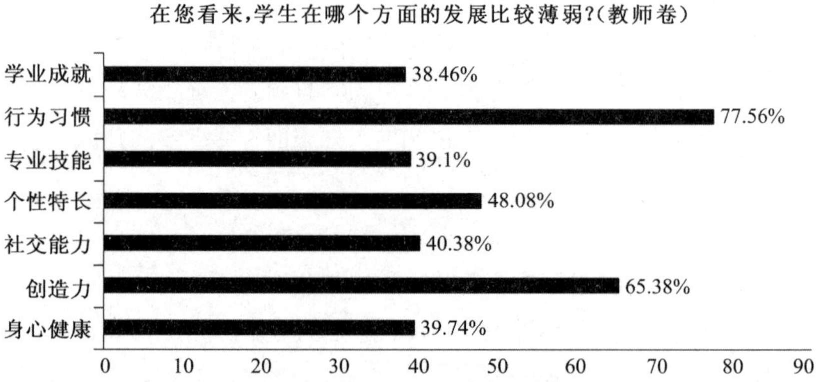

图 1-9　学生发展薄弱方面的问卷调查统计

实际上，从齐齐哈尔中学的调查问卷中可以看出，学生在许多方面都有一定的问题。而正是因为如此，学校才需要从多方面对学生进行培养。

1. 学会学习

学校高度重视学生求知能力的培养，希望培养出学会学习的人。为此，本着育人为本的理念，学校构建了以"求真知"和"做真人"为基本原则的多元课程体系，将学知识与学做人统一在一起。

同时，学校开创性地实施学习共同体建设，力求将学生作为学习的主体，推进团队学习，使学生在此环境之下真正培养求知能力，从而真正成为一个学会学习的人、有独立见解的人。

图 1-10　齐齐哈尔中学与市科协签署科普资源共享协议

2. 创新精神

学校主张，必须致力于创新人才的培养，创新能力与科学精神的培养应成为学校人才培养的重要方面。学校教育教学过程中必须注重对学生科学精神培养，科学精神是学生养成创新意识的重要内容。

学校致力于为学生提供培养创新精神与能力的科技项目，为学生打造科技实践活动平台，积极开展航空航天模型、机器人、科技创新和科技实践活动，为学生创新意识培养创造条件。

在培养学生创新能力与科学精神上，学校也十分注重教师的创新，以多样课题研究为依托，注重教师研究能力的培养，力求以教师的科研精神来影响学生。

3. 责任担当

学校主张，成人是关键，是学生发展的基础，学校要帮助学生不断地探索为人之道，明确自己人生的价值追求，让每个学生具有责任担当。学校在各种活动，尤其是大型传统活动中，始终将促进学生道德情怀的养成作为关键因素而予以考虑，在活动中予以渗透和有机融合。

学校始终关注培养学生处理各种关系的能力，将责任意识的培养渗透其中。学校为全体高中学生开设系统的生涯教育与指导课程，引领学生明确正确的人生方向，明晰人生的价值目标，明了个人的社会责任。

4. 身心健康

学校将学生身心健康作为学生全面发展的重要内容之一。关注学生健康生活，高度重视学校体育与健康教育，努力为学生提供各方面的服务和支持，使学生呈现积极健康的生命状态。由此开展的一系列活动都以提升学生身体素质为目的，如远足拉练、体育节、鹤乡行、成人仪式、课间体育活动等。

2017 年起，学校实施高一年级艺体选课走班教学。其中，体育类课程分为七个专业，分别是田径、篮球、足球、排球、武术、舞蹈及棋类。学校希望通过体育课程建设，更好地促进学生健康发展。

（三）学校文化特色

学校拥有自己的文化特色，在这种文化特色之中，逐渐使求真教育体系趋于完善。

1. 国学为基的阅读文化

齐齐哈尔中学将“国学育人”作为重要基点，把阅读文化作为突出主题。除了图书馆以外，在教学区域设立三个开放的读书空间，让高一年级、高二年级实验班学生首先尝试在这里上阅读课，继而再推广开来。学校的目的在于让学生通过广泛阅读打开视界，由广泛到专注，让学生发现自我，探寻人生方向。

由图 1-11 可知，学校的大多数教师认为，相较于其他，“以国学为基的阅读文化”更与学校的办学特色相关。值得一提的是，齐齐哈尔中学在“十三五”课题研究基础上，坚持把阅读文化构建作为学校的课程内容，从文化氛围、阅读指导、阅读活动等方面展开并形成系列。其具体的措施首先在主楼二、三楼打造了两个阅读空间，将阅读作为生涯规划课程的一部分，在高一年级、高二年级开展阅读课程，让学生通过广泛阅读打开视界，让阅读成为培育学生核心素养的重要途径。

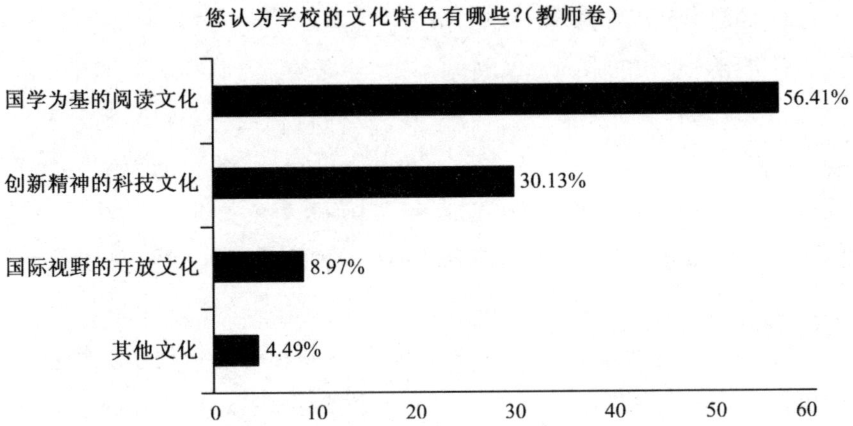

图 1-11　学校的文化特色问卷调查统计

为了更好地进行阅读校本课程研究，学校还积极与市图书馆加强联系。目前齐齐哈尔中学图书馆已经是齐齐哈尔市图书馆分馆，这是齐齐哈尔市图书馆在 2017 年继消防支队、老干部活动中心后建立的第三个图书馆分馆，也是齐齐哈尔市中小学校中建立的第一个市图书馆分馆。学校下一步目标是和市图书馆进行内部资源网络的链接，使学生可以在学校的电子阅览室中查阅和下载市图书馆、省图书馆、国家图书馆、知网等一些电子资源。

2. 崇尚创新的科技文化

学校的科技创新立足点在于校内的课堂教学，其中一项比较重要的举措是编写完善的航天科技创新教育的校本教材，并开设相应的校本课程，使学校成为黑龙江省科普教育基地、齐齐哈尔市青少年科技活动示范学校。

齐齐哈尔中学有“中国航天特色学校”之称，其中最具特色的举措是“栾恩杰航空航天实验室”的开设，此实验室为学生建立了科技实践活动平台。

学校另一科技创新是物理实验教学。教师自己动手制作教具，教学效果突出，体现了学科建设的实力，物理教师自制的教具在全国教具大赛中多次获得一等奖。在建设数字化物理实验室中，学校引进了 DIS 实验设备，提高了物理实验的精确性。

3. 具有国际视野的开放文化

齐齐哈尔中学的眼光不仅放在国内，更是着眼于国际，让学生了解他国的文化特色。学校早在“十二五”期间就积极与北京师范大学合作，成立了北师大外语实验学校；学校加入中国—新西兰友好实验合作项目（FEC 项目），成立齐齐哈尔首家“中新友好实验班”；随着“十三五”的发展和需要，学校走向国际化的办学思路有了实质性突破，正式成立了国际部，开设国际班特色课程。

对于国际化办学来说，齐齐哈尔中学有着优秀的管理团队和教师队伍，国际化教育思路开阔，顺应了当今教育发展趋势。学校加强国际班管理力度，以国际化办学的思想进行规范管理，让更多学生接受国际化教育思想，拓宽学生升学渠道，提高国际知名大学的录取率。几年来，学校走向国际化的办学思路有了实质性突破。学校与新加坡理工大学、意大利都灵理工大学及米兰理工大学建立了意向合作关系，与美国蓝带高中缔结友好学校。国际班有近 30% 的学生被国外优质大学录取。

第三节　教育规律指引下的求真教育相关理论

求真教育的建设遵照相应的理论，符合情境教学理论的要求，创设了相应的情境，使学生沉浸于相应的教学环境，从而营造出良好的氛围；求真教育与建构主义理论也有相应的联系，通过相应环境和学生知识背景的建构，学生养成诚实守信习惯；此外，求真教育建设也符合“从做中学”的教育理论。

一、情境教育理论

自从情境教育思想引入中国，其在教育界的影响不断扩大，在以李吉林为代表的一批学人的努力下，情境教育思想发展成为系统的情境教育理论。情境教育理论与求真教育体系的构建有着密不可分的联系。

（一）情境教育理论基本原理

情境教育理论依据马克思关于人在活动与环境相互作用和谐统一中获得全面发展的哲学原理构建。李吉林指出，情景教学理论体现了暗示诱导、情感驱动、角色转换及心理场整合四大原理。

1. 暗示诱导原理

情境教育根据教育教学的远期目标和近期目标，针对儿童特点，运用图画、音乐、表演等艺术，或运用现实生活的典型场景，直接诉诸儿童的感官。当儿童进入情境时，能够很快激起强烈情绪，形成无意识的心理倾向，情不自禁地投入教育活动中，表露出内心的真情实感，迅速地对学习焦点的变化做出反应。

2. 情感驱动原理

情境教育利用移情作用，形成身临其境的主观感受，在加深情感体验中陶冶情操。儿童从关注开始，对教育内容产生积极的态度倾向，激起热烈的情绪并投入教学活动；然后，情感不由自主地移入教学情境的相关对象上，随着情境延续，儿童情感逐步加深，最终情感弥散渗透儿童内心世界的各个方面，作为稳定的情感态度、价值取向逐渐内化，融入儿童个性。

3. 角色转换原理

特定的教育教学情境蕴涵着教育者的意图。结合教材特点所设计的角色，既激发儿童投入再现教材角色或相关角色的活动，又引发儿童进入角色、体验角色、评价角色的心理历程。儿童的主体意识在其间逐步形成，并逐步强化。

4. 心理场整合原理

人为创设的教育情境、人际情境、活动情境、校园情境使儿童的生活空间不再是一个自然状态下的生活空间，而是富有教育内涵的、富有美感的、充满智慧和儿童情趣的生活空间。“情境—教师—学生”三者间形成多向折射的心理场，促使儿童情不自禁地学习，教学便由此进入沸腾状态。

（二）情境教育理论与求真教育

情景教育理论与求真教育密不可分。学校通过打造相应的情境，造就求真教育的良好环境；通过关注学生的内心体验，形成求真驱动；通过营造沉浸式的文化环境，学生实现内心的求真。

1. 打造相应情境，建成求真环境

情境教学提倡教学“强化感受，淡化分析”，通过优化情境引导儿童从感受美的乐趣中感知教材。通过情境向儿童展示生活场景、生动画面、音乐旋律、角色扮演或实物演示，这些具体的形象为儿童理解语言提供了认识上的准备。进入情境后，作为审美主体，儿童通过感官与心智去感受、体验，儿童的视觉、听觉等就在不断的指导中变得敏锐、完善起来，直接影响直觉和悟性的提高。为强化感受，情境教学注重儿童的观察活动，将指导观察、发展思维、训练语言、陶冶情操结合起来进行。感觉训练使儿童对周围世界日渐留心，开拓了源泉，积累了丰富的表象，有效地提高了儿童的语言素养、情感素养。

求真教育的建设可以让学生形成相应的感受。从学校的办学理念来看，齐齐哈尔中学在不断的实践探索中逐渐形成自己的办学理念，即求真教育。学校认为，于“教育”二字而言，虽古今中外有多种论述，但归根到底不过两点：一是帮助学生认识自己，二是使学生学会在整个社会的背景下扮演好应当扮演的角色。所谓教育，即一个自我觉醒的过程，一个使个人价值与社会价值和谐统一的过程。在这个过程中，重要的是帮助学生实现自我觉醒，让学生成长为其应当成为的样子。因此，学校求真环境可以使学生的良好性格得以养成。

2. 关注学生内心体验，形成求真驱动

学校的教学与活动十分重视学生的感受。在教学中，我们重视学生的体验，而读书恰好可以让学生形成这种适宜的内心体验，从而形成相应的情感体验。

学习的认知程度体现了学习态度，这种态度可在求真教育环境之中逐渐形成。良好的学习态度在很大程度上可以使学习达到事半功倍的效果，态度确实能左右学生的学习结果。学生喜欢的科目普遍成绩良好，不愿学习的科目往往学得吃力。新课程就是尽最大努力让学生喜欢上学习，完成由“要我学”到“我要学”的转变。

齐齐哈尔中学希望学生能够“学会学习”，因此提出了“学习共同体”的理念。学习共同体是一种交流的呈现，是学生与学生之间、学生与教师之间共同组织而成的学习集体。在这个学习集体中，所有人都是相互依靠、相互促进并且相互影响的。学校的学习共同体的创建使学生与教师的智慧得以融合，让学生真正参与课堂之中，让学生真正活跃起来。由此，在齐齐哈尔中学，真正适合学生成长的课堂得以打造。从这个角度出发，齐齐哈尔中学也营造了良好的求真氛围，让学习渗透到课堂之中，以学习共同体的方式关注学生的情感体验。

3. 沉浸文化情境，关注内心求真

齐齐哈尔中学有着独到的文化特色，将“国学育人”作为一个基点，让学生沉浸在文化氛围之中，以国学养人，从而推动学生内心的求真。

学校开设了国学课程，充分利用校内外资源，让师生更好地体会民族文化的精髓之所在。其中，教师组建了“国学研修会”，学生成立了“国学社”社团，学校兴建了“师表厅”，把孔子塑像请进校园；学校建置了“国学室”，提供国学研讨座谈的场所；学校定期举办“国学讲堂”学习活动，来提升师生的国学素养。与此同时，学校还引入了“孔子课堂”项目，在提升中华传统文化的国际影响力方面做出了一定努力。

齐齐哈尔中学的另一个特色在于阅读文化的创建与书香校园的打造。学校每年上半年以世界读书日为契机，在校园里开展读书活动，培养师生良好的读书习惯。此活动以课本剧表演、诗歌朗诵等形式进行，让读书成为一种风气。齐齐哈尔中学这样做的目的是让学生在文化的氛围中认识自我、了解内心的希望、关注内心的求真。

二、建构主义理论

一般认为，建构主义发端于20世纪60年代的认知主义，核心体现为两个问题的探究：知识是什么？学生如何获得知识？对这两个问题的不同回答和认识显然影响着教师的教学理念和教学实践。

建构主义有不同的学术派别和理论观点，如个人建构主义和社会建构主义，前者以瑞士认知心理学家皮亚杰为源头，后者以苏联社会心理学家维果茨基为代表。从根本上讲，建构主义认为知识不以符合或对应客观存在为依据，也不以此作为判断其真假的准则，认知或学习不是机械地复写客观世界。相反，建构主义强调知识是一种学习者的主观建构，学习者积极、主动并有意义地面对、接纳外界的各种刺激，解决各种问题，形成自己独特的知识结构和经验世界，从而适应并改造世界。

（一）建构主义理论基本原理

第一，知识观。强调知识的建构性，知识形成过程的社会协商性，即知识不是被“发现”的，而是被“发明”的，这是建构主义作为一种新知识论的共同特点。① 建构主义认为，知识不是先于或者独立于学习者而存在，而是学习者主动建构的结果，是一种意义建构，具有个人性、情境性。知识不是对现实的纯粹客观的反映，任何一种传载知识的符号系统也不是绝对真实的表征。它只不过是人们对客观世界的一种解释、假设或假说，它不是问题的最终答案，它必将随着人们认识程度的深入而不断地变革、升华和改写，出现新的解释和假设。对于知识的真正理解只能由学习者自身基于自己的经验背景建构起来，取决于特定情境下的学习活动过程。

第二，学生观。学习者并不是空着脑袋进入学习情境中的。在日常生活和以往各种形式的学习中，他们已经形成了有关的知识经验，他们对任何事情都有自己的看法。即使是有些问题他们从来没有接触过，没有现成的经验可以借鉴，但是当问题呈现在他们面前时，他们还是会基于以往经验，依靠自己的认知能力，形成对问题的解释，提出他们的假设。学习者之所以积极主动地对面临的各种刺激产生反映，是因为学习者本身就有建构知识的潜能、动机和可能性。因此，认知或学习不是发

① 高文，徐斌艳，吴刚. 建构主义教育研究[M]. 北京：教育科学出版社，2008：422.

现已经客观存在的知识，而是探究、发明、建构知识的作用或过程。学生是学习的主体，是学习信息加工的主体，是意义建构的主动者，而不是知识的被动接受者和被灌输的对象。

第三，学习观。学习不是由教师把知识简单地传递给学生，学习过程是一个积极、主动参与的过程。学生不是简单被动地接受信息，而是主动地建构知识的意义，这种建构无法由他人来代替。学习总要涉及学习者原有的认知结构，学习者总是以其自身的经验来理解和建构新的知识和信息。学习不是被动接受信息刺激，而是主动地建构意义，是根据自己的经验背景，对外部信息进行主动的选择、加工和处理，从而获得自己的意义。

第四，教学观。教学不能无视学习者的已有知识经验，简单强硬地从外部对学习者实施知识的“填灌”，而应当把学习者原有的知识经验作为新知识的生长点，引导学习者从原有的知识经验中生长新的知识经验。教师不是知识的呈现者，不是知识权威的象征，而应该重视学生对各种现象的理解，倾听他们的看法，思考他们这些想法的由来，并以此为据，引导学生丰富或调整自己的解释。教学应在教师指导下以学习者为中心，但在强调学习者主体作用的同时，也不能忽视教师的主导作用。教师作用从传统的传递知识的权威转变为学生学习的辅导者，成为学生学习的高级伙伴或合作者。教师是意义建构的帮助者、促进者，而不是知识的提供者和灌输者。

（二）建构主义理论与求真教育

建构主义理论的基本观点与求真教育建设紧密相连，通过求真教育的建设可以让学生内心形成相应的建构体系，从而能够适应内心发展的需要，进而为其下一步的学习打好相应的基础。可以说，在建构主义基本理论框架之中，求真教育建设越来越呈现出良好的趋势。

1. 学生自主求真

建构主义教育强调学生在教育中的主体地位，学生具有自主性。求真教育在建构主义教育理论的指导下，把学生看作教育过程的中心，不论在日常教学还是在课外活动中，教师都十分重视学生的自主性。所谓自主性，是指人在活动当中的独立性和主动性，它表现为个体自由地、独立地支配自己言行的状态。

在求真教育建设过程中，课堂教学倡导学生的积极参与，与传统教育中学生被动地位不同，学生在日常教学过程中都积极地参与课堂的提问、发言或讨论。课堂教学不再是满堂灌，而是通过教师引导，更多地发挥学生自主学习的能力，通过自己推断获得知识。事实证明，通过学生自主学习获得的知识要比“接受性知识”牢靠得多。

2. 求真教学探究

在“学生是如何学习的”问题上，建构主义教育理论认为学生的学习不是被动的，而是通过学生的探究主动建构的。“书香校园”活动在很大程度上重视学生学习的主动建构性，倡导探究学习。

求真教育体系有助于培养学生的科学探究素质，这是一种再生素质。所谓的再生素质，实则是一种自我能力的衍生，也是自身学会学习的体现。这种能力表现在不断对自身提出新的要求、不断充实自己之上，这也就是所谓的积极自学的能力。

学校探索为人之道，明确达成学生价值的目标，以大型传统活动为依托促进学生道德情怀的养成。同时，学校要把学生培养成为一个能够在这个社会中处理好各种关系的人，注重责任意识的培养，成为一个有责任担当的人。为此，学校开设了生涯规划课，引领学生寻找其正确的人生方向，明晰人生的价值目标。生涯规划课的开设从某种程度上说可以减少学生的迷茫，让学生能够更快地明确自己的人生目标，从而展现自己的人生价值。

3. 求真心理建构

建构主义主要说的是内心的建构与发展，而齐齐哈尔中学开展的求真教育倡导的也是求真心理的建构。学校开展了一系列的活动促使心理健康教育得以顺利实施。针对学生对高中生活感到紧张和适应能力差等心理特点，学校开展了一系列具体的活动，比如刚入学时的班级会开班会和做一些促进人际交往的游戏，使同学们从陌生到熟悉，打破人际交往的屏障。

同时，学校另一大特色之处在于感恩系列教育的开展。此类活动通过同学们身边的人和事让同学相互了解、彼此信任，使他们感觉到自己身处在一个幸福和互助的大家庭中，从而增强安全感，打开心扉，促进交流，共同进步。学校还开展以感恩为主题的家长会，让学生们畅谈心中的想法及对家长的意见和建议，更重要的是对家长十几年来含辛茹苦的感激之情，促进家长与孩子的沟通与了解。

三、杜威“做中学”理论

杜威“做中学”理论实则与儿童发展理论息息相关，因为杜威所强调的是让儿童成为教学的中心。儿童中心论的形成经历了长久的发展历程。18 世纪时，卢梭提出以儿童为中心的思想，犹如天文学上哥白尼主张的地动说一般，在世界教育史上引起了一场划时代的革命，撼动了以成人为施教标准的传统教育，儿童中心的思想开始在教育界萌发。①

儿童中心思想发展到杜威时代，正式形成“儿童中心论”，是传统教育“教师中心论”的重大转折。杜威认为：“儿童是起点，是中心，而且是目的；儿童的发展、儿童的生长，就是理想所在。”② 在教育过程中，“儿童中心论”要求教师考虑儿童的个性特征，尊重儿童在教育活动中的主体地位，使每个学生都能发挥特长。儿童中心论的形成是教育史上的重大事件。求真教育建设本身就是杜威“做中学”的体现。

（一）杜威“做中学”理论基本原理

“做中学”是杜威“以儿童为中心”教学理论的基本指导思想。杜威认为，“所有学习都是行动的副产品，所以教师要通过‘做’，促使学

---

① 杨光富. 重温卢梭：教育史上的“哥白尼”[J]. 上海教育，2005（14）：28—30.

② 冯克诚. 杜威实用主义教育思想与论著选读（上）[M]. 北京：人民武警出版社，2010：79.

生思考，从而学得知识”①。杜威认为，传统教育一味传授知识，要求学生坐在固定座位上静聆讲解和背诵课本，学生全然处于消极被动的地位，而教师则强硬灌输与生活无关的教条，完全脱离社会现实，不顾儿童身心发育规律，造成学生无法掌握真正的知识，这引发了学生严重的厌学情绪，扼杀了学生创造才能、生命活力和智慧。

为纠正传统教育的弊端，杜威提出，学生必须在与环境相互作用的过程中学习和成长，因为只有这种学习和成长才是真正的学习和成长。杜威认为，教育的本质是成长，是经验的不断改组或改造。经验只有在生活环境中才能发生、改造，也只有在行动、实践、与环境的相互作用中才能有真正的成长。

杜威的“做中学”涉及很多活动，包括使用各种工具和材料去组织一切形式的艺术活动和手工活动，还包括动手的科学研究及对研究材料的搜集。由此可见，杜威的“做中学”包括艺术创作、手工活动和科学探究三方面。②

（二）杜威“做中学”理论与求真教育

杜威“做中学”理论契合求真教育的建设，因为读书的过程就是“做”的过程，学生所要做的就是在书籍中感悟各色人生。

1. 在求真中适应社会需要

现代社会是瞬息万变的。学生要不断更新自身知识体系，从而达到自我完善，在自我完善的基础上可以逐步适应社会发展的要求、紧跟时代的步伐。

齐齐哈尔中学求真教育一大特色是生涯规划教育，在生涯规划之中让学生知道自己适合什么，从而找到适合人生发展的方向。学校开设生涯规划课目标明晰，即让学生都明确理想、确定目标，更主动地学习，

---

① 邱磊.“偷师”杜威：开启教育智慧的12把钥匙[M]. 北京：中国轻工业出版社，2014：114.

② 韩立福. 当代国际教育教学模式导读[M]. 北京：首都师范大学出版社，2006：41.

充实地走过高中生活，从而在未来的生活中能够更明确自身的定位，达成自己的人生价值。

齐齐哈尔中学的生涯规划课大体分成三部分，即认识自我、职业探索与目标定位、制定阶段性目标。

在进行具体的职业规划之前，学生须明确自身的目标。在认识自我阶段，学校通过霍兰德职业兴趣测试、MBTI 职业性格测试、职业锚职业价值观测试、职业能力测试，在保证科学性的基础之上，学生全方位了解自我。学校认为，只有让学生了解自我，不断了解变化中真实的自我，才能够在遇到选择时做出正确的决断。

在学生对于自我有了明确的认识之后，学校所进行的下一阶段规划是让学生进行职业探索与目标定位，在通过专业职业测试的基础上，进一步明确具体的职业领域。此阶段类似于一个过渡阶段，目的是为下一步设立阶段性目标奠定基础。

对于最后一步阶段性目标设立来说，学校做到了高中升学教育与具体的职业规划相结合。具体的措施是，让学生确定自己的专业范围并查找相应的大学分数线情况，之后让学生结合自身情况，设立各期末的年级名次目标。其目的在于，找出目前与近期阶段性目标之间的差距，进一步制订每一学科的学习计划，有针对性地提高成绩，从而把三年的时间单元化，分成阶段性目标。如此一来，就将职业生涯教育与高考相结合，一方面提升了学生学习的积极性和主动性，另一方面促使了职业生涯规划教育的开展。

2. 在求真中实现身心发展

求真教育建设贯彻“做中学”，提倡学生从实践中获得知识的增长、能力的提升、情感的升华。为更好实施“做中学”，求真教育体系倡导的是让学生实现身心发展，从而适应社会的需要。

一方面，学校力求让学生树立“珍爱生命、尊重生命”的意识，开展“和谐鹤城、平安校园”主题系列活动，包括征文、安全知识讲座、安全知识竞赛、消防演习等。通过这些活动，学生了解安全方面的知识，更好地保证自己的生命安全，学生对生命有了更深层次的认识，从而更加热爱生命。

另一方面，学校一直重视学生心理健康发展。自 2000 年起就设立心理咨询室并配有专业心理教师，为学校心理健康教育开展提供有力支持。学校开展一系列心理健康教育活动，让学生相互了解、彼此信任，使他们感觉到自己身处在一个幸福、互助的大家庭里，增强他们安全感。此外，学校运用心脑成像技术，帮助学生以正向积极态度看待自身问题，借助心态改变促使自身进步，进而看到真实自己，明确成长方向，增加成长自信与动力。

第二章　规范与争优：求真教育的德育工作

德育是学校教育的重要组成部分。重要到什么程度？用李延保教授的一句话就是：教育是永恒的事业，德育是这个事业的灵魂。齐齐哈尔中学致力于在校内营造积极的德育氛围，构建有特色的德育工作体系。从这个角度出发，学校着眼于学生为人之道的探寻，利用各种大型传统活动营造良好的德育氛围，让学生在这样积极的环境之中健康成长，最终达成道德教育所希望达成的目标。

第一节　求真教育的德育概况

诗人但丁曾说："道德常常能填补智慧的缺陷，而智慧永远填补不了道德的缺陷。"教育的最终目的是培养人，培养有德行的人。高中是品德养成的关键阶段，高中生的身心特点决定了学校德育工作的重要性。

无论是学校的校训，还是教学理念，齐齐哈尔中学始终把学生的思想品德放在首位。学校研究新形势下德育工作的特点，基于学校自身发展情况，积极开创学校特色德育。

一、探寻为人之道的德育核心

德育是教育事业的灵魂，而德育目的是学校德育的核心和灵魂，是整个德育工作的出发点、总方向和归宿。德育目标是德育目的被分解成具体的、可操作的、有标准的、分层次的目标体系的结果，是德育实践的具体方向。德育目标实际地体现着德育目的在某方面的要求，所以德育目标反映并服务于德育目的。“德育目标是德育的出发点和归宿，为德育活动指明了发展方向和前进目标，提供了蓝图和依据，指导、调节、控制着德育过程，从而使德育工作者在德育内容的确定、德育方法和形式的选择与运用、德育效果的检测与评定等方面更具有自觉性和目的性。”①

（一）新时期的德育目标

德育目标是德育目的的具体化，是德育实践所要达到的境地，是德育活动预先设定的标准，是培养学生品质的基本规则。

学校教育，育人为本；德智体美劳，德育为先。2005 年 4 月 20 日，教育部公布的《教育部关于整体规划大中小学德育体系的意见》提出中学阶段的德育目标是：

> 教育帮助中学生初步形成为建设中国特色社会主义而努力学习的理想，树立民族自尊心、自信心、自豪感；逐步形成公民意识、法律意识、科学意识以及诚实正直、积极进取、自立自强、坚毅勇敢等心理品质，养成良好的社会公德和遵纪守法的行为习惯。

2017 年 8 月 17 日，教育部印发《中小学德育工作指南》，进一步明确高中学段的德育目标是：

---

① 胡厚福. 德育原理[M]. 北京：北京师范大学出版社，1997：188.

教育和引导学生热爱中国共产党、热爱祖国、热爱人民，拥护中国特色社会主义道路，弘扬民族精神，增强民族自尊心、自信心和自豪感，增强公民意识、社会责任感和民主法治观念，学习运用马克思主义基本观点和方法观察问题、分析问题和解决问题，学会正确选择人生发展道路的相关知识，具备自主、自立、自强的态度和能力，初步形成正确的世界观、人生观和价值观。

可以看出，新时期高中的德育目标更为强调民族精神的弘扬、社会责任感的培养及人生道路的正确选择，为学校的德育工作指明了方向。

（二）高中生身心发展特点

对于学生的成长和发展而言，高中阶段是一个人成长叛逆的过渡期和成熟的转折点，思想的可塑性很强，情感相对脆弱，容易受外界影响，这个阶段思想的健康发展直接关系以后的人生方向和价值取向，学校德育正是起着这关键的作用；对于家庭而言，孩子是家庭情感的维系和关注的重心，孩子的身心健康发展牵动着一个家庭的幸福和稳定，孩子康健则家庭平安；对于社会和国家来说，孩子是中国的未来，对于孩子道德品质的培养，有关社会稳定、国家发展，这个阶段学生思想的过渡也直接关系国家的基础教育与高等教育的德育工作衔接的一致，关系我国整个教育系统的调整和完善。总的来说，高中德育工作意义重大，必须予以高度重视。这一阶段高中生身心发展主要存在以下两大问题。

1. 学生对自我的认识不足

在高中学习阶段，学生生理上的发育已基本完成，而心理上的发展处于激烈动荡的不稳定阶段，对自己的行为判断和控制都并不成熟，尚未形成清醒的自我认识和明确的自我定位。在繁重的学习压力和竞争之下，学生们把所有的精力都放在了学习备考上，身边的老师和家长也都将注意力集中在学习成绩这一方面。学生们学习的都是具体的科学知识，每天在与自身无关的纯粹知识领域里挣扎，很少有机会、有时间来面对自己、反省自己，去反观自己在过去的事情和待人接物上是否妥当、是否对他人友好、是否过度沉溺于网络游戏和社交、是否对老师尊重。没有这些对自己最基本的认识和要求，在面对未知的事情和任何突发状况时，学生就不能根据自身的特点对事情做出正确的判断，从而采取最合理、最恰当的处理方式。对于这些问题的思考应该由德育来引导，在学生陷入迷茫时，及时发现并给予帮助，使他们健康成长。

2. 学生对社会的认知缺乏

人是社会动物，生活在群体之中。学生们高中毕业之后有的进入大学继续深造，有的直接进入社会，从事一定的职业，融入社会之中。无论是继续学习还是融入社会，他们都面临着一种完全不同的生活方式和交往方式。高中之前，除了学习之外，学生们几乎没有任何社会经验，而家长和社会也在这方面对他们没有任何要求，初中之前的德育也不会有相关的教育内容，即使有也只是一笔带过。在整个基础教育之中，老师所教授的都是学生应该如何处理好与知识的关系，即在有限时间里学习更多的知识，在最短的时间内使学习到的东西更加扎实，这些都是有关学习的内容和学习的方法。

进入高中之后，学生们面对即将到来的全方位考验，学校也应该义不容辞地承担起这份责任。在这个阶段，通过考试、学习知识固然重要，而明白处事之道、参悟做人之理更是走出校园、步入社会的通行证，是一个人的安身立命之本，更值得人们重视。

（三）德育目标的制定

针对高中阶段学生的身心特点，齐齐哈尔中学的老师们深入分析造成这些问题的原因，结合新时期的德育要求，确立德育目标主要围绕以下三个方面来实施。

1. 增强社会责任担当

高中生处于人生发展的关键而又特殊的一个阶段，在这一阶段中，他们不仅面临着要提高自己知识水平、增强自身实践能力，还要面临心理发展剧烈期的困扰。高中生作为未来家庭的顶梁柱、社会经济建设和发展的人才储备力量，提高处理各种矛盾的能力是他们正在面临的事情。他们必须慢慢尝试照顾家人、关心朋友，学着承担家庭责任；他们也要培养自己诚实守信的能力来为以后工作做准备；他们更要培养自己爱护环境、保护环境、为社会持续发展承担社会责任的技能。

成人是关键，是学生发展的基础。因此，学生要不断地探索为人之道，使自己具有责任担当。学校在各种活动中始终将促进学生道德情怀的养成作为关键因素而予以考虑，在活动中予以德育渗透和有机融合。学校始终关注培养学生处理各种关系的能力，将责任意识的培养渗透其中。

2. 明确人生价值追求

高中生的人生价值观是高中生个体思想政治素质的内核，它在高中生综合素质发展中有着举足轻重的作用。高中生人生价值观的形成是一个多方面的、复杂的、系统而反复的过程，涉及高中生生理、心理、思维等的发展，并在内外因素反复作用下及群体与个体相互作用过程中逐步形成与发展。高中阶段是中学生人生价值观形成的关键期，高中阶段的中学生处于一个非常特殊的阶段：身心矛盾多，情绪不稳定，面临升学和择业的压力等人生价值观形成问题，也是中学教育改革发展中所面临的重要问题。明确人生价值追求，有利于提升高中生生活质量，从而促进高中生健康发展。

学校为全体高中学生开设系统的生涯教育与指导课程，引导学生坚定理想信念，树立正确的世界观、人生观、价值观，积极践行社会主义核心价值观，形成良好的思想道德品质。

3. 培养学生家国情怀

家国情怀是中国优秀传统文化的基本内涵之一。所谓的家国情怀，是主体对共同体的一种认同，并促使其发展的思想和理念。其基本内涵包括家国同构、共同体意识和仁爱之情；其实现路径强调个人修身、重视亲情、心怀天下。家国情怀既与行孝尽忠、民族精神、爱国主义、乡土观念、天下为公等传统文化有重要联系，又是对这些传统文化的超越。家国情怀在建设幸福家庭、提高公民意识、增强民族凝聚力等方面都有重要的时代价值。

二、注重素质培养的德育课程

“课程是教育事业的核心，是教育运行的手段，没有课程，教育就没有了用以传达信息、表达意义、说明价值的媒介。”① 学校的德育课程丰富多样，不仅充分挖掘国家课程里的显性德育、隐性德育的内涵，而且结合学校“学做真人”的德育目标，构建了极具特色的校本德育课程。

（一）在国家课程中实施德育

1. 挖掘教材里的德育素材

《中学德育大纲》明确指出：“各科教师均要教书育人，寓德育于各科教学过程的各个环节之中，把德育大纲的贯彻实施看成各科教师的一项重要任务。”为此，齐齐哈尔中学的老师在具体教学实践中充分挖掘教材的德育功能，不失时机对学生进行德育教育。以下是单金威老师对高中化学新教材的德育实践。

（1）利用丰富的封面彩图、教材插图，培养爱国热情

人教版新教材是对老教材一次深刻的变革，它不仅在知识结构上重新做了调整，使知识体系更符合学生的认知规律，注重学生实践能力和创新能力的培养，更渗透科学思想、思维品质的塑造。新教材的最大特点是增加了封面的彩图、章节插图，图片丰富，直观性、形象性强，富于联想。战国初期的“曾侯乙铜钟”，设计精巧，加工细致；陕西半坡出土的“人面网纹陶盆”，色彩绚丽，形象逼真。这些都体现了我国古代劳动人民的勤劳俭朴和聪明才智，由此来教育学生学习古代劳动人民吃苦耐劳的精神和坚强的意志品质。通过“中国航天”火箭升空的壮观场面、我国举办第11届亚运会熊熊燃烧的火炬、纪念我国钢产量突破1亿吨发行的邮票、大型的天津炼油厂等图片的讲解，学生了解中华人民共和国成立以来，特别是改革开放以来，在中国共产党的领导下，我国化学工业的飞速发展，以及在钢铁工业、航天工业、石油工业等科技

① ［英］菲利普·泰勒. 课程研究导论［M］. 王伟廉，等，译. 沈阳：辽宁教育出版社，1990：11.

领域内取得的巨大成就，以此来震撼学生的心灵，调动学生的积极性，激发学生的爱国热情，坚定走科技富国、强国之路。

（2）结合学科发展史教学，培养严谨的科学态度

新教材中编排了许多新元素、新物质、新产品的发展过程，登载了各国科学家的照片，介绍了他们科学探索的事迹，如“人工合成元素新进展”一表介绍的各国科学家的研究成果：金属钾的发现、氯气的发现、苯的发现和苯分子结构学说。这些素材的挖掘使学生明白，每一新元素的发现、新产品的开发、新理论的创建无一不凝结了科学家的毕生精力。他们经历了无数次的实验、无数次的失败，甚至在面对周围的讽刺嘲笑、各方的压力下才获得成功，是勇于探索、百折不挠、艰苦努力的结果。这些使学生在世界观、人生观、价值观方面受到深刻的教育，促使他们学习科学家们不怕失败、勤于思考、勇于实践、敢于创新的科学精神及淡泊名利、为人类谋幸福的高尚品德，从而进一步明确学习目标，培养热爱学习、崇尚科学的情操，树立为祖国的希望、民族的振兴而奋发学习的远大理想。

（3）采用讨论、研究性学习的方法，培养团队合作精神

在新教材的每个章节中都设置了问题讨论，如：在元素周期律一节中共设置了 6 个讨论，通过讨论去归纳 1—18 号元素原子的最外层电子排布、原子半径、主要化合价的变化规律，以及同周期元素金属性、非金属性的递变规律。根据问题的不同，可采用师生讨论、生生讨论、学生同桌讨论、小组讨论、全班讨论等方式，在讨论中每位学生积极参与，能发表自己的意见，增强了他们的参与意识及自信心，增强了班级凝聚力。同时教材还设置了与生活、环境密切相关的研究性课题，如：家用燃料的性能、价格，资源蕴藏情况调查；常用电池种类、使用范围、性能、价格的调查等。在老师的指导下，学生自由形成调查研究小组。老师让他们走出课堂、走向社会进行调查，亲身实践。他们各自分工、团结协作、相互帮助，去体验社会与自然发展中的具体问题，在分析问题、解决问题的过程中学会交往与合作，增强了团队精神和合作意识，提高了探索、实践、创新能力。这些课题对学生是很好的集体主义教育，使

他们懂得：一个人的力量是有限的，只有融个人于集体之中才能形成强大的合力。

（4）通过“选学”“资料”的学习，培养环保意识，增强社会责任感

整套教材选学内容图文并茂，资料丰富。高一教材第四章“环境保护”一节中安排了“大气污染及防治”“空气质量日报、周报”“水污染及防治”等资料内容。在高二教材“硬水及其软化”等选学内容中，通过清澈的河水和受到污染的大气的对比及可降解的塑料的降解实验彩图的教学，学生意识到环境问题已成为影响全球性经济发展的重大问题，而且直接威胁人类的生存。教育学生从小养成保护环境的习惯，平时不乱丢乱抛杂物，爱护花草，节约用水，自觉与破坏环境的不文明行为作斗争，使我们人类赖以生存的地球得到净化、美化，树立人类与社会、自然协调发展的价值观，增强社会责任感。

2. 在阅读经典中教人求真

文学经典，是指具有较高艺术价值和知名度，包含永恒主题和经典的人物形象，能够经过时间考验而经久不衰，被广泛认识及流传的文学作品。

语文教师李莉莉认为，在育人求“真”时，可以通过阅读经典真实地再现“真”。在阅读中，选取《论语》中的一部分内容，这样一方面教师带领学生领略经典作品的内蕴，另一方面向圣人学习“真”。以下是李老师语文教学中的一个片段：

（原文）颜渊死，颜路请子之车以为之椁。子曰：“才不才，亦各言其子也。鲤也死，有棺而无椁。吾不徒行以为之椁。以吾从大夫之后，不可徒行也。”

（解读）儿子死了，颜路要老师拿自己的车子去换他儿子的椁。其实并不是每个人都要椁的，可能想要让儿子体面一点，可他没有这个能力，就要求老师出力。如果老师有钱，为学生置一个椁，也不是不可以。但孔子也没有这个能力。孔子显然不高兴了。回答很不客气：“你儿子聪明、有才，是儿子；我儿子，没他聪明，没他有才，但也是儿子。”这话说得有一点太直接，极其真实。或者他从不想做作，一切出于性情。

再看后面的一点理由，更有意思。我大小也是一个大夫吧？怎么能叫我出门连一个车也没有呢？太真实了。我们知道孔子这时候已经不是什么官了。只是因为他曾经担任过大夫一级的官员，而大夫必须有自己的面子，不能步行，否则就违背了礼的规定。这告诉我们，孔子对做过大夫一级的官员这段历史多么在意，对这大夫的名分多么在意。

我们讲过很多淡泊名利的文人雅士，可我们并不排斥通过建功立业而为民为国赢得名利的志士，但像孔子这般真实为言、真实立行，实属难得，他是一个从神坛上走下的“普通人”，令人敬畏，因为真言真行经得起时代的淘洗，经得起岁月的沉淀。

（二）在校本课程中实施德育

齐齐哈尔中学从求真教育内涵出发，以“做真人”为德育课程体系支柱。在“做真人”框架之下所开设的课程主要分为修身型课程和潜能型课程两大类，注重促进学生身心的修养。在修身型课程之下，分别是生涯教育类课程和涵养德行类课程；潜能型课程框架包括艺体素养类课程和创意设计类课程，它们都关注能力素质培养和内在潜力激发。

1. 修身型课程：品德素质培养

（1）生涯教育类课程

生涯教育类课程包括“社会实践课”“职业体验课”“心理健康课”等。这类课程让学生更好地认识整个社会、更好地了解社会各行各业，为自己的工作职业选择和社会责任担当奠定良好基础。

（2）涵养德行类课程

涵养德行类课程包括“礼仪课”“戏剧表演”课等，重视德行潜移默化的养成。道德教育不是说教，应注重积极环境的创设，让学生在优良环境中健康成长。为此，学校开设礼仪课，让学生知礼节、懂礼仪。

2. 潜能型课程：内在潜能激发

（1）艺体素养类课程

艺体素养类课程包括“体育选修课”“美术鉴赏”“音乐欣赏”等，此类课程主要目的是让学生获取健康的身体素质和良好的艺术情操。以此类课程为依托，学生在身体健康基础之上更好地认识美、感受美并了解美。

（2）创意设计类课程

创意设计类课程包括“生活科技课”“机器人程序设计”等，注重学生创新性思维的养成，提倡创新意识与设计精神。比如，在“机器人程序设计”课程中，让学生自主进行机器人程序研发与创设，激发学生的创新思维与多种能力。

三、传统创新相结合的德育活动

齐齐哈尔中学坚持做好常规德育工作，努力不断创新，注重开展探寻为人之道的德育活动，注重加强与学生发展指导的融合。学校倡导学生自主管理，让学生自己养成良好的道德规范，努力把学校办成学生主动求知、健康成长的乐园。

（一）重视行为规范教育

行为规范是国家对中小学生的基本要求，是学校德育的基础工程，是中小学生的基本伦理道德教育和基础文明行为训练的主要内容，是提高学生思想道德素质的重要标志之一。行为规范教育的目的是让学生现在和未来更适应社会生存，教人求真，学做真人。

针对“学校开展的一系列德育活动与求真教育是否相关?”这一问题的调查结果（图 2-1）显示，认为学校的德育活动与求真教育“非常相关”的教师占 48. 08%，认为德育活动与求真教育“比较相关”的教师占 38. 46%，“不确定”的教师占 10. 9%，认为德育活动与求真教育“比较不相关”和“非常不相关”的教师各占 1. 28%。

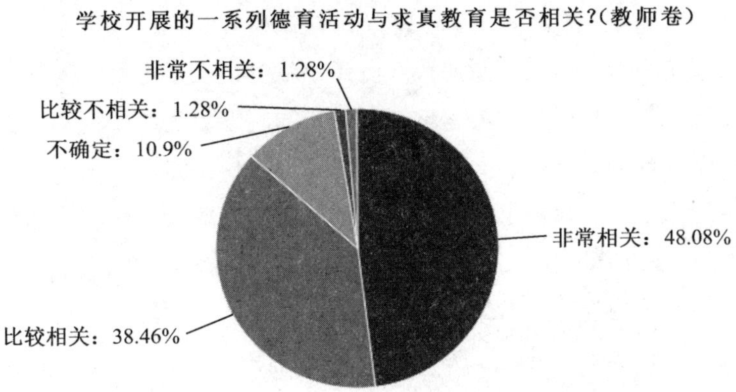

图 2-1　学校开展的一系列德育活动与求真教育之间的关系问卷调查统计

从数据来看，认为德育活动与求真教育相关的教师明显多于认为不相关的教师，这说明齐齐哈尔中学在德育活动中切实做到求真教育，在这一方面投入了精力，做足了工作。

齐齐哈尔中学将学生行为规范教育划分为两个重点：一是学生文明礼貌教育，二是学生良好行为养成教育。学生文明礼貌与其本身日常生活息息相关，也与学生个人素质紧密相连。学校除重视引导日常文明礼貌之外，高度强调良好行为养成教育。其目的在于，通过对学生日常教育，学生潜移默化地受到道德教育的熏陶，从而不知不觉地接受良好的影响，成为一个有道德的人。

学校要求班级文化建设重点从班级物质文化建设转移到班级精神文化建设，要求班级在开学初制订班级文化建设实施计划，确定班风主题，实施形式多样的班级文化活动，使班级精神得以树立，形成一个班风正、学风浓的班集体，以班集体建设带动学生行为规范教育与养成。学校每学期都开展班级文化建设并开展班级竞赛活动，作为学生行为规范教育活动之一，将外部行为规范教育转变为学生自觉行动。

（二）实施分年级德育活动

从学生思想品德形成与发展的规律出发，学校制定了分年级德育活动内容体系，由此开展适合学生发展特点的德育活动。

在高一新生入校时实施新生军训、法制教育、消防安全教育、远足拉练、亲情教育等。这一系列教育使高一新生在入学之后便能够很快地过渡到高中学习阶段，缩短学生初高衔接的时间，为整个高中阶段学习与发展做好准备。

在高二年级，学校组织的德育活动主要包括成人教育和注重学生创意才艺发挥的活动。高二下承高一，上接高三，是一个关键的过渡阶段，需要为高三学习与升学考试提供良好条件。在这一阶段，学校努力通过成人教育，让学生更好地了解自己所应当扮演好的角色；通过自主创意才艺展示活动，学生更加完善自我认知、明了自我发展与追求的方向。

高三年级德育活动则集中在利用生涯规划指导方式上，将德育要求与生涯教育指导结合在一起，以正确的世界观、人生观和价值观指导学生的选择，激发学生的内在潜能和发展动力。

学校注重以大型传统活动为依托，更好地开展德育工作，主要包括校园艺术节、体育节、读书节、英语节等。这些大型传统活动都高度注重对学生的思想政治教育，让学生在各种传统活动之中探寻自己的价值观，了解自己人生的方向，规划未来的目标。

在面向学生的问卷中，课题组设计了“你认为学校的活动种类多吗?”的题目，得到的数据统计如图 2-2 所示，37. 46%的学生认为活动种类“非常多”，53. 5%的学生认为活动种类“适中”，9. 04%的学生认为活动种类“不够多”。

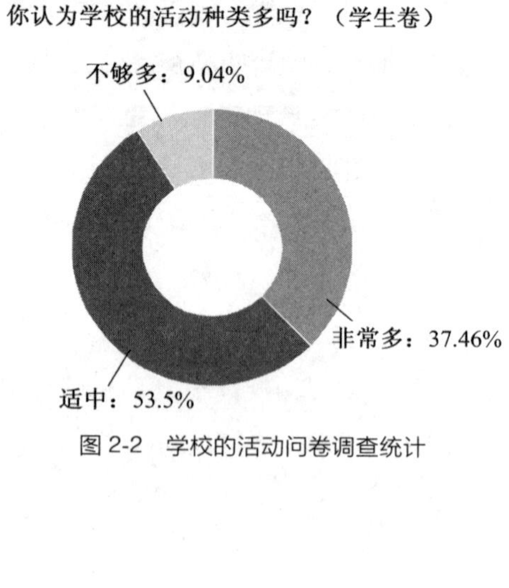

图 2-2　学校的活动问卷调查统计

调查结果显示，超过90%的学生对活动种类的设置较为满意，可见学校设置的德育活动种类丰富，能满足学生的基本需求。

为了解学生对各类活动的参与度，课题组在面向学生的调查问卷中设计了“你参与过学校举办的各类活动吗?”的题目，选择“是”的学生占90.53%，选择“否”的学生占9.47%，见图2-3。

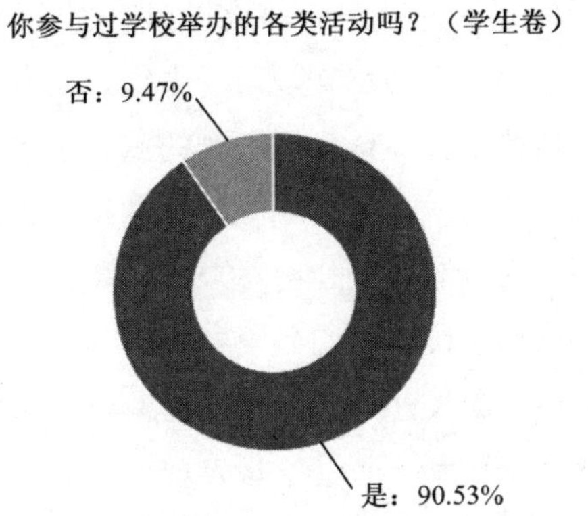

图2-3　学校学生各类活动参与度问卷调查统计

由图2-3可以看出，学生对学校开展的德育活动参与度较高。课题组进一步设计了“你参加学校组织的活动是基于什么原因”的题目，基于“自己的兴趣爱好”参与活动的学生占87.41%，基于“学校的要求”参与活动的学生占11.43%，基于“其他”原因的学生占1.16%，见图2-4。

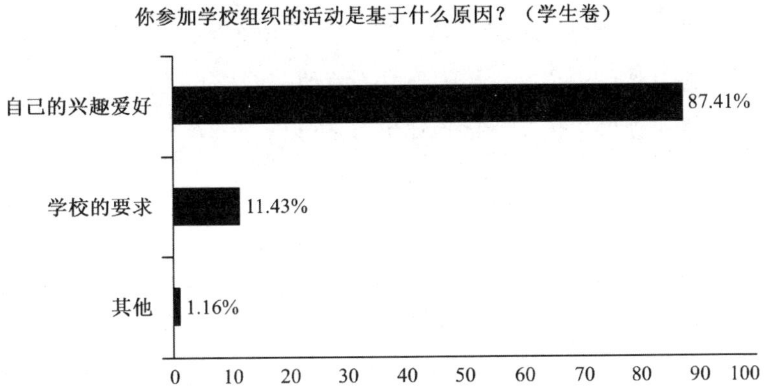

图2-4　学生参加学校组织的活动的原因问卷调查统计

这一调查结果显示，齐齐哈尔中学学生积极参与各类活动主要是基于自己的兴趣爱好，这说明学校在设计德育活动时充分考虑了学生的需求，将学生的兴趣放在第一位。

四、科学有效的多元德育评价

德育评价是评价者依据一定的评价标准，运用科学的方法和手段，系统地收集信息，对德育活动及其效果所进行的在事实基础上的价值判断的过程。德育评价是学校德育管理工作的重要环节，也是实现学校德育目标的基本保证。任何学校要实现办学特色和达成学生培养目标，都要运用评价这一不可缺少而又十分重要的导航棒。

齐齐哈尔中学依据学校自身的办学特色与学生培养目标，建立了完善的校本化学生评价。学校充分尊重学生的差异，立足多元评价，积极探索出发展性德育评价机制，激励学生发现自己的潜能，看到自己的进步，证明自己的进步。

（一）勇于改革创新，完善评价模式

学生评价就是对学生的综合素质或某方面做出价值判断的过程。就评价目的而言，评价旨在从学生的层面上使他们了解自己的发展现状，发掘自己的潜能，促进自己的发展；学校在评价学生的过程中反思办学的传统、特色、理念、策略、方法等，从而为学生提供更好的教育。如何对学生进行评价一直是学校发展和教育改革的核心问题。

学校注重评价主体多元化、评价方法多样化及评价过程全程化，实施全方位的评价体系，完善了学生评价机制。

1. 原有的评价体系中存有不足

素质教育要求学校改变传统的教育观念和评价方法，树立以学生发展为本的理念，运用评价，积极创造适应青少年的教育，并根据学校条件，重视发挥办学特色、学生培养目标在学校评价过程中的改进、导向与激励功能。总之，办学特色和培养目标决定了学生评价的模式、内容和方法，评价又是发展特色、实现目标的重要手段。也就是说，学校的

特色和学生培养目标要有相匹配的学生评价体系。

为了实现“学做真人”的特色教育，学校必须设计相应的评价体系。齐齐哈尔中学对当前德育评价存在的不足进行总结与反思，概括出以下三方面的问题。

（1）德育评价内容偏失

这主要表现在两个方面。一方面是传统的德育评价注重道德知识的灌输和行为的训练，忽视学生的真实感受和体验，不注重培养学生的道德推理和思辨能力，无法建立起统一的道德认知、情感和行为，也无法深化并巩固德育效果，因此造成思想与行为的游离，知行脱节。另一方面是偏重对学生道德结果的评估，忽视了对于德育过程的评估。只有为学生提供全方位的、科学化的、有针对性的、有实效的德育活动，才有可能获得良好的教育效果。

（2）德育评价方法简单化

传统的中小学德育评价通常使用操行评定和考试相结合的方法，还有的学校对学生品德评价采用积分制，罗列一系列具体的行为，学生出现了相应的行为或达到要求，就能予以加分。这种等级评定或者记分的评价方式使复杂的、动态的道德发展过程简化为一种终结性判断，并且成为评优的重要依据。但实际上德育本身的特殊性使其并不适应于这些评价形式，这种简化的评价方式为评价工作乃至学生的品德培养与发展带来了更多的问题。

（3）德育评价主体单一

当前中小学德育低效的一个重要原因是，在道德教育实践中有很多方面忽视了学生的主体性。在学生德育评价中，教师扮演的是绝对权威，学生属于被动接受者的角色，根据评价者的指令被动行事，学生的人格尊严和主体性得不到尊重。为了获得一个好的等级或者分数，学生甚至产生伪善行为，带来更大的负面影响。

以上评价中出现的这三个问题，究其原因，主要是学校对评价的目的与功能认识不足，眼光比较狭隘，关注更多的是可量化的学业成绩，缺少对学生思想品德、个性特长等方面的评价。这种单方面的评价实施得越久，对学生造成的影响越大，因为教师会以这样的评价指标来对学生做出判断。学习好的学生会把更多的时间投入学习中，以保证获得优秀的学业评价，这样势必会减少时间来培养自己的其他兴趣。而不爱学习或者是学习成绩差但有其他特长的学生会因为缺少鼓励与教师的关爱而自尊心受伤，不仅会产生厌学心理，而且不利于其健全人格的养成。

2. 制定评价实施的原则

（1）可行性

可行性原则具体表现在德育评价体系的可操作性上，是指构建的德育评价体系必须在使用的过程中具有可行性，能够为德育评价工作者实际应用，并且能客观公正地反映德育工作的实际效果。因此，在构建德育评价指标体系时，评价体系要尽量精简，尽可能地优化从简评价指标的数量。虽然指标越多越细一定程度上代表了对评价对象的认识就能更具体，但也并不真的越多越好，有时繁杂的指标降低了可操作性，而失去了操作性也就难以真实客观准确地反馈德育工作的进程和效果。但也不能过少，一旦过少了，又不能真实客观地反映被评价对象的整体和实质，进而导致评价结果缺乏客观科学性。因此，若能够在保证评价体系的指标数量已经全面客观反映德育评价对象的整体的基础上，就可以尽量减少其余可有可无的评价指标的数量。构建德育评价指标要从评价对象的实际出发，借以提高德育评价指标的区分力。评价体系的标准要避免抽象空泛的概念化条文，应该具有实际的可操作性，评价的方式也要在充分考虑学生个体发展水平及学生间发展的差异性的前提下，不仅能够便捷使用，而且要为大多数学生和教育工作者所认可和接受。总之，要能更为准确、客观、公正地反馈德育工作的进程和实效。

（2）综合性

综合性原则是指评价不仅关注结果也应该关注过程。例如，在构建评价体系时注重质的评价和量的评价相统一，结论性评价与过程性评价相结合。质的评价关键在于“质”，强调的是对被评价的事物的本质属性从客观、整体、系统的角度上进行抽象的分析和总结，对评价的对象一般不做出具体、量化的分析，只在事物的性质、本质等方面做出总结和评价。德育评价中倡导的质的评价是指在评价的过程及结果中对被评价对象的德育效果方面进行定性的分析。量的评价则关注对被评价者的实际发展水平用精准的数字表现出被评价者在数量上的发展情况，一般都采用一定的数学方法对被评价者进行考核、估量和鉴定，以数量的形式将评价结果展现出来。这种评价方式得出的结论一般来说能够比较客观地展现事物，有一定的科学性和说服力，但运用到对德育评价的测量上还是有局限的，因为并不是所有的客观存在事物都能用具体的数字来进行测量，包括学生的思想道德，它本身就具有不可触摸的性质，并且学生的整个思想道德呈现出一个动态变化发展的过程，仅仅用数学的方式确实难以对其进行科学客观的考核和分析。构建德育评价体系必须做到在量化的基础上做定性的描述，坚持“质”“量”相结合的评价原则，以质的评价分析为主，辅以量的评价分析，才能给出更科学、客观、全面的评价结论。

（3）层次性

首先，层次性原则旨在强调人的心理、生理等各方面的生长有其自身的特殊性，在构建德育评价体系的过程中要落实层次性原则，就必须做到：德育评价必须以德育目标为指导和标准，全面评价，尊重评价对象。在不同的年龄层次、学龄阶段，学生生理和心理方面的发展状况都有所不同，如果用一个固定的德育评价体系去对各个年龄阶段、不同发展水平的学生进行无差别的评价，极其容易造成评价结果的不科学、不公正，容易过高或者过低地反馈德育工作的效果，也会导致学校、社会甚至学生自己对其心理、思想、行为素质等方面的错误判断，学生会过分高估自己或者低估自己，产生各种负面心态和行为。此外，层次性原则要求构建德育评价体系时注重各年级互相衔接的德育评价体系，保证各学年、各学段之间的德育评价体系不会出现断痕、衔接不上的问题。

（4）动态性

动态发展性评价是把评价对象放到其整个发展过程中进行考察，通过一定的时空背景和环境背景了解对象过去的、当前的发展状况，借以分析其未来的发展趋势，从其动态发展中对其做出符合实际的评判结论。动态发展性评价能够更全面、更深刻地反映对象的真实性，但很难把握。因此，德育评价中运用静态性德育评价的同时也应该要更注重与动态性德育评价相结合，保证德育评价的科学客观。坚持动态发展性原则就是为了能更好地通过评价环节全面了解学生在行为习惯、情感认知、理想信念等方面的现状和水平，以便更好地帮助学生德育各方面的全面发展。当然，动态与静态是相对而言的。德育评价不单是为了判断、甄别、选拔，更关键的在于了解学生哪些德育目标已经达到、哪些德育目标尚未达到、哪些方面还存在问题等信息，及时掌握学生的德育动态，发现德育过程中存在的问题与不足，了解学生德育发展的需求，从而改进德育活动，帮助学生认识自我、端正态度、树立信心，使学生达到应该达到的德育发展水平，促进学生全面均衡地发展。

3. 设计评价方案与实施

（1）倡导多元化的德育评价方式

一是学生自评，展现个性。注重评价中学生主体意识的培养和发挥，提倡自我评价与自我欣赏，使学生认识自己、发展个性、显示才能，让学生正确评价自己、约束自己。评价内容涉及多方面，不仅涉及学科知识，还涉及文体、实践等多元化因素，让学生结合自己的日常行为习惯，对自己做出中肯评价，发现优点，查找问题，改正不足。

二是学生之间的互评，重视团结合作。同学之间的关系很微妙，不仅是学习中的伙伴，更是生活中的朋友。积极培养学生的团队意识、合作意识，鼓励学生之间相互了解、相互交流、相互评价，既能帮助教师客观公正地对学生进行德育评价，同时更有利于加深学生之间的团体意识，形成团体合作观念。

三是教师评价，彰显德育魅力。教师对学生的德育评价不再仅仅以学习成绩为主要依据，而是根据相关德育工作的目标及要求，对不同学段学生的行为习惯、道德品质、心理素质等进行综合评价，挖掘学生潜能，让学生从教师的评价语中感受教师的期望，达到教师与学生情感上的真诚交流。

四是学校评价，创造良好的德育环境。对于处在学生时期的青少年，学校可以说是他们除了家以外的第二个港湾，学校评价的好与坏、是否客观与公正直接影响学生日常生活和学习环境，进而影响学生校园生活的心态。让学生在学校、班级中能够真正找到归属感，是学校德育评价的责任之一。

五是家长及其他相关人员评价，突出学生的成长。作为孩子的人生启蒙老师，父母对孩子的了解也最为深刻，孩子所获得的教育是否有效、是否令人欣喜，家长也最有发言权。家长评价重视学生的自理能力、自立能力及立足社会的能力，恳切的评语贯穿着孩子成长的历程，对孩子具有极大的鼓舞作用。

（2）着力构建德育评价体系网

由学校、家庭和社会三方面构成的德育评价整体能给学生身心健康的发展提供一个强有力的保障。而只有不断地更新教育理念、整合协调教育资源、改革教育管理体制，才能真正构建以这三方面为基点的德育评价体系网。针对当前我国德育评价体系构建所面临的时代困境，构建一个学校、家庭和社区三结合的德育评价网络体系是十分必要的。

齐齐哈尔中学在德育评价体系中着力构建“三结合”的评价体系网，用以下三种模式进行分层分工构建：一是“以校为本”，以学校为德育评价的引领者；二是“以社为本”，以社区为德育评价的引领者；三是“以家为本”，以家长、学生家庭等为德育评价的引领者，设立家长委员制，以便更好地促进学生德育评价活动的开展。各个家庭、教育机构、学校和有关社会人员共同结合构成一个有机整体德育评价网络，其中家长委员在其中起主导作用，努力构建一个“学校德育为主体，家庭德育为基础，社会德育为依托”的德育工作新格局。充分整合学校、家庭、社会的德育资源，形成强有力的教育合力。在构建“三结合”德育评价体系网的实践中，努力做到全面和协调性，各种模式要互为补充、同时并用，保证学校、家庭、社会的德育评价方向的一致性，促使德育效果达到平衡和统一，着力帮助学生得到更好、更长远的发展。

（3）使用灵活多样的德育评价方法

学校在德育评价中遵循“五个坚持”：坚持评价中实行以定性分析

为主，综合运用定性与定量评价相结合的方式；坚持动态与静态相结合的评价方式，从横向和纵向进行全面的比较、分析，以达到评价的可持续性发展；坚持终结性评价与形成性评价相结合，以形成性评价为主；坚持校内与校外评价相结合，做到既有学校各教育工作者及学生个体的评价，又有学生家长甚至其他社会各界人士的评价，努力实现评价方式的开放性及完整性；坚持诊断性与鉴定性评价相结合，力争形成全方位、科学的评价体系，真正落实全面评价的要求。

（4）做到知行合一的德育评价方式

德育实践评价的重要地位不能忽视。当前中学德育评定方式大多仍沿用应试教育的科目考试方式。如果一味注重德育教学成绩的量化型指标，容易导致德育教育偏离其“一切以学生全面发展为首”的根本目标，无法全面客观反映学生的道德品行。为此，学校纠正以往那种以考试分数定学生德育好坏的唯一标准，更多地重视推进学生的德育实践，将课堂教学评价与实践活动评价、过程性评价与结果性评价结合起来，综合、全面、客观地评价学生的德育实效。

齐齐哈尔中学尝试通过鼓励学生参加各种道德实践活动，观察学生的积极性、主动性，客观地评价学生的品德发展水平，或者通过有意识地对学生的日常行为进行记录和监督，对学生所获得的奖励、所受到的批评加以记录，建立品德成长档案袋，为学生的日后进行德育评价提供依据。

（二）科学评价有效，硕果成就彰显

齐齐哈尔中学根据自身的办学特色，集全体师生的智慧与创意，践行“学做真人”的校本德育理念，配套开发了发展性德育评价机制。学校立足多元评价，不仅评价主体多元，而且评价方法多样，兼顾学生共性又照顾学生个性，激励学生全面成长。

1. 主要成效：三保证

（1）保证了培养目标的落实度

办学特色和学校培养目标对学校整个德育活动起着导向与控制的作用。学校通过评价把德育要求具体化、条理化，学生能够学习有榜样，

行为有规范，发展有方向，自我检查有依据，从而促进了办学特色和学生培养目标的实现。

（2）保证了评价主体的多元化

通过各科教师、家长这些最了解学生的关系人进行评价，保证了学生评价的真实性和权威性，增强了教育评价过程中评价者之间及评价者与评价对象之间的互动。

（3）保证了评价内容的全方位

星级学生评选活动从内容上涵盖了做人、学习、生活、创新四个维度，保证了评价的广泛性。它采用的是综合性评价，就学习方面而言，不但看成绩、看结果，还要看实践运用、科学探究，还包括强身健体、艺术欣赏等多个方面，即不再只重视智育而忽视其他方面，更关注个体的进步和培养多方面的兴趣爱好，有效地促进了学生的全面发展。

2. 学生评价大揭秘

在评价学校开设的德育活动的效果时，60.9%的教师认为“效果明显”，27.56%的教师认为“效果不明显”，11.54%的教师表示“不清楚”，见图2-5。

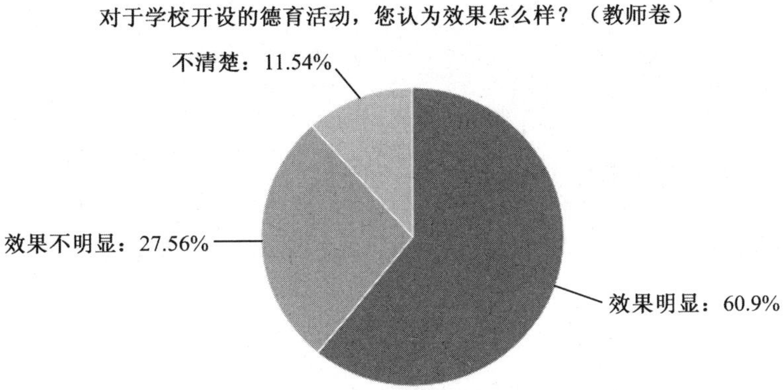

图2-5　学校开设德育活动的效果问卷调查统计

在“您认为学校开展的各项德育活动是否有利于学生的全面发展?”这一问题中，认为“是”的教师占88.47%，表示“不清楚”的教师占8.97%，认为“否”的教师占2.56%，见图2-6。

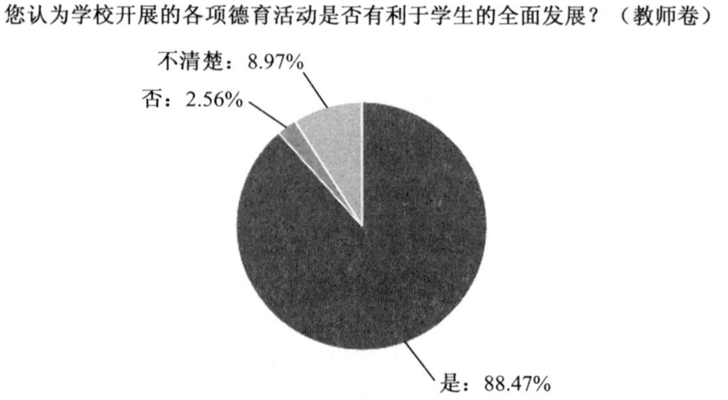

图 2-6　学校开展的德育活动是否有利于学生全面发展的问卷调查统计

调查结果显示，多数教师对学校德育活动的育人效果表示了肯定，并且认为德育活动的开展有利于学生的健康成长、全面发展。

学生在评价自己“与其他同级学校的学生相比，你认为自己最大的优势在于什么?”时，给出了他们的答案。如图 2-7 所示，41. 55%的学生认为齐齐哈尔中学的学生比其他同级学校最大的特色在于“基础扎实”，其次 26. 66%的学生认为是“全面发展”，认为“视野开阔”与“特长明显”的各占 21. 38%与 8. 23%，仅有 2. 18%的学生选择了“其他”。

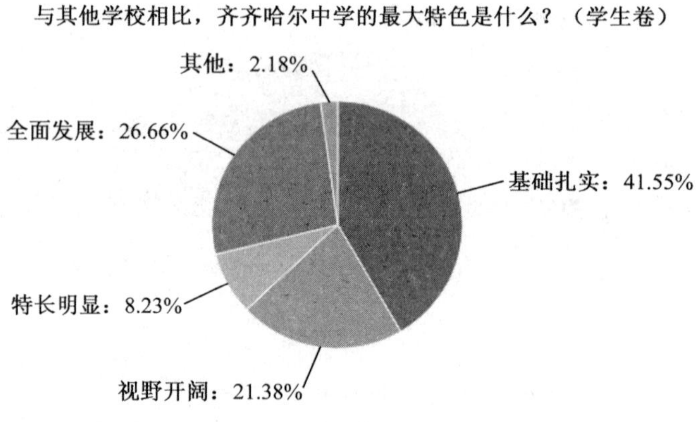

图 2-7　关于齐齐哈尔中学的最大特色的问卷调查统计

从调查结果可以看出，在学生眼中，齐齐哈尔中学相比其他学校最大的特色主要集中在“基础扎实”与“全面发展”两项。学生的基础扎实了，才能得到全面发展。这恰好证明了学校不仅注重学生的学业成绩，而且关注学生除学习以外的其他表现，如思想品质、个性特长等。如果只有共性的教育，最后的结局只能是单一与死板，而关注差异的评价，才能保护学生的个性，才能“和而不同”“求同存异”，最终实现学生的全面发展。

3. 文明单位落齐中

学生的表现及学校的精神面貌是检验评价是否有效的试金石。

凭借着扎实有效、特色显著的德育工作，齐齐哈尔中学在 2015 年被命名为“省级文明单位标兵”。文明单位是在物质文明、政治文明、精神文明和生态文明建设中成绩突出、效益显著、管理先进、服务优良、内外和谐、积极创新、履行社会责任的先进单位，是基层单位四个文明建设综合性成果的最高荣誉。

近年来，全校师生通过共同努力，获得了多种奖项与荣誉，可谓硕果累累——“齐齐哈尔中学多样化、特色化发展策略研究”课题被黑龙江省教育科学规划领导小组评为“十二五”省级优秀课题，学校多次被评为天津大学、中南大学等高校优秀生源基地及精神文明建设工作先进集体标兵等。

第二节　多样化活动与学生成长

活动是人们品德形成的源泉，校园是学生学习、活动的主要场所，校园活动以学生主动参与为宗旨，以集体活动为主要形式，具有活动性和情境性的特征，是德育生活化的一种探索和尝试。学生的健康成长与品德养成都离不开丰富的课外活动。

一、身心两健活动：成就健康青少年

身心健康是一个人其他各项技能发展的基础，齐齐哈尔中学培养出来的人不仅在知识学习中有着突出的表现，而且有良好的身体素质和心理素质。学校关于身心两健发展的实践受到了马斯洛需要层次理论的

启发。

总体来看，健康是生命的根本，离开生命健康去谈生命的价值体现和知识与智慧，便是舍本逐末。因此，学校从生存需要、爱与归属两大方面来帮助学生成就健康生命。

（一）生存需要：基本健康的要求

生存需要是基本健康的要求，是进行下一步最低层次的保障，只有当这些要求得以满足之后，才能谈得上学生的进一步发展。齐齐哈尔中学在基本健康方面提出的要求包括身体健美、生命安全和心理健康。

1. 身体健美

一个人身体素质的好坏固然或多或少与遗传有一定的联系，但也与后天的生活及体育锻炼密切相关。良好的身体素质是一个人健康的重要保障。对于体育活动的重视及对学生身体素质的高要求使得齐齐哈尔中学的学生拥有良好的身体素质。

学校开展的一系列活动都以提升学生身体素质为目的，如远足拉练、体育节、鹤乡行、成人仪式、课间体育活动等。值得一提的是，学校连续25年开展远足活动。在远足的过程中，不仅学生的身体素质得以提高，其意志也得以磨炼。王思琪同学对于晨跑的感触尤为深刻：

学校的各种活动中最影响我的是晨跑。

在这个各个方面都开启了“5G+”的时代，年轻人的生活方式、生活作息等都和以前大相径庭。现在的年轻人几乎都是晚睡晚起，对于家长的不理解一些人开玩笑说：“给家里省了顿早饭不合适吗？”日上三竿才是他们的“早晨”，日落而息的时候才是他们活动的时间。他们形象地称自己为“夜之精灵”。

熬夜的危害不言而喻。曾经我也是夜之精灵的铁杆拥护者，可是自从走进齐中，看到的更多是早晨依稀的晨光，而不是深夜里的繁星闪闪。

走进齐中后我住进了齐中宿舍。在第一次给住校学生开会时，李校长给全体住校生就早上晨跑提出了建议，随后张校长讲话时很赞成这个建议，并且在第二天就真正落实了下去。就这样，齐中成了齐齐哈尔市第一所也是唯一一所具有晨跑制度的学府。第一天早上我们在一片怨声载道中结束了晨跑。而后，日复一日，在体育组老师及学校各个阶层领导的轮流陪同下，从繁花盛开到皑皑暮雪，眨眼间我们已经度过了一年多。

经过一年多的历练，早起已经成了我的习惯。考虑到我们的身体健康情况，学校不允许非高三备考的住校生超过 11 点才睡觉。这也促使我起得更早。科比曾经问："你见过凌晨四点的洛杉矶吗?"而我想问："你见过凌晨四点的齐中吗?"

跑操前等待全体集合完毕时，老师会经常要求我们准备背题本。呼吸着纯净的空气，我们大脑更加清晰，背记效果更好，跑步的同时还能够回忆起集合前背记的内容。张校长陪同时笑着对我们说："这样坚持下去，不仅会获得强健的身体，而且男生会越来越帅气，女生会越来越有气质，大家的头脑会越来越灵活!"

在晨跑的习惯中我们一天天成长。体能检测时我们的成绩比较好。有时我会被问道："你是不是偷偷训练了啊?"我笑而不语，这是齐中老师们教会我通过努力换来的回报。哪有什么一夜成名，背后是其他人看不到的百炼成钢。

学在齐中，乐在齐中，真在齐中。多幸运，我在齐中。

图 2-8　齐齐哈尔中学住宿生晨跑

2. 生命安全

人生只有一次，生命是可贵的。人生没有重来的机会，因此学生应当懂得理解生命的珍贵、懂得珍爱生命。

学校力求让学生树立“珍爱生命、尊重生命”的意识，由此开展了“和谐鹤城、平安校园”主题系列活动。学校希望通过这一系列活动的开展，学生可以更好地理解生命的重要。这一系列活动包括征文、安全知识讲座、安全知识竞赛、消防演习等。通过这些活动，学校可以更好地让学生了解安全方面的知识，让学生更好地保证自己的生命安全，与此同时，学生对于生命有了更深层次的认识，因此会更加热爱生命。

3. 心理健康

齐齐哈尔中学长期以来一直重视学生的心理健康发展，自 2000 年起就设立心理咨询室并配有专业的心理教师，从而为学校心理健康教育的开展提供了有力支持。

学校开展了一系列的活动促使心理健康教育得以顺利实施。针对学生对高中生活感到紧张和适应能力差等心理特点，学校开展了一系列具体的活动，比如刚入学班主任开班会时会进行一些促进人际交往的游戏，使学生们从陌生到熟悉，打破人际交往的屏障。学校还进行感恩系列教育的开展。此类活动通过学生们身边的人和事让他们相互了解、彼此信任，他们感觉自己身处在一个幸福和互助的大家庭中，从而增强安全感、打开心扉、促进交流、打开心结、共同进步。学校还开展以感恩为主题的家长会，让学生们敞开心扉，说出对家长的意见甚至不满，更重要的是表达对家长十几年来含辛茹苦的感激之情，促进家长与孩子的沟通与了解。

值得一提的是，学校还通过心脑成像技术的运用更好地促使心理健康教育的展开。齐齐哈尔中学认为，心脑成像技术为学生认识自己提供了有力的支持。走进学生心灵，了解孩子们深藏内心的困惑，帮助他们认识自己、发现自己，为他们拨开迷雾看到真实的自己，明确成长的方向，提供成长的自信与动力。

（二）爱与归属：高层健康的保证

齐齐哈尔中学认为，在基本的健康得以满足的基础之上，应当向更高层次的健康迈进。学校应培养学生的爱与归属感，从而更进一步满足学生的需要。

1. 人际关系

人际关系是一个人在社会中立足的重要层面。拥有良好的人际关系和人际交往能力的人在社会中可以更好地表现自我。学校在提高学生人际沟通能力方面做出了很多努力。

学校提倡学生自编自演心理剧，给学生提供环境以讨论交流。一方面，这可以起到教育学生的作用；另一方面，在游戏交流的过程中，学生的人际沟通能力也得以加强。学校为学生提供各种有利于交流的环境，使学生在良好的氛围之中更好交流。学校的努力让学生感到处于一个和谐互助的班集体中，从而更好地成长。

2. 团队意识

一个人在社会中终归不会是孤立存在，应当与社会发生这样或那样的联系，其间也就体现出了团队合作的重要意义。拥有良好的团队意识、团队合作能力，则可以提升完成任务的效率。现如今，良好的团队意识已成为现代社会人必不可少的品质。

因此，齐齐哈尔中学将团队意识的培养渗透到学校教育过程的方方面面。最典型的代表是学校学习共同体教学方式的开展。此种方式不仅可以调动学生学习的积极性，转变了以往课堂教学的模式，而且使学生更有效地进行团队合作，让学生在各个学习共同体中磨合成长。

总之，齐齐哈尔中学关注学生身心健康发展的需要，从最低层次的健康要求保证开始，向更高层次的需要发展，从而使学生在学校中健康成长。

二、主题节日活动：依托传统促发展

传承时代经典，绽放青春活力。齐齐哈尔中学以艺术节、英语节等校园节日活动为依托，致力于促进学生个性全面发展；将“教人求真，学做真人”理念渗透于传统节日之中，继承中华传统美德，使学生完善自身、立足社会。

（一）艺术节

艺术节是弘扬时代主旋律、丰富师生校园文化生活、倡导高雅健康的文化艺术生活、培养和提高青年学生的文化品位和艺术修养的最佳平台。为进一步推动学校艺术教育的发展，为学生提供艺术实践舞台，促进每位学生掌握一项艺术表现手法并具有一定的艺术表现力、创造力、鉴赏力和审美力，促进学生德、智、体、美和谐发展，全面提高学生综合素质，学校定期举办艺术节活动。

在面向教师的问卷中，课题组设计了“您认为学校开展的各项德育活动中最有意义的是什么?”的题目，认为校园艺术节最有意义的教师占 47. 44%，具体如图 2-9 所示。

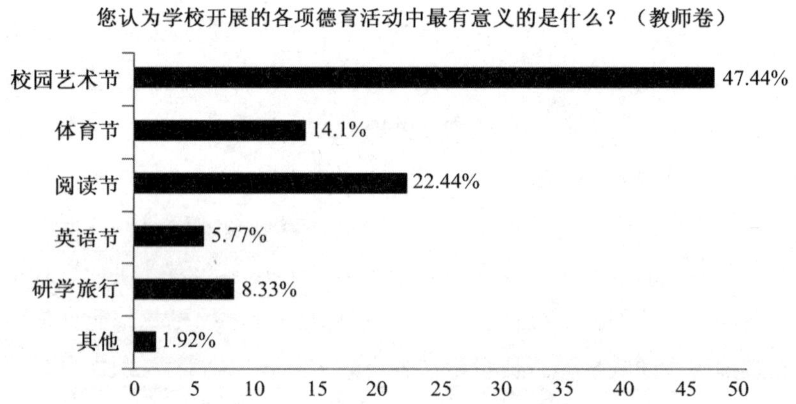

图 2-9　关于学校开展的最有意义的德育活动问卷调查统计

在面向学生的问卷中，课题组设计了“你最喜欢学校组织的活动是什么?”的题目，选择“艺术节”的学生占 44. 37%，具体如图 2-10 所示。

从调查结果可以看出，在教师看来，艺术节最有益于学生的全面发展，并在学生群体中大受欢迎。校园艺术节可以展现师生团结协作、奋发向上、至纯至真、自信自强的精神面貌，推动校园文化艺术健康发展。

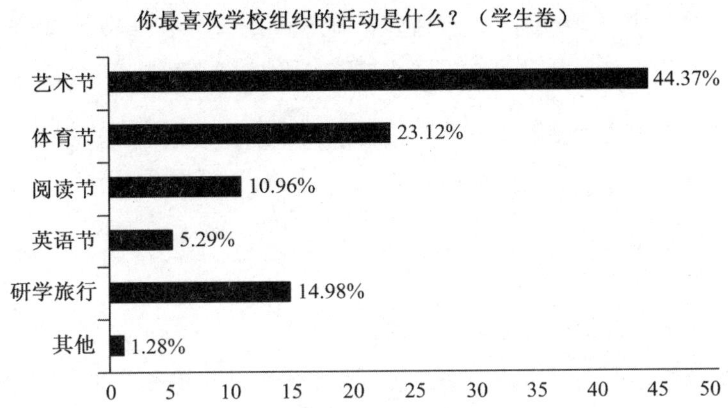

图 2-10　学生最喜欢的学校活动问卷调查统计

韩雨洋同学通过艺术节找到了人生未来的发展方向：

我参加了校庆，是校合唱队的一员，声乐老师夸我是“小螺号”。我经常在下课时哼歌，被我同桌听见，他夸我唱得好听，并且将我推荐给老师，我才有了这次参加活动的机会。我享受在活动中增长知识、锻炼胆识的过程，我在亲身参与这些活动之前一直胆子很小。我很喜欢唱歌，但一直不敢在同学面前表现。一开始我对艺术节很抗拒，但在老师和同学们的不断鼓励下，我在艺术节上发挥出了我最好的水平，并且被

图 2-11　齐齐哈尔中学校园文化艺术节

很多同学记住。在很长一段时间里，都有同学会主动跟我打招呼：“你就是艺术节上唱歌的同学吧。”“我很喜欢你！”“你唱歌真好听！”

这些课外活动使学生发挥自己的特长、放松心情，也有很多人因此发现了自己的特长，从而成为一名艺术生。

（二）英语节

英语节活动旨在营造学生英语学习的氛围，培养学生学习英语的兴趣，提高学生的英语实践能力，凸显学生的个性与特长。

对于参加活动的同学们来说，活动的意义不仅仅是增加词汇量、提升英语口语、写作能力等学习上的进步，更是他们在迎接和解决遇到的困难中锻炼意志力、不断挑战自我、提升自我和超越自我的过程，体现了齐齐哈尔中学学子自强不息的精神品质。

学校还成立了模拟联合国社团。在活动中，学生们扮演不同国家或其他政治实体的外交代表，参与围绕国际上的热点问题召开的会议。代表们遵循议事规则，在会议主席团的主持下，通过演讲来阐述观点，为了“国家利益”辩论、磋商、游说。他们与友好的国家沟通协作，解决冲突时通过写作决议草案和投票表决来推进国际问题的解决。在模拟联合国时，学生们通过亲身经历，熟悉联合国等多边议事机构的运作方式、基础国际关系与外交知识，了解世界发生的大事对他们未来的影响，了解自身在未来可以发挥的作用。这不仅提高了他们的英语口语能力，还加强了他们的全球意识。

作为模拟联合国社团的一员，范睿同学表达了她的自豪之情：

我是齐齐哈尔中学模拟联合国社团的一员，每周四下午我们都会用两节课的时间来讨论关于联合国中经常出现的一些话题，并从中了解各种比赛信息。令我感到自豪的是，在前辈学长和各位老师的努力下，齐齐哈尔中学成了黑龙江省能够参加全国召开的模拟联合国大赛为数不多的几所学校之一，并且每次在有赛事的时候，社团带队老师都会积极通知社员们，鼓励学生去参加、去锻炼、去成长。

图 2-12　模拟联合国社团活动

（三）专题教育活动

学校还组织了专题教育活动，使德育活动有了切入点。学校利用重大节庆日或纪念日在学生中开展相对应的主题教育活动。常规纪念日有清明节、成人仪式、五四青年节、教师节、国庆节、一二·九运动等，学校重大活动有开学典礼、远足、军训、毕业典礼等。学校认真安排，不失时机地在学生中开展各种思想政治教育活动。

贾书贤老师在教学日记中记录了军训中的点点滴滴：

2018 年 8 月 14 日，高一新生开始了为期 5 天的军训。秋老虎肆虐的日子，一会儿孩子们的小脸儿就晒得通红，但横成行竖成列的队伍中，我看到的是努力和坚持。站军姿，稍息立正，跨立，齐步、正步、跑步走，一上午不到，小胖墩们已经受不了了。汗流浃背，腿脚不堪重负，迫使他们只能停训暂休。但是，休息一会，就立刻归队。老师们担心孩子们会累坏，但是每个学生都不退缩。军训不仅锻炼了孩子们的体魄，更磨炼了孩子们的意志。孩子们不请假、不掉队，坚持、坚持、再坚持。“宝剑锋从磨砺出，梅花香自苦寒来。”军训也让孩子们初悟齐中精神：脚踏实地，求真务实。

5 天的军训共分为 9 个主题教育活动，丰富了孩子们的军训生活。

表 2-1　军训时间安排表

活动时间	活动内容	负责人
2018 年 8 月 13 日 15:00–15:30	校史学习	张传锋
2018 年 8 月 14 日 9:00–9:30	礼仪教育	薛立群
2018 年 8 月 14 日 15:00–15:30	安全教育	李维佳
2018 年 8 月 15 日 9:00–9:30	心理衔接	赵建勋
2018 年 8 月 15 日 15:00–15:30	军训报	贾书贤
2018 年 8 月 16 日 9:00–9:30	军歌嘹亮	贾书贤
2018 年 8 月 16 日 15:00–15:30	学法指导	张传锋
2018 年 8 月 17 日 9:00–9:30	科技学习	李振洋
2018 年 8 月 17 日 15:00–16:00	学生大会	张传锋　贾书贤

孩子们最感兴趣的是军训报。一张 A3 纸上，展示的都是孩子们的作品，那小小的一方文字里承载了孩子们军训的精彩瞬间，记录了他们的汗水、泪水……可更多的、更难忘的是练习时的刻苦、互相帮助时的感动、团结协作时的拼搏、军训会操时的喜悦。军训唱军歌时班级进行对抗赛，歌声、掌声、欢笑声……此起彼伏，为艰苦的军训生活注入了快乐的元素。"班级小明星——请你记得我"这一特殊的自我介绍既给孩子们展示才艺的舞台，又让孩子们快速地彼此了解。

图 2-13　齐齐哈尔中学军训

为庆祝新中国成立70周年，齐齐哈尔中学开展了班级主题教育活动。韦佳明同学写下了他对此次活动的感想：

班主任同我们一起观看《我们走在大路上》，这是为庆祝共和国母亲70周年的纪录片。在这里我们看到了雷锋、邓稼先、“铁人”王进喜。在动荡不安、积贫积弱的年代里、乱世浮萍中，先辈们不忍看烽火燃山河，所以奋起直追，为中国的科技、经济做出巨大贡献。而最震撼我的则是每一次观看后老师对我们苦口婆心的劝教。我深深地记得我们班主任的一句话：“一个人没有情怀是成不了事的，一个人没有爱国的情怀是成不了人的。”坐在座位上的我，反复思考着，终于明白了些什么。正如德国哲学家雅思贝尔斯所说：“人类的将来取决于本真教育能否成功。”而我国著名教育家陶行知说：“教育是心心相印的活动。从心里发出，才能到达人的内心深处。千教万教，教人求真；千学万学，学做真人。”这也正是齐齐哈尔中学一以贯之的教育理念。

三、校园文化活动：潜移默化受熏陶

学校致力于营造特色校园文化，不断提高文化含量和教育功能，逐步形成了布局合理、环境优美的绿色园林化学校，使学校的每一处都体现育人的功能，不断打造和凝练学校文化。学校文化特色包括以下三方面：国学为基的阅读文化、创新精神的科技文化和国际视野的开放文化，并基于校园文化开设了读书节、科技创新项目等。

（一）读书节

齐齐哈尔中学将传承与弘扬中华优秀文化作为学校教育与人才培养的一个方面，从国学育人视角入手，把阅读文化作为突出主题，努力建设学校的国学阅读文化特色。

读书节活动旨在引导学生多读书、读好书，形成读书热潮，接受熏陶，陶冶性情，丰富人文精神，提高学生素养，营造浓厚的校园文化氛围，促进校风建设和学风建设。通过读书节活动，引导学生树立远大理想，形成为中华民族的伟大复兴不懈奋斗的坚强信念，实现人生价值，

创造人生辉煌。

石叶佳同学专门写了一篇作文，记录了这次有意义的经历：

这折戏，唱出的是我的选择

在很多人眼里，高中其实是有一条隐形歧视链的：理科生→文科生→艺术生。这其实并不难理解，因为有许多的文科生只是因为自认为没有办法学好理科，不得已选择了文科。相比之下，理科生可以选择的院校多，就业面广，人生有很多条道路可选。很多人对于学艺术的理解则是“因为成绩不好，高考无望而走的偏门”。

在高一上学期刚刚分班的时候，我出于对文史的热爱选择了文科，但是并不知道自己以后想要从事什么职业，对未来没有什么明确的规划。就这样浑浑噩噩的，一直到了高一下学期，学校开展了一次“读书节”活动。我所在的班级表演的节目是话剧，内容是《红楼梦》中林黛玉初进贾府的一段。由于我非常喜爱这本名著，所以主动请缨担任剧本的创作。在创作剧本的时候，我发现整部剧从头到尾已经在我的脑海中非常清晰地显现了：演员的妆容、服饰、动作、神态，背景的更迭，音乐的变化，无一不鲜明，无一不清晰，仿佛书中的人物就鲜活地站在我的眼前。

为了不辜负原著带给我的悸动，我干脆将演员的选拔、服饰的挑选、背景PPT的制作、音乐的搭配全都包揽下来，再加上老师的指导和同学的帮助，短短数分钟的剧情表演下来，凤姐张扬，黛玉疏茫，贾母慈祥，宝玉轻狂，无不立现。虽然全权负责整个舞台剧让我特别疲惫，但是当我看到表演最后的效果的时候，我心里只有两个字：值了。

也就是这个时候，我意识到我对于编导这方面有着特殊的情感。或许是上天赐予的一点小小才能，再加上我对于文学和历史的热爱，我最终决定全力向这个方面发展。

于是我就“晋级”成了一个艺术生。我为自己今后的发展确立了目标，并且不断地为这个目标努力。我觉得这个时候的我比一开始迷茫而无所适从、不知道应该干什么的我要充实和自信得多。事实上，使我更加坚定的是学校用它所做的一切启发了我：教人求真，学做真人。永远不要气馁，永远不要试图去成为“别人”，认识你自己，发展你自己。

图 2-14　齐齐哈尔中学读书节活动

（二）科技创新活动

现代社会所需要的人是应具有创造性的，而创新潜能是需要激发的。为展现学生的创新能力，齐齐哈尔中学开展创新项目，打造科技创新文化。其中，大型科技项目的开展使学生直观地感受到科技，激发创新能力；各种学科教室的打造则给学生更多的机会进行创新能力的展现。

1. 大型科技项目的开展

学校为学生打造科技实践活动平台，积极开展航空航天模型、机器人等科技创新和科技实践活动。在国内、国际科技创新活动中，学校学生连续获得殊荣。近年有多名学生因科技创新被保送到南京大学、复旦大学、天津大学等知名高校。

与此同时，齐齐哈尔中学以促进青少年科学素质提高为宗旨，向学生普及科技知识，进一步营造崇尚科学、鼓励创新、尊重知识的浓厚氛围。学校以实际情况为基础，以提高青少年创新意识和实践能力为主线，以宣传科技知识、弘扬科学精神为主旋律，认真开展各项科技活动。

图 2-15　高源同学参加世界航模锦标赛

在 2017 年全国科普日活动（黑龙江省）考核中，学校组织的“创新驱动发展，科学破除愚昧”主题校园科普日科普活动被评为优秀活动。在全省教育系统中只有哈尔滨工程大学和齐齐哈尔中学两所学校获此殊荣。在科普日活动中，学校活动集科普、趣味、益智为一体，内容主要分为科技前沿专家科普报告会、青少年“两机三模”科学嘉年华、首届“火星登陆”航天项目竞赛、“从地球到宇宙”“脑科学”大型科普展览等活动。在这些活动中，学生加深了对科技的了解，其内在的创新潜能也得到了更好的激发。

2. 多种学科教室的创办

为给学生打造良好的创新条件，齐齐哈尔中学积极创办各种学科教室。目前学校新教学楼内报告厅、学生电视台、实验室、科学创新实验室、微机室、电子阅览室、录课室一应俱全。学生可以在校园的环境中更加全面地了解社会，学校创办的各种科学创新实验室更是为学生的科学研究提供了有力的保障。

此外，学校还向财政申请资金更换了所有班级的电子设备，采购最先进的电子白板 64 套，全部配备到两个校区的教室中。由此可见，在设备更新之后，学校的办学条件得以进一步改善。

四、社会实践活动：我与社会共成长

品德形成过程是一个培养学生把知、情、意、行统一起来的过程。

其中的“行”，就要求学生能够进行道德实践。社会实践活动不仅有助于培养学生的良好思想品德和行为习惯，也体现了全方位的育人意义。学校开展社会实践活动，对于培养学生的社会实践能力，实现德育、智育、体育、美育、劳动技术教育的相互渗透与协调发展，对提高学生的整体素质都具有重要的作用。

（一）职业体验

齐齐哈尔中学对于学生的职业生涯规划并不只局限于具体生涯知识的讲解，而是开展了一系列的职业体验活动，使学生通过亲身的职业实践探索，能够更加直观地感受到职业的需要，更加确定自己人生未来的方向。

图 2-16　齐齐哈尔中学学生参与模拟招聘会

从学校具体设置的职业体验来看，涵盖面还是比较广泛的，具体包含走进医院、走进交警队、走进中医体验馆等。学校认为，带领学生走进医院是学生一次“生命的体验”与“健康的体验”，其中学生收获到的不仅仅是对医生这个职业的具体感触，更是对生命价值和意义的体会。带领学生走进交警队，让学生在体会作为一个交警感受的同时，也培养出他们良好的道德品质，让他们感受到职业能力的规范性和一丝不苟做事的必要性，并且能让学生了解到遵守社会规则的重要意义，这也是对学生责任的一种培养。带领学生走进中医体验馆则更是一种国粹文化的洗礼。此外，“中医课程进校园”的活动是齐齐哈尔中学在齐齐哈尔市的首创，是学校不断探索的体现。

学校还开展了模拟招聘会活动，让学生提前体验应聘的过程。朱静怡同学对此有着深刻的感受：

做人方面，学校举办了许多积极有意义的活动，比如读书节、艺术节、运动会、模拟招聘大会等。在这些活动中，我印象最深的就是模拟招聘大会。模拟招聘大会是模拟应届大学毕业生在招聘会现场招聘的一个活动。在这个活动中，我是一名应届毕业生。一个小小的会议厅却承载着无数大学生的梦想。我怀揣着简历，仔细挑选我喜欢的公司。在生活中我是一个非常腼腆的人，当我递上简历时，内心是激动又忐忑的，面对主考官提出的问题，我虽然有所准备，却没有自信回答。这让我深深意识到我的人际交往能力是多么欠缺。但是，在一次次递上简历、一次次介绍自己时，我渐渐地学会了自信表达自我，做到了不卑不亢，可以说这就是“学做真人”吧！

（二）研学旅行

研学旅行是由学校根据区域特色、学生年龄特点和各学科教学内容需要，组织学生通过集体旅行、集中食宿的方式走出校园，在与平常不同的生活中拓宽视野、丰富知识，加深与自然和文化的亲近感，增加对集体生活方式和社会公共道德的体验。

为增强学生的体魄、引领学生亲近自然和感悟自然之美。齐齐哈尔中学开展了远足活动，意在培养学生的集体意识和积极心态，磨砺学生顽强的意志，用阳光、健康、成长的心态面对生活和学习中的各种挑战，用不屈不挠的精神谱写成长的美丽诗篇。

有同学在远足活动的感想中这样写道：

在远足的过程中，不仅有老师一再提醒同学们注意沿途的环境卫生和野营场地的整洁，而且有了解历史的同学沿途介绍景点，这对培养我们的公益精神和学习兴趣都有着巨大的帮助。虽然我们身体很累，但心灵的满足胜过疲惫，我们的精神是充实的。

图 2-17　齐齐哈尔中学学生进行远足活动

（三）社会实践

社会实践对于高中生具有加深对社会了解、锻炼才干、培养韧性等多方面意义。学校组织了多种社会实践活动，号召学生以青春之我、奋斗之我谱写青春华章，争当有理想、有本领、有担当的新时代青年榜样，在广泛的社会实践中受教育、长才干、做贡献。曹中睿同学写下了他对社会实践活动的体会：

求真教育目标在于长远，实施在于实践，通过实践来激发学生对知识的渴望，发掘学生的兴趣与潜能，找到自己的兴趣爱好，以热情饱满的态度来面对知识与人生，从而发挥长处，成为一名社会的栋梁。我们学校经常会组织一些活动来培养学生们的公益意识，比如说校园组织的校外扫雪活动。在汗水的挥洒中，学生们不仅锻炼了身体，还清洁了马路，不仅减轻了环卫工人的工作量，还使道路在第一时间内变得开阔整洁。最重要的是，同学们领悟到了合作带给他们的益处，体会到了团队的重要性，这对我们的学习和小组讨论也是有巨大帮助的。

第三节　全方位德育的制度保障

为深入贯彻落实立德树人的根本任务，加强对中小学德育工作的指导，教育部于2017年8月17日发布了《中小学德育工作指南》（教基〔2017〕8号，以下简称《指南》）。《指南》明确了党和国家关于中小学德育工作的要求，在德育工作的方向、内容、载体、体系建设方面给予了指导，使德育工作具有专业、规范、实效的特点，真正意义上实现了全员育人、全程育人、全方位育人的德育工作格局。

《指南》中对德育工作的实施途径和要求中提到六项内容，分别是课程育人、文化育人、活动育人、实践育人、管理育人和协同育人。齐齐哈尔中学深知德育工作不可单打独斗，按照国家教育方针中“立德树人”的根本任务及中国学生发展核心素养中培养全面发展的人等育人精神的指引，学校研究制定德育工作体系及实施方案，注重全面育人，实施全员导师制，致力于打造家、校、社会三位一体的德育网络。

一、全员德育原则的实施

学校实行全员育人的导师制，教师全员参与、家长参与和吸纳社会各界人士、校友等参与学生成长指导，面向全体学生，对学生的学习生活、心理健康、生涯规划等进行全面指导。通过教师对学生的思想引导、学业辅导、心理疏导、生活指导、创新启导、成长向导来创设师生和谐共生的教育情境。逐步提升学生的思想力、学习力、自信力、创造力与生长力。实施全员育人导师制，是践行习近平总书记“广大教师要做学生锤炼品格的引路人，做学生学习知识的引路人，做学生创新思维的引路人，做学生奉献祖国的引路人”的思想，促进学生全面而有个性的发展。让所有的老师都成为导师，让所有的学生都有导师。坚持导师、学生结对的相对稳定性贯穿学生高中学习全过程。针对每个学生的个性特征，制定指导方案，关注学生日常学习生活、身心健康成长。指导全体学生注重道德涵养、学业修养和习惯养成，培养学生人格健全、行为自律、学习自主、心理自强的良好品质。

1. 通过思想引导提升学生的思想力

习近平总书记曾说："人生的扣子从一开始就要扣好。"新时代，经济飞速发展，科技日新月异，文化异彩纷呈，人生选择丰富多元。面临更多不确定的诱惑与挑战，教师要通过教育教学活动帮助学生在成长过程中做马克思主义的坚定信仰者，成为有灵魂、有信仰的人。真正掌握正确的价值观这把人生"总钥匙"，才能真正扣好人生的第一粒扣子。

齐齐哈尔中学坚持在传统的德育教育活动中不断创新，培养全面发展的齐中人。坚持开展大型传统活动，如校园艺术节、体育节、读书节、英语节；高一新生入校养成教育系列，如新生军训、法制教育、消防安全教育、远足拉练、亲情教育；高二成人教育，针对三个学部的教师和学生进行生涯规划指导，涉及教育、金融、公安、旅游、医护、通信、财务、律师、保险、环保等诸多行业以及药剂师、军人、司机、金融专家、行政管理、客运乘务员、建筑公司监理和销售经理等人员。为学生打开一扇扇职业之窗，解答学生们在生涯规划中的一些困惑。学校通过丰富的课程，帮助每一位学生树立理想信念，做到心中有阳光、眼里有远方、脚下有力量。"把自己的理想同祖国的前途、把自己的人生同民族的命运紧密联系在一起，扎根人民，奉献国家。"把握好人生的"方向盘"，在逐梦的路途上脚踏实地、行稳致远。

通过"生涯认知"必修课，帮助学生唤醒初心、唤醒志趣、唤醒梦想。通过"生涯设计大赛""模拟招聘"等职业认知与体验活动，帮助学生提升对职业和专业的理解力，学会在认识自己的基础上形成职业信念基础，通过选修课程和活动培养锻炼学生的判断力、领导力和行动力，提高学生的核心素养。结合社会发展需求和职业变化特点选择自己的专业，面对社会瞬息变化的就业形势，重点培养学生基本职业能力，获取职业信息的能力和分析决断能力。引导学生坚定理想信念，树立正确的世界观、人生观、价值观，积极践行社会主义核心价值观，形成良好的思想道德品质。

图 2-18　张志勤校长和毕业生合影

2. 通过学业辅导提升学生的学习力

学习力是学习动力、学习毅力和学习能力三要素的综合体现。学校积极争取社会资源，创设良好的学习环境，提升学生的学习力。

通过学习共同体学习方式的变革，让相同志趣的学生组成学习团队，在学习过程中彼此支持、理解互助，激发学习动力。在教学环节上结成自我管理共同进步团队，教师作为生涯导师更加关注每个小组成员的情绪情感和交往中的困惑，帮助学生克服困惑、解决问题。学生在学习共同体中学习自我管理、同伴交往互助。

通过选课指导，帮助学生寻找学业与未来专业的契合点，做好学业选择与理想的链接。齐齐哈尔中学在艺术体育课程选修上开展试验，一年后开展了多学科的选修课程，逐步构建了校本选修课程体系。落实了国家教育方针中关于学生全面发展的要求，同时积极接轨新课程改革而做出的举措，这不仅是学校特色办学的需求，也是教师专业发展、学科魅力展示的极好平台，更是办学生满意的学校、满足学生多方面学习需求、发现自我的积极探索。通过选修课程，帮助学生准确定位潜能方向、学会选择，在课程选择中认识独特的自己、发现潜在的自己、成就优秀的自己。

通过“走近大学”系列活动，帮助学生了解大学、了解专业，学生明晰了未来的发展方向，不断激发学生的学习动力；帮助学生进行学业分析，指导学生制订学习计划，端正学习态度，激发学习动力，养成良好学习习惯，改进学习方法，提高学习效率。

学校2017年得到了政府的项目扶持，建立了齐齐哈尔市图书馆齐中分馆，开展阅读课程和读书节活动，制订读书计划，通过选定必读书目，开展读书竞赛、心得交流，激发全校师生进一步增强阅读兴趣，提高思想道德、文化素质。通过阅读指导、阅读展示、读书打卡等活动激发学习兴趣，形成阅读习惯，克服困难，持续学习，进而增强学习毅力、提升学习能力。

齐齐哈尔中学全力打造与国际接轨的英语课堂，与北师大合作，成为北师大外语实验学校，被省教育厅确定为“省普通高中外语特色化试点学校”。

学校开展模拟联合国社团活动，在与全球各国青少年精英的交流体验中，学生收获很多、不断成长，多名学生在国际大赛中获奖；学生成立了“国学社”社团，教师组建了“国学研修会”，学校被中国人民大学国学院确立为“国学教育基地”。从营造师生的读书氛围开始，然后扩展到学校的各个方面，形成学校自由交流思想的情境，有了这样的氛围必然会带来心灵的启迪、行为的变化，学生的眼界、境界甚至期许就会大不相同了。

3. 通过心理疏导提升学生的自信力

学校2017年建立了教师生涯工作坊，为导师制的发展提供专业支持。坚持全员育人、全程育人、全面育人的工作机制。建立心理对话室，为在生活、学习中遇到困难的学生减压、疏导。及时了解学生心理状况，疏导不良情绪和心理压力，引导学生正确对待和处理挫折与烦恼，增强自尊、自爱、自强、自信意识，培养学生阳光积极、健康向上的精神风貌。

高一学段的心理健康必修课将教学重点放在帮助学生自我认识和认识外部世界上，针对学生成长共性问题梳理课程主题，采用体验式、互动式的形式开设课程，帮助学生尽快适应高中学习和生活，学习与自我、与他人和谐相处的能力。学校对学生开展入学适应指导、学习方法指导（学习心理和应试技巧等）、交往指导、自我认知指导、情绪调控和管理指导等。

坚持开展生涯户外拓展大赛。比赛深受学生的欢迎，学生在活动中彰显个性、展现独特魅力，提高了学生的自我认知和认同的能力，自信力的提升成为学生成长的内驱力。认清人生的意义以及毕生全力以赴的目标，学生因知己而增长了智慧。

4. 通过生活指导提升学生的生存力

学校在健康意识、运动习惯、劳动能力、责任意识等方面加大指导力度。指导学生养成健康的生活习惯，科学合理安排日常生活，培养学生自立、自主、自理能力。做到教室、宿舍勤打扫，学会整理，实现窗明几净、物品摆放有序；学会室内植物培育、养护，营造整洁的生活学习环境等。提倡“节约一度电、一张纸、一滴水”为主要内容的低碳生活理念，开展“光盘行动”文明餐桌活动。

学校在优秀校友的支持下积极开展中医药文化进校园活动。学生们在中医学专家的带领下，通过多种形式的互动与体验，在实践中学习中医药知识，感受中医药文化的博大精深，在学习体验中获得深邃的中国哲学智慧。

学校还通过户外拓展、安全教育等活动提高学生校外适应能力和运用知识解决实际问题的能力，促进身心健康发展。

5. 通过创新启导提升学生的创造力

学校为学生打造科技实践活动平台，积极开展航空航天模型、机器人、科技创新和科技实践活动。越来越多的学生对创新科技活动有着浓厚的兴趣，他们的潜能得到挖掘，智慧得到开启。在国内、国际科技创新活动中，齐齐哈尔中学学生连续获得殊荣：在“第十一届黑龙江省青少年机器人比赛”中，荣获机器人创意项目第一名；李尚谕同学的创意项目“心脏病紧急呼救系统”获得科技创意项目一等奖，代表黑龙江省参加在香港举办的第三十届全国青少年科技创新大赛，并入围终评。7

个项目获得“第29届黑龙江省青少年科技创新大赛”一等奖。

6. 通过成长向导提升学生的生长力

充分发挥学校、家庭、社会的成长向导作用。指导帮助学生全面认识自我，明确发展方向。帮助学生根据自身个性特点，做好生涯规划，为学生的终身发展引路。导师们为学生提供学习、生活、品德、心理等方面全方位、个性化的指导和帮助。导师们认真负责，因材施教，为提升学生生命成长的力量做出了积极的努力。

学校设计了“家长在线课堂”“感恩父母”等亲子互动活动。“家长网络课堂”发挥了网络空间的教育功能，通过网络让专家与家长交流家庭教育理念及经验。帮助家长准确评价孩子的特点和强项，学会评估个人目标和现状的差距，防止期望不当造成的家校教育错位。家长网络课堂有效地拓展了教育的阵地，让家庭、社会和学校形成合力共同助力学生的发展。

总之，“全员导师制”突出了全面育人和有效互动的理念，通过有效的机制、丰富的课程、文化的建设，全面促进学生的健康成长。让每个学生凭能力生存和成长，做到发展方向清、成长方法明、成才目标准，成为对家国社会有情怀、善作为、敢担当的青年，同时把人生理想融入国家和民族的事业中，最终成就一番事业，如习近平总书记期望的那样：“珍惜韶华，奋发有为，勇做走在时代前面的奋进者、开拓者、奉献者，努力使自己成为祖国建设的有用之才、栋梁之材，为实现中国梦奉献智慧和力量。”

二、三位一体德育网络的建立

孩子刚出生时就是一个独立的个体，按自身的规律独立地发展着。他们作为家庭和社会的成员，与家庭和社会又是一个联合体，他们的情感发展受到家庭和社会各种因素的影响。德育是一项任务繁重却意义非凡的工作，仅仅依靠学校德育是不足以把学生培养成人的。它还需要与家庭教育、社会教育携手，形成三位一体的德育网络，共同把学生培养成品德健全的求真之人。

（一）家庭德育对孩子的重要影响

“习惯”是指一个人不假思索、不知不觉就表现出来的一种稳定行为。良好行为习惯的形成过程就是一个人的健康人格不断发展和完善的过程。从家庭教育开始，再经过学校的“深加工”，一个学生才能成为对社会有用的人才。人的一生几乎有一半是由家庭教育完成的。因此，家庭是每一个人最初的学校，父母是最早的老师，也是终身的老师。著名教育家巴哈特说：“父母胜过一百个校长。”因此，在人才的成长过程中，家庭教育具有无可替代的作用。

1. 家庭教育在学生德育过程中的优势

家长与孩子的亲缘关系决定了家长在孩子心理发展过程中的不可替代作用。家庭教育中，家长对孩子的德育教育起着极其重要的作用，家长的一言一行都在时时刻刻影响着孩子。我国在古代的家庭教育中就已经意识到了立德教育的重要性。古有“为人立世，品行为先”，要求子女有一定的道德修养。许慎在《说文解字》中说道：“育也，养子始作善也。”在德育教育过程中，家庭教育所起到的作用不可忽视，其优势是学校教育无法比拟的。

现代家庭大多是独生子女的家庭，教育的针对性更加明显。同时物质生活的丰富使得家庭教育的观念更新加快，家庭教育对一个人的成长具有举足轻重的影响，所以家庭教育是一种责任。在中小学阶段大多数学生接受来自家庭的教育，那么父母的道德影响力对孩子来说是巨大的。家长良好的言行会为孩子树立信赖与尊敬，形成家长的权威，而这种权威也是一股强大的教育力量。家庭教育中父母对孩子的影响是“生命的教育”，伴随着孩子的一生。充分发挥家庭教育的优势，做好子女的道德榜样，已然是孩子一生宝贵的财富。

2. 家校共育中存在的问题

首先，在德育教育中，对学生发展的观念不一致。由于观念的不同，家校合作中必然会有碰撞与矛盾的产生，如在人才培养观、儿童教育观上的差异。但目前更突出的矛盾集中体现在道德教育观念上，家长与学校都知道德育教育在学生成长中的重要性，但在具体实施中家庭教育与学校教育在目标上是不一致的，大多数家长都存在重智轻德的教育观念。很多家长眼中好孩子的评价标准往往为成绩好。我国推行的是素质教育与学生全面发展的教育方针，要求学生德、智、体、美、劳全面和谐发展。但事实上，家庭和学校在德育教育中失去了和谐与统一，便导致教育活动中家庭与学校的疏远。

其次，在德育教育的问题上，家长与学校缺乏沟通交流。由于很多家庭对孩子德育教育的不重视，缺少教育学、心理学等相关知识，当孩子出现一些不良行为时，他们很少与学校沟通。

最后，道德教育涉及学生的家庭生活环境，且德育教育并不是一蹴而就的。德育教育需要老师高度的耐心、细心、责任心。因此，这对学校中的教师提出了很高的要求，而有些老师对学生的德育教育深感疲惫。

3. 家校合作共助学生成长

首先，家校双方要明确德育的重要性。学生道德品质与正确的人生观、价值观、世界观的培养不能只凭借一方的教育力量。家长必须清楚看到孩子的成长与成才并不只是学习好、分数高就可以，现代社会中需要更多的是身心发展健康、乐观向上而全面和谐发展的人才。因此，家长应为孩子树立良好的道德榜样，营造良好的家庭氛围。当遇到解决不了的问题时要及时与学校老师沟通，老师也应该乐于为学生提供有效的帮助与指导。学校管理者应该让全体教师树立德育是育人为先的第一要义。

其次，营造良好的家校合作氛围。在面向学生的调查问卷中，课题组设计了“你希望家长参与学校的各类活动吗?”的题目，希望家长参与学校各类活动的学生占 72. 99%，见图 2-19。这一调查结果说明，多数学生对于家校合作表示出积极的接纳态度。在调研中，大多数教师也表示赞同家长参与学校教育的工作中来，这就为营造良好的合作氛围创造了积极的前提条件。家校合作是积极有效的氛围。“有效”一词的含义在于家校合作务必要使家庭德育教育与学校的德育教育目标相一致，真正地提高学生的道德水平，实现全面发展的素质教育。齐齐哈尔中学制定了透明开放的校园政策，随时欢迎各位家长的参与合作，这种透明开放的学校政策无疑体现出家校合作的民主沟通形式。

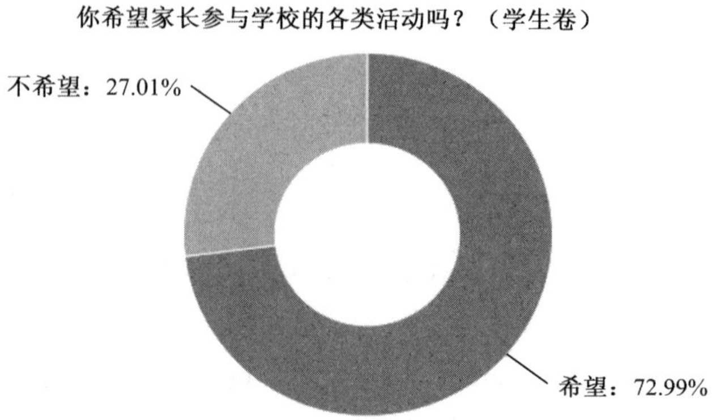

图 2-19　关于家长参与学校各类活动的问卷调查统计

最后，制订合理的家校合作计划。齐齐哈尔中学的教师与家长共同制订出互成体系的活动计划。班主任在每个新学期开学前通过网络联系或其他方式向学生家长发送本学期家校合作的具体计划与目标，重点列出所要达成的目标。例如，针对高三学生的家校合作计划，提出学期合作重点任务是培养学生良好的品德行为习惯，增加德育教育力量。这种家校合作的活动计划体系是随着学生发展的不同阶段特点来制定的。到学期末，还有对此活动的评价系统让家长、学校、教师、学生共同检测此目标是否已经达到了预期计划，并找出不合理之处以求改进完善。

（二）发挥社会的力量实施德育教育

社区在学校德育与家庭德育之间起到了很好的中介和沟通作用，学生能够在社会实践中体验公共责任。齐齐哈尔中学加强与社会的联系，使得学校德育活动方案的制定落实与社会发展相结合。学校开展了模拟政协活动，着力于加强学生的政治参与，使学生勇于承担社会责任，积极行使人民当家做主的政治权利。

首先，模拟政协活动要求提案组是小组团队形式，在提案组确定提案方向后，就要制订调研计划并进行合理分工，团队成员在合理分工、资源共享的基础上共同参与。每个提案小组成员由不同班级的学生组成，在团队协作的过程中提高了学生的人际交往能力、团队协作能力。其次，每个提案小组的议题都来自社会生活，这极大地激发了学生的参与兴趣，社会调研和提交议案的过程有助于学生了解公民公共参与的内容和作用，增强公德意识和参与能力。最后，在模拟政协课程中，学生们的提案被政协委员带入政协会议，立案后还能被有关部门付诸实施，他们的意见不是“走过场”，而是真正得到了落实和重视，这大大增强了学生参与的积极性，进一步增强他们的自觉行动力。

正如模拟政协活动的主创者、安生基金会执行副主席张梧华所指出的那样：

我们希望通过模拟政协的活动，让现在的高中生能够跳出政治课本，亲身体验和理解国家的政治运作和中国民主政治的发展，唤起他们的社会责任感，同时探索一种新的综合实践性课程，为高中新课改探路。

实践证明，模拟政协课程是培育和提升学生社会责任感的有效形式。

齐齐哈尔中学始终坚持把德育放在首位，以学校为主阵地抓好道德教育工作，以家庭为主课堂抓好家庭教育工作，以社会为大环境抓好德育渗透工作，全力构建学校、家庭和社会三位一体的德育网络，在不断实践中形成了独具齐中特色的德育工作体系。

第三章　内求与外探：求真教育的多元课程体系

齐齐哈尔中学校长张志勤认为：教育在让一个孩子社会化的同时，还要将其内在的潜能引导出来，促使其成长为内在潜能得到开发的个体；教育要引导学生追求人类永恒的精神价值——智慧、美、真、公正、自由、希望和热爱，成为有灵魂、有信仰的人，而不只是热爱学习和具有特长的准职业者。

潜能的开发、对内在精神价值的追求都需要内容载体，而这个内容载体体现在学校中即为课程。为了突破一元化教育误区，追求多元化发展，齐齐哈尔中学为学生设置了多样的课程，从而为学生发展自己、成就自己提供了丰富资源和广阔舞台。

第一节　学校文化：多元课程的架构基石

学校文化是教师和学生在学校和班级的特定场所内，由于拥有独特的社会结构、地理环境、人文景观而形成的学校独有的一系列传统习惯、价值规范、思维方式和行为模式的综合。① 学校文化是课程构建的基石，课程体系的构建为学校的改革和发展提供平台，也为创建新型的、富有个性的学校文化提供了契机。学校文化与课程体系相辅相成，共同致力于齐齐哈尔中学求真教育目标的达成。

一、课程构建的实践理念

齐齐哈尔中学追求的发展策略是多元教育体系，希望通过多元动力系统帮助学生认识自己、成为自己、成就自己，促进其更好地融入社会、奉献家国。本节将重点讲述齐齐哈尔中学的多元动力系统和基于该系统而确立的实践理念。

（一）“3M”（METHOD）动力体系

“3M”（METHOD）动力体系，即为生之道、为学之道、为人之道。它是以马斯洛的需要层次理论为基础，是齐齐哈尔中学通过课题研究在办学过程中形成的独特的校园文化：心理健康文化、中医传统文化和科技创新文化。

首先，探寻为生之道，成就生命健康。为生之道是以生命健康为核心，由生存需要（身体健美、生命安全、心理健康）、爱与归属（人际关系、沟通表达、团队意识、家国情怀）组成，也就是个人生存于世的最基本需要。于己是身心康健，但也要有参与社会的基本社会性的技能与素养：沟通与合作、公民责任与社会参与等。

在《面向未来：21 世纪核心素养教育的全球经验》的研究报告中，

---

① 钟启泉，崔允漷. 新课程的理念与创新师范生读本［M］. 北京：高等教育出版社，2003：13.

通过分析29个素养框架，汇总了2个维度（领域素养和通用素养）、18项核心素养，运动与健康素养则是在领域素养维度的基础上的素养部分。通用素养包括沟通与合作、公民责任与社会参与等社会性发展素养。北京师范大学中国教育创新研究院曾与美国21世纪学习联盟开展合作研究，推出了“21世纪核心素养5C模型”：文化理解与传承素养（Cultural Competence）、审辨思维（Critical Thinking）、创新素养（Creativity）、沟通素养（Communication）及合作素养（Collaboration）。① 从实践维度来看，2019年底到2020年初的新型冠状病毒的突然爆发，为全民上了一节生动的健康教育课。健康教育、卫生教育、生命安全教育等再一次成为教育领域的热点话题。众多教育者针对该问题发表自己的见解。华东师范大学教授汪晓赞在中国教育报上发表了《运动先行，做健康“中国青年”》。她认为，体育运动不仅能够改善人体免疫系统，几乎对人体每一个系统都能起到激活与调节的作用，对大脑的发育与心理健康的促进都大有裨益。因此，“中国青年”应该是什么样呢？作为国之栋梁，“中国青年”需要具有良好的运动能力、健康行为和体育品德：体重适宜，体态优美，体格强健，体力充沛；意志顽强，积极进取，自尊自信，乐观开朗；遵守规则，诚信自律，责任担当，善于合作。只有这样的人，不论遇到何种困难，都能发出专属于“中国青年”的时代强音！②

齐齐哈尔中学将“为生之道”作为3M动力系统之始，不仅具有基础性作用，更具有引领性功能。学校的远足拉练、体育节、鹤乡行、成人仪式、课间体育活动、由齐齐哈尔医学院鹿凤山副教授研发的心脑成像技术等在促进学生拥有积极精神面貌、认识自己、发现自己等方面具有重要的作用。

其次，探寻为学之道，成就智慧人生。为学之道以智慧发展为核心，由学术品质（系统思考）、理性精神、艺术涵养、国际理解、个

---

① 魏锐等．“21世纪核心素养5C模型”研究设计［J］．华东师范大学学报（教育科学版），2020，38（02）：20—28．

② 汪晓赞．运动先行，做健康“中国青年”［N］．中国教育报，2020-03-15（4）．

性专长等方面组成。值得关注的是，齐齐哈尔中学的为学之道体现在教师与学生两个方面。于教师而言，要造就和成全学生的同时提升和完善教师自己。因而学校提供多种教师培训途径，注重教师幸福感，为教师的发展注入不竭动力。于学生而言，发现每位学生的优势和特长，帮助学生们发现和实现自己的未来。为学之道的第三个层面是科技创新文化。在当今科学技术是第一生产力的时代，对科学的重视在齐齐哈尔中学已经有突出显示。齐齐哈尔中学为学生打造科技实践活动平台，积极开展航空航天模型、机器人、科技创新和科技实践活动。栾恩杰院士等校友带来的政策扶持及学术指导、上级主管部门的大力支持使学校拥有自己的科技创新教师团队，越来越多的学生对创新科技活动表现出浓厚的兴趣。

为学之道引领下的校园文化是各项教育工作的核心，并且在深入实践过程中，其所创立的科技创新文化成为学校的一大优势和亮点，学生在该领域获得突出成就。在国内国际科技创新活动中，许多学生连续获得殊荣。近年来有多名学生因科技创新被保送到南京大学、复旦大学、天津大学等知名高校。在2016年的科技创新活动中，齐齐哈尔中学参加“第十一届黑龙江省青少年机器人比赛”，夺得机器人创意项目第一名；李尚谕同学的创意项目“心脏病紧急呼救系统”获得科技创意项目一等奖（全国高中一等奖仅30项，黑龙江省该奖项仅1名），代表黑龙江省参加在香港举办的第三十届全国青少年科技创新大赛入围终评。学校有7个项目获得第29届黑龙江省青少年科技创新大赛一等奖（全省共29项一等奖）。参加由中国发明协会和中国宋庆龄基金会联合举办的第十一届宋庆龄少年儿童发明奖，吴泊同学的发明项目“三层降温冷却杯”获得决赛入围奖（黑龙江省高中组仅有2项入围决赛）。

最后，探寻为人之道，成就价值人生。为人之道以人生价值为核心，由规则信守、规划执行、公共参与、自我精进等方面组成。该层面主要针对的是学生的人格教育。

以为人之道为核心的人格教育是发展自我和成就自我的重要方式。

中华民族的伟大复兴是当代中国人的伟大使命。在全球化、知识化的经济背景之下，要想赶超世界强国，就对科技创新提出了更高的要求。科技创新的关键在于创新式人才，由此必须培养创新式人才，那么学生们必须具有较强的学习现代科技理论的能力和将现代科学技术转化为生产力的实践能力，并且具有与时俱进、自我更新、自我发展和终身学习的能力。人格教育不同于传统的知识教育和专业教育，而是更多地侧重于学生的意志力和品质的培养，侧重于现代思维模式的塑造。人格教育在很大程度上可以促使学生形成自主创新型人格、积极进取型人格、自我提升型人格，从而为国家培养出真正能参与世界竞争的人才。一个人的心理过程和人格状态保持稳定和统一，才能产生稳定的价值观和世界观，也才能形成良好的习惯和行为作风。具有稳定的人格结构，也就能够容易通过理论灌输和环境熏陶来引领其价值观念的提升，帮助其树立正确的人生观、价值观和世界观。由此，在面对市场所带来的功利性、浮躁性等不良态势下，个体才能不被市场的负面效应所吞噬，从而实现自我价值。①

“成功学专家认为，个体人生的成功，20%是由他们学识和专业技术决定的，80%是由完善的人格心理素质所决定的。”② 也就是说，除了才能和机遇，人格才是决定人的一生成功、幸福的关键因素。人格属于人的整体素质中的重要组成部分，所以包含的情感因子、意志因子都会对一个人整体素质的完善发挥基础、整合和提升作用。因此，切实加强学生的思想道德教育，完善学生人格，是实现素质教育的重要环节，是适应市场经济环境下生存和竞争的重大课题。③

关于3M动力系统，在向学校教师和学生调查“请问你了解学校的‘3M’（METHOD）动力体系吗?”时得到如下统计结果，见图3-1、图3-2。

---

① 王风圳. 现代大学生人格教育研究[D]. 上海：华东师范大学，2012：9—11.

② 王风圳. 现代大学生人格教育研究[D]. 上海：华东师范大学，2012：11—12.

③ 王风圳. 现代大学生人格教育研究[D]. 上海：华东师范大学，2012：12.

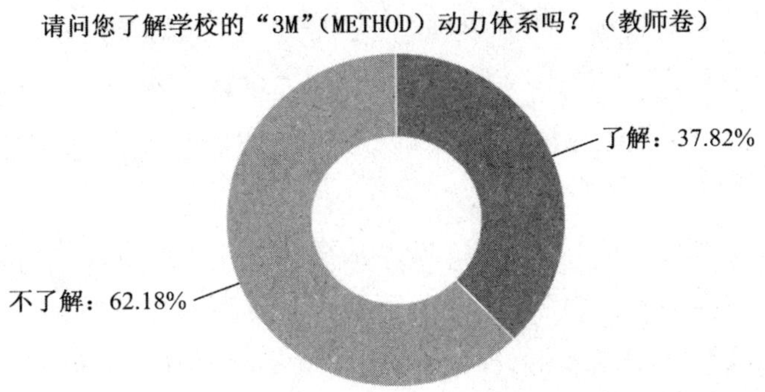

图 3-1　关于齐齐哈尔中学“3M”（METHOD）动力体系熟知度问卷调查统计（教师卷）

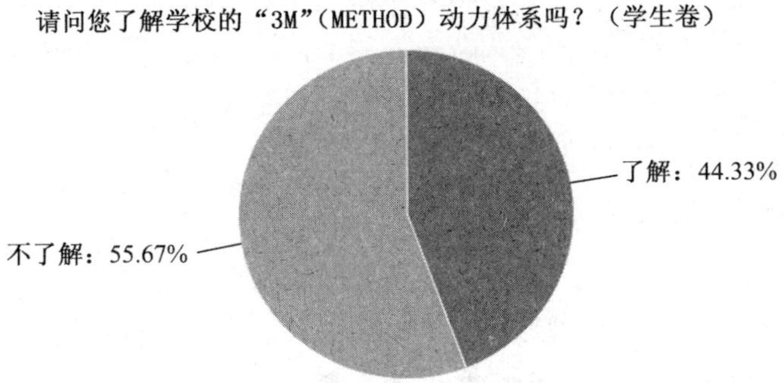

图 3-2　关于齐齐哈尔中学“3M”（METHOD）动力体系熟知度问卷调查统计（学生卷）

分析以上调查结果可知，无论是教师还是学生，对学校的“3M”（METHOD）动力体系都以“不了解”居多，教师“不了解”占 62.18%，学生占 55.67%，都占据了绝大部分。经仔细分析可以看出，可能在教育一线的实践者对于纯粹的教育理论关注较少，但是这并不意味着该校的教师和学生没有这方面的理念。学校的各种有形或无形的校园文化都是在它的指导下建立的。而从另一方面来讲，此次调查无疑会引起学校师生对“3M”（METHOD）动力体系的再次关注，深化对其的认知。

（二）求真教育基本内涵

基于学校的历史积淀及新形势下普通高中教育改革与发展新要求和考试招生制度改革的新挑战，学校更加认识到，必须切实转变育人方式，更加重视全面落实立德树人的根本任务。结合学校发展的实践探索，逐渐形成了“求真教育”的办学理念。所谓“求”，即“学”与“探索”之意；所谓“真”，则是一种真实的展现。“求真”就是一种对于真我的追求。由此，学校教育体现学生发展为本的要求和原则，唤起学生内在潜能，让学生成为更好的自己。

学校从求真教育内涵出发，以“求真知”和“做真人”为课程体系两大支柱。在“求真知”框架下，开发出基础型课程与扩展型课程。其中基础型课程是最基本的课程，包含国家必修类课程和国家选修类课程。而扩展型课程相对来说则更具有开拓性，是基础型课程的补充，供学生进一步学习。扩展型课程主要分为两大类，即人文类扩展课程和理工类扩展课程。为了适应时代发展的需要，扩展型课程还包括国际化扩展课程，这就让学生更好地拥有国际视野。

如果说“求真知”注重的是知识性的传授与获取，那么对于“做真人”来说则更加侧重于对学生内心的熏陶。因此，在“做真人”框架之下所开设的课程主要分为修身型课程和潜能型课程两大类，注重促进学生身心的修养。在修身型课程之下，分别是生涯教育类课程和涵养德行类课程；潜能型课程框架包括艺体素养类课程和创意设计类课程。它们都关注能力素质培养和内在潜力激发。具体课程框架结构如图 3-3 所示。

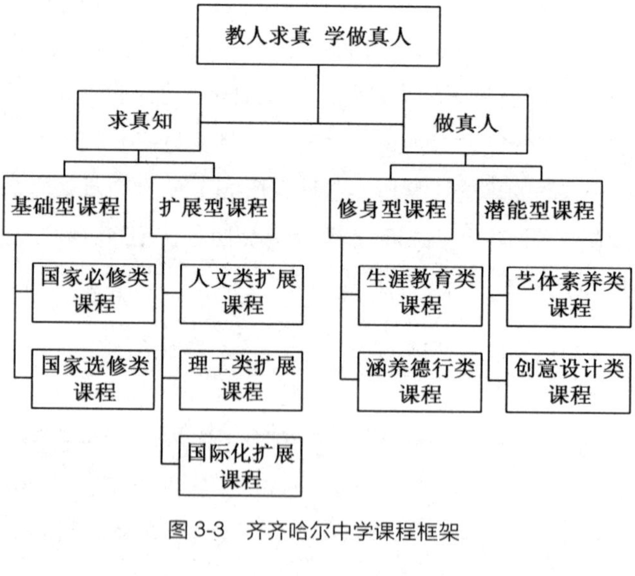

图 3-3 齐齐哈尔中学课程框架

在求真教育的引领下，学校积极开展丰富的课程实践活动，致力于学生的个性化发展和提升，为学生的全面发展提供了丰沃的土壤。

当问及学生“你对学校目前求真教育办学特色是否满意?”时，调查得到如下统计结果，见图3-4。

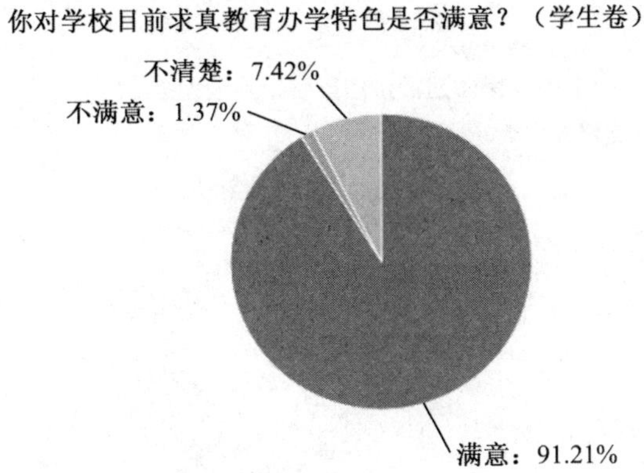

图3-4 关于齐齐哈尔中学求真教育办学特色满意度问卷调查统计

调查结果显示，91. 21%的学生满意学校求真教育的办学特色。这说明，齐齐哈尔中学的绝大多数学生对于学校各项工作的建设都持积极态度，并愿意为学校的发展献出自己的力量。这为求真教育的实现打下了良好基础。

在调查中，当问及教师“您认为求真教育体系的构建聚焦于哪些方面?”时，得到如图3-5统计结果。

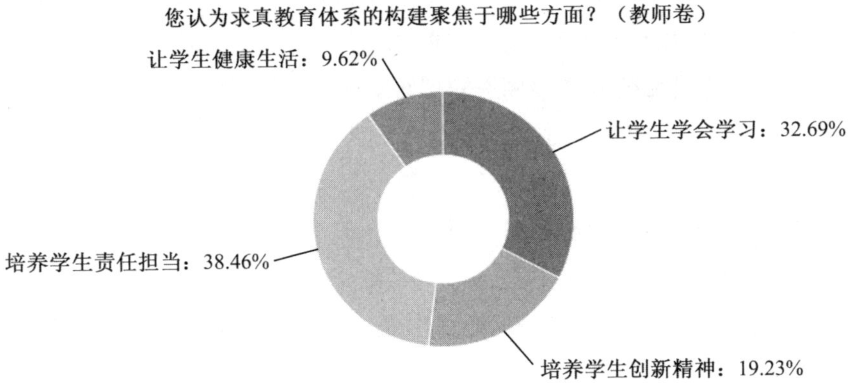

图3-5 关于齐齐哈尔中学求真教育体系的构建聚集点问卷调查统计

调查结果显示，“健康生活”“学会学习”“责任担当”“创新精神”成为求真教育的关注焦点。值得关注的是，相较于培养学生纯粹的学习能力而言，“培养学生责任担当”是众多教师关注的重点。当问及教师们“学校进行求真教育体系创建后，您所感受到最大的不同是什么?”得到如下统计结果，见图 3-6。

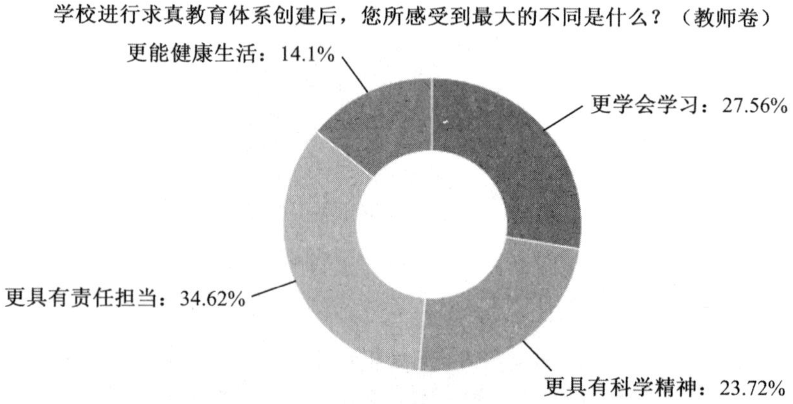

图 3-6　关于齐齐哈尔中学求真教育体系创建后带来的影响问卷调查统计

调查结果显示，相较于某一领域具体特质，“更能够健康生活”（14. 1%）、“更学会学习”（27. 56%）和“更具有科学精神”（23. 72%）、“更具有责任担当”（34. 62%）这种人格特质更加受到关注，变化更加明显。教师们的选择其实反映了求真教育的本质。这种责任担当不仅表现为对家人、对社会等的责任，更多的还应考虑对学生的责任。而求真教育中的“真”所要做到的就是对己无愧，并且要对他人负责。

齐齐哈尔中学求真教育侧重知识背后对“人”的关注，不仅体现了教育的本质，更加符合现代教育的发展趋势。

二、求真教育的课程概况

为了实现“求知”与“成人”的目标，促进学生认识自我、发现自我，并进而“成就自我”，齐齐哈尔中学构建了多元课程体系。

（一）基础型课程：“千里之行，始于足下”

从前面给出的齐齐哈尔中学的课程框架体系可知，基础型课程包括国家必修课程和国家选修课程，而这一部分课程基本上是所有高中必须设置的课程。

新课程改革对普通高中的性质界定为面向大众的基础教育，承担着进一步提高国民素质、为学生的终身发展奠定基础的基本任务。

然而，作为一线的教育实践者面对活生生的个体，教师也需要发动自己的教学智慧，发挥自身的主观能动性和自主性，对课程进行创造性地实施，实现对基础型课程实施的“相互调试”和“创生取向”转变。

来看一下师生在实际教学和学习中对于基础课程的感受。在调查中，问及师生们“您认为学校开设基础型课程对学生的影响是什么?”时得到如下统计结果，见图3-7、图3-8。

统计结果显示，81.41%的教师同意基础型课程“提供了各门学科的知识基础”，75.64%的教师同意“为学生的兴趣奠定基础”，66.03%的教师同意“养成良好的学习习惯”，64.74%的教师同意可以“掌握学习的方法”，52.56%的教师同意“可以应付高考”，也有一部分教师（22.44%）客观认为“增加了学习的压力”，还有1.28%的教师选择了“其他”。

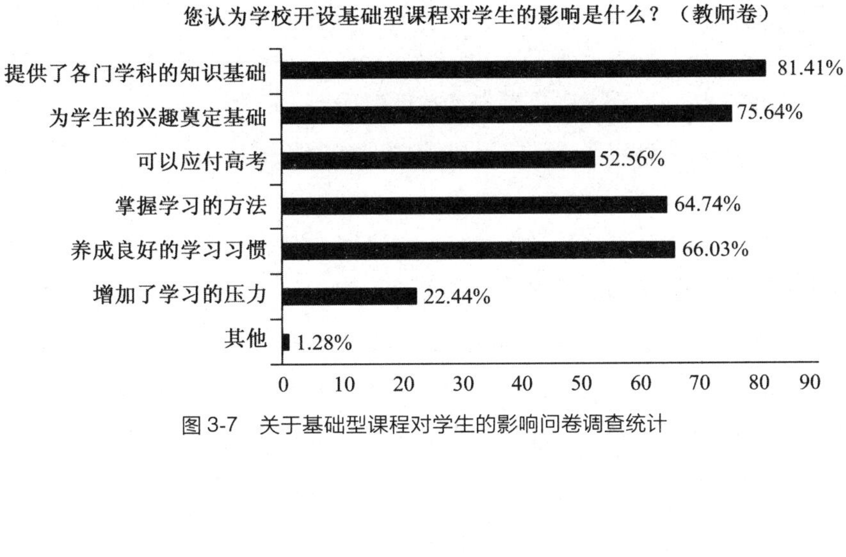

图3-7　关于基础型课程对学生的影响问卷调查统计

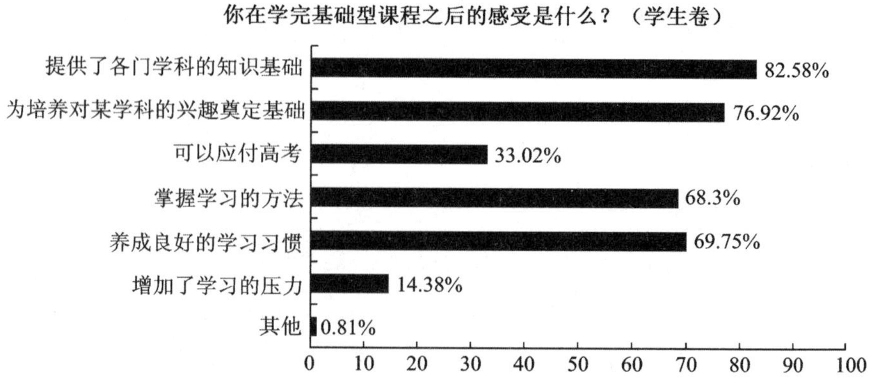

图 3-8 关于学生学完基础型课程之后的感受问卷调查统计

对于学生而言，82. 58%的学生同意基础型课程“提供了各门学科的知识基础”，76. 92%的学生认为“为培养对某门学科的兴趣奠定基础”，69. 75%的学生同意可以“养成良好的学习习惯”，68. 3%的学生同意有助于“掌握学习的方法”，33. 02%的学生认为“可以应付高考”，14. 38%的学生认为“增加了学习的压力”，0. 81%的学生选择了“其他”。分析教师与学生的统计数据可以发现，绝大多数师生都同意基础型课程为学生“提供了各门学科的知识基础”“为培养对某门学科的兴趣奠定基础”，为学生进一步在某一领域进行深入的学习和研究奠定坚实基础。接下来，师生们也都同意在基础型课程学习过程中对于“学习习惯和学习方法的养成”的重要作用。而这种学习习惯和学习方法是在教师指导下在实践中培养起来的，具有很强的实践基础，因而具有稳定性，对学生将来的学习和生活都具有重要作用。

另外，还应该值得关注的是关于基础型课程的应试价值。从统计结果中可以发现，教师和学生们对于基础型课程是否能够“应付高考”关注不太多，而主要把对基础型课程的关注重点放在对学生内在素质的提高上面。这种认知的转变是中国基础教育的一大可喜成果。这意味着，不管是教师还是学生，他们都意识到了知识的学习并不仅仅是一种为了应付一场考试的机械性行为，它是具有感情色彩的，它能够满足学生在某一方面的认知需求，而这种认知需求对学生将来情感的满足和升华将起到基础作用。

（二）扩展型课程："向世界更深处漫溯"

普通高中除了应该满足各类基础性需求之外，还应"适应社会需求的多样化和学生全面而又个性的发展，构建重基础、多样化、有层次、综合性的课程结构"①。于是，齐齐哈尔中学又继续构建了扩展型课程及其他类型的课程，以满足学生们个性发展和自我发展需要。扩展型课程包括人文类扩展课程、理工类扩展课程及国际化扩展型课程。

人文类扩展课程包括"国学课""行星与地球""阅读课""生活与哲学课"等。从传统文化到生活哲学，体现了人文关注，体现了学校对培养学生深厚文化底蕴的追求。

理工类拓展课程包括"数学思维课""航模探究课""化学与生活""物理实验设计与创新"等，旨在培养理科思维和科学精神。此类课程不只局限于"数学""化学""物理"等科目，而且注重这些学科与能力培养的结合，如数学思维课等。

国际化扩展课程主要包括"GAC 课程""欧美文化""模联活动课""留学指导课""中西方文化比较"等，关注培养学生的国际视野、了解中西文化的差异，让学生与世界进行交流和互动，提升国际交流能力。

在调查中，当问及学生"在体验过学校开设的扩展型课程之后的感受是什么?"时，得到如下统计结果，见图 3-9。

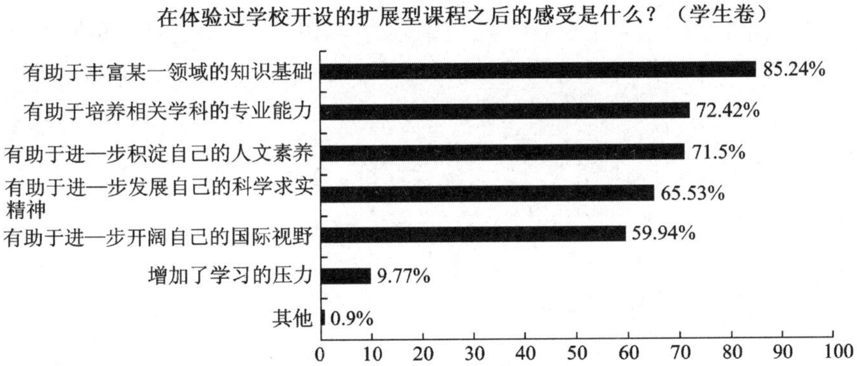

图 3-9　关于学生体验扩展型课程后的感受问卷调查统计

① 曹衍清，叶延武. 高中课程改革的足迹[M]. 北京：北京出版社，2006：17.

统计结果显示，85.24%的学生感受到扩展型课程“有助于丰富某一领域的知识基础”，72.42%的学生认为“有助于培养相关学科的专业能力”，71.5%的学生认为“有助于进一步积淀自己的人文素养”，65.53%的学生认为“有助于进一步发展自己的科学求实精神”，59.94%的学生认为“有助于进一步开阔自己的国际视野”，当然仍有一部分学生（9.77%）认为“增加了学习的压力”，还有0.9%的学生选择了“其他”。从学生们的选择结果分析，扩展型课程进一步丰富了学生在某一领域的专业知识，深化了自己的专业技能，对自己人文素养、科学求实精神及国际视野的开阔都有重要作用。对于绝大多数学生而言，扩展型课程是有正向积极作用的。

（三）修身型课程：“怀抱美好再出发”

《礼记·大学》云：“古之欲明明德于天下者，先治其国；欲治其国者，先齐其家；欲齐其家者，先修其身；欲修其身者，先正其心；欲正其心者，先诚其意；欲诚其意者，先致其知，致知在格物。物格而后知至，知至而后意诚，意诚而后心正，心正而后身修，身修而后家齐，家齐而后国治，国治而后天下平。”由此可见，修身的重要性是齐家、治国、平天下的基石，而修身需要通过“格物”“正意”“诚心”而后能得。

基于此，国家自上而下开始变革教育。2014年9月，《国务院关于深化考试招生制度改革的实施意见》发布，明确要以深化育人为本、完善规则、科学高效、统筹规划等为基本原则，建立中国特色现代化教育考试招生制度，形成分类考试、综合评价、多元录取的考试招生模式。新方案提出了“两依据、一参考”的评价模式。而“一参考”就是参考学生的“综合素质评价”。希望通过这样评价方式的改革，优化人才标准，推动教育向素质教育发展。①

综合素质评价是普通高中学校对学生全面发展状况的观察、记录、

① 李化侠，辛涛.新高考目标的测评路径探析［J］.中国教育学刊，2019（11）：67—71.

分析，主要内容包括思想品德、学业水平、身心健康、艺术素养、社会实践、自我认识与生涯规划等方面。实施普通高中学生综合素质评价是进一步端正办学思想、规范办学行为、深入推进素质教育的重要制度，能更好引导学校关注学生成长过程，遵循学生成长规律，引领学生加强自我认识，科学规划个人未来。①

在教育评价方式的指导下，在齐齐哈尔中学"求真"教育理念的引领下，学校特别设置了修身型课程。修身型课程包括生涯教育类课程及涵养德行类课程。学生通过生涯教育类课程逐渐明晰自己未来的人生方向，而涵养德行类课程则使学生们能够心怀和书写美好。

生涯教育类课程包括"社会实践课""职业体验课""心理健康课"等。涵养德行类课程包括"三世同源课""礼仪课""戏剧表演课"等。这些课程让学生更好地认识整个社会、更好地认识社会各行各业，为自己的工作职业选择和社会责任担当奠定良好的基础（具体内容已经在第二章中有详细说明）。关于生涯教育类课程将在本章第四节详细说明。在此不做过多赘述。为此，学校开设礼仪课，让学生知礼节、懂礼仪。

当问及学生"在体验过学校开设的修身型课程之后的感受是什么?"时，得到如下统计结果，见图 3-10。

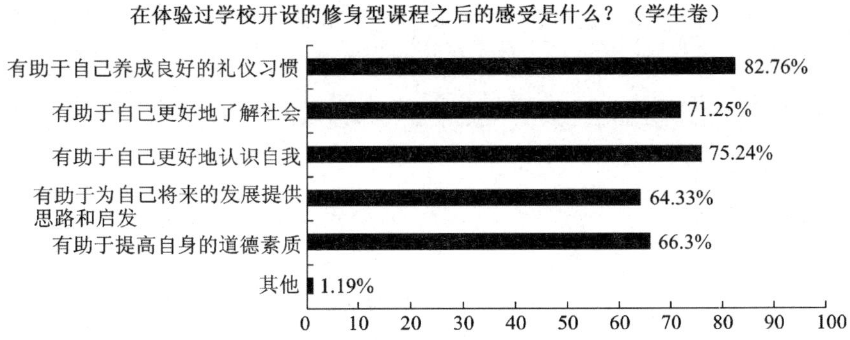

图 3-10　关于学生体验修身型课程之后的感受问卷调查统计

① 杨频萍. 综合素质评价机制有什么作用[N]. 新华日报，2020-03-20（007）.

调查结果显示，82.76%的学生同意修身型课程“有助于自己养成良好的礼仪习惯”，75.24%的学生同意“有助于自己更好地认识自我”，71.25%的学生同意“有助于自己更好地了解社会”，66.3%的学生同意“有助于提高自身的道德素质”，64.33%的学生同意“有助于为自己将来的发展提供思路和启发”，极少数学生选择了“其他”。看到如此统计结果，学校及教师应感到欣喜。绝大多数的学生对修身型课程都有积极的感受，有助于他们养成良好的行为习惯，在课程学习中，进一步了解自我、了解社会、明晰自己的未来。如此，可以看到，修身型课程可以调动学生的主观能动性，为未来发展打下良好的基础。

（四）潜能型课程：“我有一双隐形的翅膀”

关于潜能型课程，抛开其课程本身所带来的教育价值，这种类型的课程是齐齐哈尔中学为发挥个人潜能、转化后进生而开设的培养个体个性潜能的特殊课程类型。

潜能型课程包括艺体素养类课程和创意设计类课程。

艺体素养类课程包括“体育选修课”“美术鉴赏”“音乐欣赏”等，此类课程主要目的是让学生获取健康的身体素质和良好的艺术情操。以此类课程为依托，学生在身体健康基础之上更好地认识美、感受美并书写美。

创意设计类课程包括“生活科技课”“机器人程序设计”等，注重学生创新性思维的养成，提倡创新意识与设计精神。比如，在“机器人程序设计”中，让学生自主进行机器人程序研发与创设，激发学生创新思维精神与多种能力。

当问及学生“在体验过潜能型课程之后的感受是什么?”时，得到如下统计结果，见图3-11。

调查结果显示，76.83%的学生认为该类课程“有助于发现艺体等多方面的才能”，76.79%的学生认为“有助于发现文化课之外的潜能特长”，71.16%的学生认为“有助于开拓、实现自我的途径”，70.73%的学生认为“有助于发展个性特长”，41.6%的学生认为“有助于在高考中金榜题名”，还有一些学生（7.98%）认为“增加了学习压力”，极少数学生（1.28%）选择了“其他”。

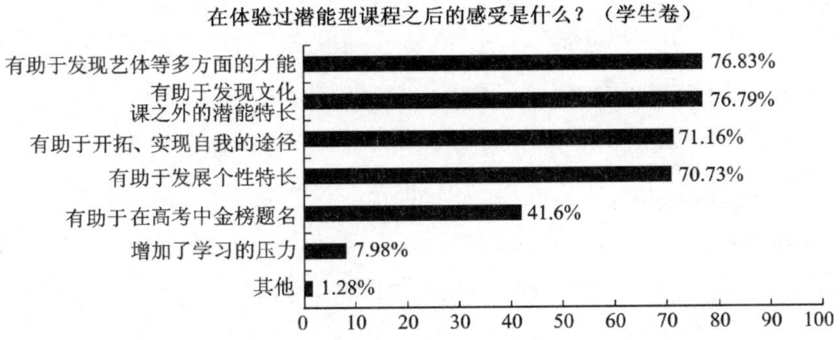

图 3-11　关于学生体验潜能型课程之后的感受问卷调查统计

这表明，潜能型课程在挖掘学生的天赋、发挥学生的个性特长中起了非常重要的作用，深受学生们的认可和欢迎。潜能型课程使学生发挥好自己的潜力，展现出个人的特长，有助于他们增进自信，从而在高考中获得可喜成果，对其未来的人生发展的作用也是不可估量的。

第二节　校本课程：求真课程的拓展延伸

齐齐哈尔中学致力于营造特色校园文化，不断提高文化含量和教育功能。在国家课程之外，齐齐哈尔中学根据时代要求和自身发展开辟出独具特色的课程文化。具体来看，包括以下三方面：国学为基的阅读文化课程、创新精神的科技文化课程和国际视野的开放文化课程。

一、国学特色课程：积淀人文素养

北京师范大学中国教育创新研究院与美国 21 世纪学习联盟（P21）开展合作，在其提出的 21 世纪核心素养 4C 模型（审辨思维、创新素养、沟通素养、合作素养）的基础上，新增文化理解与传承素养，构成 5C 模型。文化理解与传承素养在 5C 模型的核心素养框架中承担着价值枢纽的功能。传承意谓传递和继承，文化传承即文化的传递和继承，是指人们将其在生活实践中所创造的物质和精神成果及所形成的生活方式在代与代之间进行传递和承接的过程。文化传承不仅是物化的文化产品、抽象的道德原则等继承和传播，更是鲜活的思想和生命价值的流动、延续和更新。文化传承包括对文化的认同、继承、传播和创新，而继承、传播和创新也正是人们进行文化践行的主要方式。文化传承有赖于人们对文化的充分认知和理解。只有在理解的基础上，才会有文化的继承、创新与发展。①

以文化理解和传承素养作为21世纪人才素养的核心，对于建立人力资源强国和文化强国具有深远意义。每一位中国公民都应具备一定的文化理解与传承素养。对于每个个体而言，社会群体中的每个个体都需要知道“我是谁”“我从哪里来”，从而形成自身身份认同。而文化理解与传承既是让个体建立自我认知、融入社会生活、产生社会归属感和幸福感的基础，也是引导个体通过文化内与文化间的互动，形成正确的身份认同与文化认同，并进而为所在社区、国家和民族文化的繁荣发展做出贡献。可以说，文化理解与传承本质上是立德树人的教育过程。优秀的民族文化对于个体形成良好的道德意识、审美取向、行为习惯等具有不可替代的作用。培养个体的文化理解与传承素养，就是培养具有文化使命感和社会责任感的人才。从个体未来发展来看，培养学生的文化理解与传承素养，将会引导学生在时间深度（历史视角）和空间广度（国际视野）上加深对本民族文化和他民族文化的认识和理解，有助于学生以平等、尊重的态度看待和理解不同的文化，积极践行优秀文化中所蕴含的有利于人类和谐发展的价值理念，并以此为出发点，在不断提升自己的跨文化沟通与合作、审辨思维及创新能力的同时，保有一颗中国心。②

作为学校教育与人才培养的一个方面，学校将传承与发扬优秀文化，从国学育人视角入手，把阅读文化作为突出主题，努力建设学校的国学阅读文化特色。

---

① 刘妍等. 文化理解与传承素养：21世纪核心素养5C模型之一[J]. 华东师范大学学报（教育科学版），2020，38（2）：29—44.

② 刘妍等. 文化理解与传承素养：21世纪核心素养5C模型之一[J]. 华东师范大学学报（教育科学版），2020，38（2）：29—44.

充分利用校内外资源，开创国学课程，让师生更好地体会民族文化的精髓之所在。教师组建了“国学研修会”，学生成立了“国学社”社团，学校兴建了“师表厅”，把孔子塑像请进校园；建置了“国学室”，提供国学研讨座谈的场所；定期举办“国学讲堂”讲座学习活动，来提升师生的国学素养和学校的人文韵味。学校还在“孔子课堂”项目中增加国学内容，提升中华传统文化的国际影响力。

学校还把阅读文化构建成为学校课程内容，从文化氛围、阅读指导、阅读活动等方面展开并形成系列课程。在学校主楼二楼、三楼打造两个阅读空间，将阅读作为生涯规划课程的一部分，在高一年级和高二年级开展阅读课程，让学生通过广泛阅读打开视界，让阅读成为培育学生核心素养的重要途径。

齐齐哈尔中学还进一步将视野扩大，利用各种资源，采用多种形式，开展阅读。在校园里开展读书活动，组织课本剧表演、诗歌朗诵等活动，培养师生良好读书习惯，让读书成为一种风气。

调查中，当问及师生“在学完国学特色课程之后，学生的收获是什么?”时，得到如下统计结果，见图 3-12、图 3-13。

调查结果显示，82.05%的教师认为“有助于（学生）深入了解中国的国学经典”，82.05%的教师认为“有助于传承中华优秀传统文化”，79.49%的教师认为“有助于（学生）培养人文素养”，58.33%的教师认为“有助于发展学生的特长和兴趣”，极个别教师选择了“其他”。

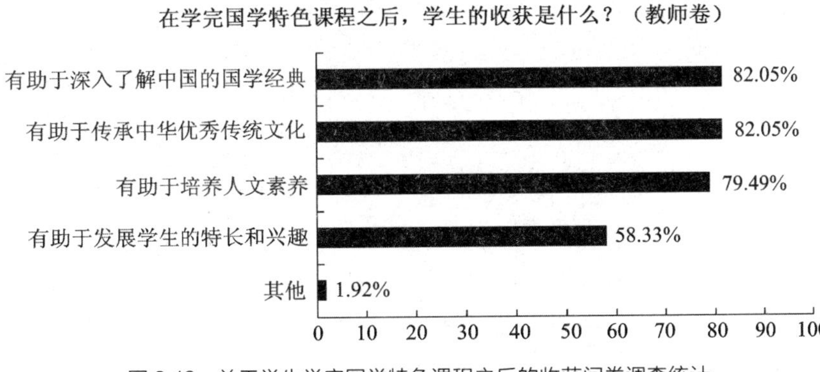

图 3-12 关于学生学完国学特色课程之后的收获问卷调查统计

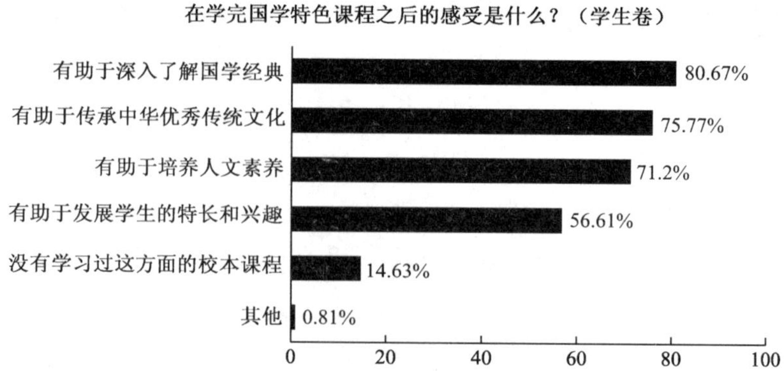

图 3-13　关于学生学完国学特色课程之后的感受问卷调查统计

对于学生卷，80.67%的学生认为“有助于深入了解国学经典”，75.77%的学生认为“有助于传承中华优秀传统文化”，71.2%的学生认为“有助于培养人文素养”，56.61%的学生认为“有助于发展学生的特长和兴趣”，14.63%的学生表示“没有学习过这方面的校本课程”，极个别学生选择了“其他”。

由教师和学生的统计结果可知，学校所设置的国学课程对促进学生了解和学习中华优秀传统文化、加深民族认同感、培养民族使命感和责任感具有重要作用。从学生个体来说，广泛的阅读可以增进他们的人文情怀，增强对他人的理解，有利于帮助他们找到自己的兴趣，为他们未来发展奠定良好基础。

二、科技创新课程：弘扬科学精神

习近平总书记强调：“创新是一个民族进步的灵魂，是一个国家兴旺发达的不竭动力，也是中华民族最深沉的民族禀赋。在激烈的国际竞争中，唯创新者进，唯创新者强，唯创新者胜。”中共中央国务院于2016年5月印发的《国家创新驱动发展战略纲要》指出：要让创新成为引领发展的第一动力，要推动教育创新，改革人才培养模式，把科学精神、创新思维、创造能力和社会责任感的培养贯穿教育全过程；营造崇尚创新的文化环境，在全社会形成鼓励创造、追求卓越的创新文化，要让推动创新成为民族精神的重要内涵。

创新已经成为21世纪人才的关键特征。2017年1月国务院印发的《国家教育事业发展“十三五”规划》明确指出，培养学生创新创业精神与能力，要从中小学做起，要注重激发学生学习兴趣和创新意识，加强科学方法的训练，逐步培养学生逻辑思维与辩证思维的能力。①

为此，齐齐哈尔中学开辟多种途径，致力于在学校营造科学创新文化，培养学生的科学精神。齐齐哈尔中学先立足于校内课堂教学，重要举措就是研发完善的航天科技创新教育校本教材，开设相应的校本课程，使学校成为黑龙江省科普教育基地、齐齐哈尔市青少年科技活动示范学校。

学校充分利用和挖掘校友影响力，建立“栾恩杰航空航天实验室”，为学生打造科技实践活动平台，积极建设科技创新特色校园文化；向学生普及科技知识，进一步营造崇尚科学、鼓励创新、尊重知识的浓厚氛围，努力提高学生创新意识和实践能力。

学校还充分发挥教师的作用，开展科技创新物理实验教学，通过教师自己动手制作的教具开展科技教学。学校建立了数字化物理实验室，引进了DIS实验设备。学校物理教师自制教具在全国教具大赛中多次获得一等奖。

调查中，当问及教师和学生“在学校开设的校本课程中，最受学生欢迎的课程类型是什么?”时，得到如图3-14、图3-15统计结果。

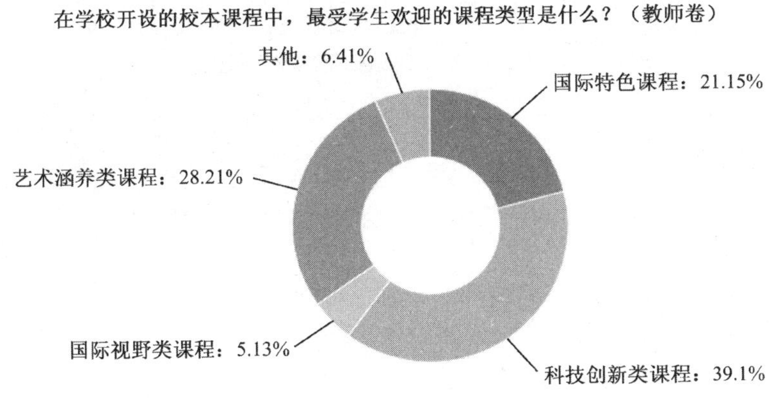

图3-14　关于学校开设的校本课程中最受学生欢迎的课程类型问卷调查统计（教师卷）

① 甘秋玲等. 创新素养：21世纪核心素养5C模型之三[J]. 华东师范大学学报（教育科学版），2020，38（2）：57—70.

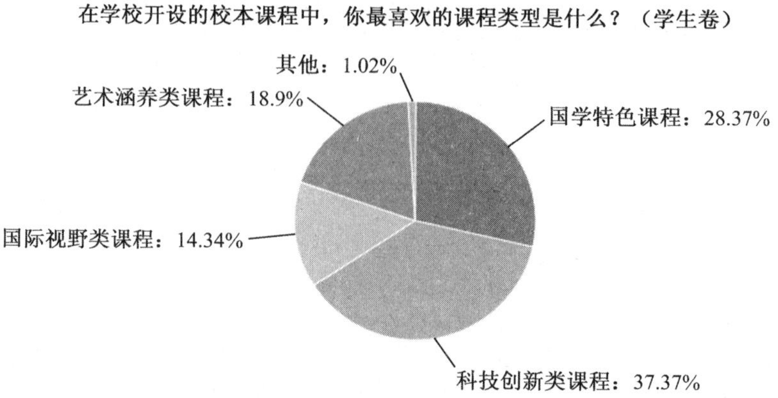

图 3-15　关于学校开设的校本课程中最受学生欢迎的课程类型问卷调查统计（学生卷）

调查结果显示，“科技创新类课程”是学校开设的校本课程中学生们最喜欢的类型。而当进一步问及老师关于“在学完科技创新类课程之后，学生的收获是什么?”的问题后，得到如下统计结果，见图 3-16。

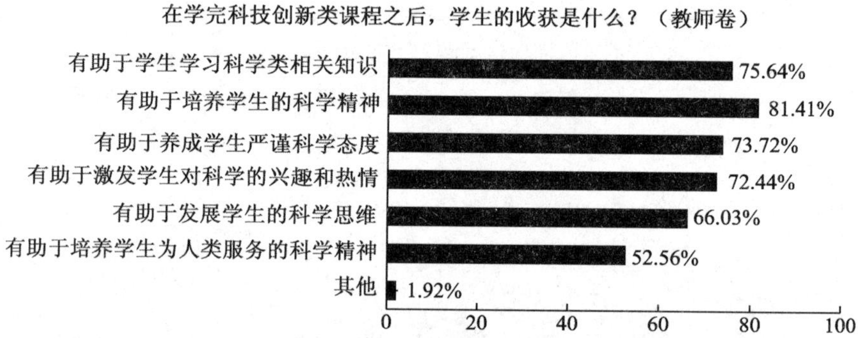

图 3-16　关于学完科技创新类课程之后学生的收获问卷调查统计（教师卷）

调查结果显示，75. 64%的教师同意科学创新类课程“有助于学生学习科学类相关知识”，81. 41%的教师认为“有助于培养学生的科学精神”，73. 72%的教师认为“有助于养成学生严谨的科学态度”，72. 44%的教师同意“有助于激发学生对科学的兴趣和热情”，66. 03%的教师认为“有助于发展学生的科学思维”，52. 56%的教师认为“有助于培养学生为人类服务的科学精神”，极个别教师选择了“其他”。

对于学生问卷（图 3-17），75. 55%的学生认为“有助于更深入地学习科学类相关知识”，72.44%的学生认为“有助于培养学生的科学精神”，68.05%的学生认为“有助于养成学生严谨的科学态度”，66.98%的学生认为“有助于培养学生对科学的兴趣和热情”，61.09%的学生认为“有助于发展学生的科学思维”，49.02%的学生认为“有助于培养学生为人类服务的科学精神”，9.39%的学生表示没有学习过这方面的课程，极个别学生选择了“其他”。

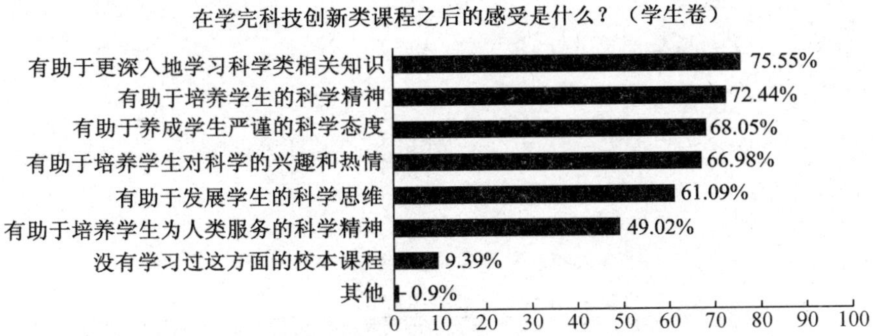

图 3-17 关于学完科技创新类课程之后的感受问卷调查统计（学生卷）

“科学类知识”“科学精神”“严谨科学态度”“科学热情和兴趣”“科学思维”“造福人类的科学精神”，都为学生进一步深入科学研究奠定了良好的知识基础和人格品质。这种思维方式及人格特征对学生们创新精神的培养大有裨益。

三、国际视野课程：培育人类情怀

21 世纪以来，教育国际化在全球范围内呈现大规模、全方位、深层次的发展态势。教育国际化的基本目的是以国际化、全球化的视野推动经济发展、提升人才培养质量、促进文明互鉴和世界共同进步。这与构建人类命运共同体所强调的“和平、发展、互利、合作、共赢”的理念是高度契合的。①

齐齐哈尔中学在学校校本课程的建设中不仅关注到了传承和发扬中

① 张俊宗. 教育国际化：构建人类命运共同体的重要力量[J]. 高校教育管理，2020，14（2）：21—28，36.

华优秀文化的重要性与培育和建立科技创新文化的迫切性，也关注到了面向国际与扩大学生视野的必要性。为此，为促进学生发展的需要，学校不断加强对外开放，使开放成为学校文化的特点之一。

学校与北京师范大学合作，成立了北师大外语实验学校。接着，学校加入中国—新西兰友好实验合作项目（FEC 项目），成立齐齐哈尔市首家“中新友好实验班”；随后正式成立了国际部，开展国际班特色课程，在走向国际化办学上有了实质性突破。几年来，学校还与新加坡理工大学、意大利都灵理工大学和米兰理工大学建立了意向合作关系，与美国蓝带高中缔结友好学校。

调查中，当问及师生关于“在学完国际视野类课程后，学生的收获是什么?”时，得到如下统计结果，见图 3-18、图 3-19。

在学完国际视野类课程后，学生的收获是什么？（教师卷）

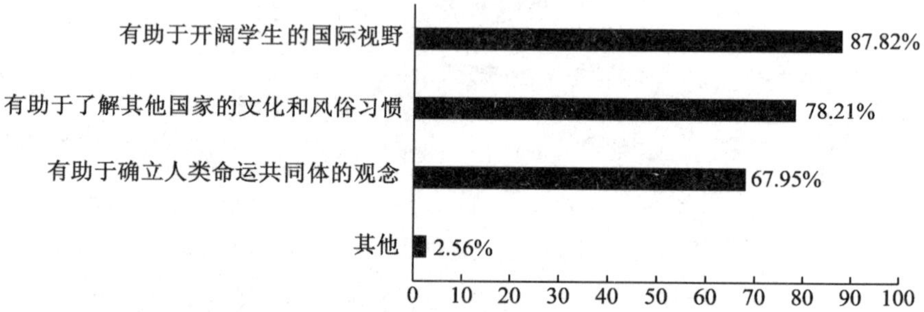

图 3-18 关于学完国际视野类课程后学生的收获问卷调查统计

在学完国际视野类课程后的感受是什么？（学生卷）

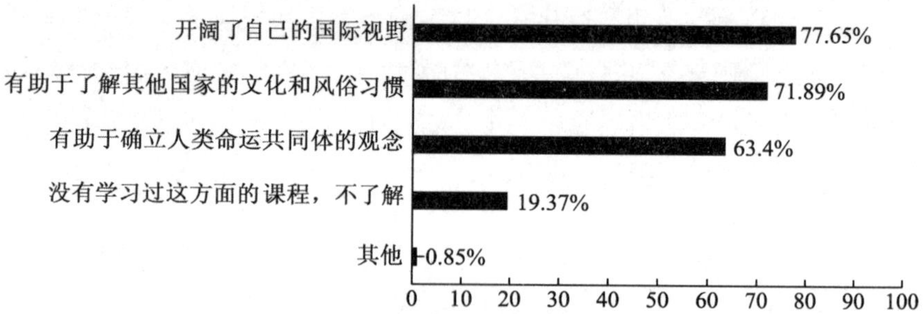

图 3-19 关于学生学完国际视野类课程后的感受问卷调查统计

调查结果显示，87.82%的教师同意“有助于开阔学生的国际视野”，78.21%的教师同意“有助于了解其他国家的文化和风俗习惯”，67.95%的教师认为“有助于确立人类命运共同体的观念”，极个别教师选择了“其他”。

对于学生卷，77.65%的学生认为“开阔了自己的国际视野”，71.89%的学生认为“有助于了解其他国家的文化和风俗习惯”，63.4%的学生认为“有助于确立人类命运共同体的观念”，19.37%的学生表示“没有学过这方面的课程，不了解”，0.85%的学生选择了“其他”。

这表明，选修国际视野类课程，有助于了解他国文化和风俗习惯，增加文化理解和认同，确立促进和而不同、兼收并蓄的文明交流理念，建立人类命运共同体意识。而从实践角度分析，通过开辟国际教育维度，无疑又为那些有出国深造的学子开辟了重要途径，为学生实现自我再次提供了途径。

学校国际班办学，其中有优秀的管理团队和教师队伍，国际化教育思路开阔，顺应当今教育发展趋势。学校将加强国际班管理力度，以国际化办学的思想进行规范管理，让更多学生接受国际化教育思维，拓宽学生升学渠道，提高国际知名大学的录取率。几年来，学校走向国际化的办学思路有了实质性突破。国际班有近30%的学生被国外优质大学录取。

四、艺体涵养课程：感悟美学旨趣

坚持立德树人，必须大力发展素质教育，促进学生德、智、体、美、劳全面发展，为新时期培养社会主义建设者和接班人。而发展素质教育，要突出“五育并举”乃至“五育融合”。① 五育之间相互联系：“德”定方向，“智”长才干，“体”健身躯，“美”塑心灵，“劳”助梦想，

① 李政涛，文娟.“五育融合”与新时代“教育新体系”的构建[J]. 中国电化教育，2020（3）：7—16.

"五位一体"共同促进人的全面发展。① 齐齐哈尔中学开设的有关艺体涵养类课程重要目的就是进行"德育"和"美育"。在美好德行的引领下，主张全面加强和改进学校美育工作，培养广大青少年感受美、欣赏美、创造美、传播美的综合能力，提高青少年的审美素养和人文素养。②

这里的艺体涵养类课程也就是第一节所提到的艺体素养类课程和涵养德行类课程，具体内容第一节已经提到，此处不再过多赘述。

在调查中，当问及师生关于"学完艺体涵养类课程之后，学生的收获是什么?"的问题时，得到如下统计结果，见图 3-20、图 3-21。

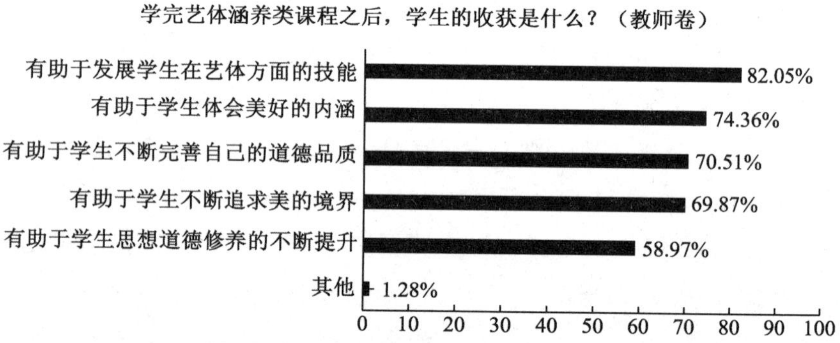

图 3-20 关于学完艺体涵养类课程之后学生收获问卷调查统计

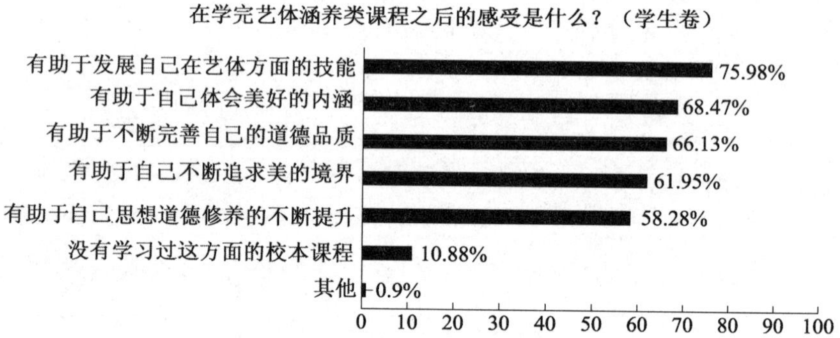

图 3-21 关于学完艺体涵养类课程之后的感受问卷调查统计

---

① 张俊宗. 努力构建德、智、体、美、劳全面培养的教育体系[J]. 中国高等教育，2019，(Z3)：70—72.

② 北京市东城区委教育工作委员会、北京市东城区教育委员会. 落实立德树人根本任务 大力发展素质教育[J]. 北京教育（普教版），2020（1）：58—59.

统计结果显示，82.05%的教师同意“有助于发展学生在艺体方面的技能”，74.36%的教师认为“有助于学生体会美好的内涵”，70.51%的教师认为“有助于学生不断完善自己的道德品质”，69.87%的教师认为“有助于学生不断追求美的境界”，58.97%的教师认为“有助于学生思想道德修养的不断提升”，极个别教师选择了“其他”。

相对应的，75.98%的学生认为“有助于发展自己在艺体方面的技能”，68.47%的学生认为“有助于自己体会美好的内涵”，66.13%的学生认为“有助于不断完善自己的道德品质”，61.95%的学生认为“有助于自己不断追求美的境界”，58.28%的学生认为“有助于自己思想道德修养的不断提升”，10.88%的学生表示“没有学习过这方面的校本课程”，极个别学生选择了“其他”。

“体会美好的内涵”“追求美的境界”等这样的词本身就融合了德、智、体、美、劳方面的内涵。“美好的内涵”及“美的境界”本身需要智力水平达到一定程度之后才可以去构想，若内涵中再辅以德、体、美、劳等具体内容，将会更加丰富而精彩。学校重视学生艺体方面的特质，其本质也是要挖掘学生内在的相应潜质，促进学生的个性化发展。从应试角度来讲，齐齐哈尔中学又开辟出艺体类特长生的发展道路，进一步拓宽升学途径，使其在高考中获得成功。

在选修的播音主持课上，我们可以亲自走到众人中去，将自我用语言表达出来，增强了我们的交流能力，同时也增强了我们的自信。一个人将来走向社会，免不了要与各种各样的人交流，一个人的表达交流能力在职场上也是必需的。它在很大程度上决定了在同一个心仪的职位面前自己能否从众人中脱颖而出。我性格比较腼腆，但在一节节课程的学习中，我逐渐蜕变成了一个敢于讲话、乐于表达的人。我想，这种能够亲自实践与锻炼的机会便是求真教育的一部分吧。

——2018级（1）班　李欣瑶：《教人求真，学做真人》

正如齐齐哈尔中学的学生真切体会的那样，接受了播音主持的相关课程之后，学生不仅在语言能力方面得到提升和进步，更重要的是提高了自信心，以及学生对自我的突破和改变。自我的不断觉醒，对进步的执着追求，这便是求真教育课程带给学生的最大收获。

第三节　航空航天：求真课程的办学特色

在建设求真教育的过程中，齐齐哈尔中学根据学校历史和现实发展，逐渐确立了学校的特色课程——航空航天类课程，这丰富了学校的创新文化。

一、历史与现状：航空航天课程的建设基础

学校从2008年开展科技创新教育活动，起步较早，成果显著。60届毕业生栾恩杰院士，我国探月工程的总指挥，是我校严谨治学教育的表率，更是母校办学特色的倡导者和支持者。老科学家深切寄望于下一代。他说："科技是创新的利器，科技发展推动着世界的前进。要培养未来科技界的领军人物，就必须建立起稳定的、可靠的、开放的而且可以保证长期供给的科技人才培养基地，齐齐哈尔中学要在我们的家乡做点实际的事情，帮助孩子们从小树立科学理想、培养科学精神。"这段话成为学校课程建设的指导思想，成为学校特色化办学的缘起。

在全球化的知识经济时代，世界各国都关注着工程和工程技术人员的培养，对工程教育寄予厚望。当前，工程教育改革已引起学者和教育界广泛关注，教育部"卓越工程师教育培养计划""质量工程"等一系列改革项目正在各高校广泛推进。重视质量，改革人才培养模式，实现从工程教育大国向工程教育强国转变已成为当今工程教育改革的必然要求。课程改革是人才培养模式改革的核心，是创新工程人才培养的关键实施途径，是齐齐哈尔中学开设航空航天类特色课程的现实基础。①

---

① 周永惠．航空工程教育课程体系研究[D]．南京航空航天大学，2014：1.

图 3-22　齐齐哈尔中学航天模型

二、个性与创新：航空航天课程的建设内容

航空航天特色课程基地建设是基于国家人才培养战略的需要，基于高中学生个性发展的需要，基于学校优质特色发展的需要。课程基地开发实施了体验性课程、探究性课程、活动性课程、大学先修课程等课程项目，丰富了办学内涵，提升了办学品位，推动教师、学生和学校的协同发展。①

航天课程是一门综合课程，是不同领域的联合探索，这就需要学科教师间的通力合作，需要校内外学术团队的互动与交流。

之后，学校加强了与哈尔滨工业大学、哈尔滨工程大学等高校的密切联系，促进中学与高校创新人才培养的有效衔接。依托高校教育资源，开展航空航天科技活动，在探索体验中培养学生的科技力和创新力。

通过平台搭建，极大地激发了学生的参与热情。在此过程中，教师

① 张元贵. 课程基地：促进学生个性发展的坚实平台——江苏省淮阴中学航空航天特色课程基地建设的实践与思考[J]. 江苏教育研究，2015（1）：58—62.

能够用开放的心态鼓励学生的奇思妙想，允许那些怪才、奇才、偏才、狂才的存在。真正做到因材施教，使学生的个性和潜能都得到充分发挥，这是培养学生创新精神、创造能力的重要手段。

三、收获与展望：航空航天课程的建设成果

齐齐哈尔中学积极参加各类有关这一主题的比赛。在各级各类比赛中获奖140多人次，参与科技活动的学生不下千人。

在国内国际科技创新活动中，学生连续获得殊荣。近年有多名学生因科技创新、航空航天竞赛等被保送到南京大学、复旦大学、天津大学、北京航空航天大学。学校被授予“中国航天特色学校”“黑龙江省科普教育基地”“齐齐哈尔市青少年科技活动示范学校”。在“黑龙江省航空航天模型科技实践锦标赛”中，高一（10）班高源获得“空战项目”和“无线电遥控特技飞机项目（F3A）”一等奖，高一（10）班获团体一等奖，刘奉阳老师获得“优秀指导教师”称号。在“全国青少年航空航天模型锦标赛”中，高源同学获得“无线电遥控特技飞机项目（F3A）”第一名。

图 3-23　齐齐哈尔中学航空航天类实践课程成果集

当调查中问及师生关于“学生学习航天航空类课程之后的收获是什么?”时，得到如下统计结果，见图3-24、图3-25。

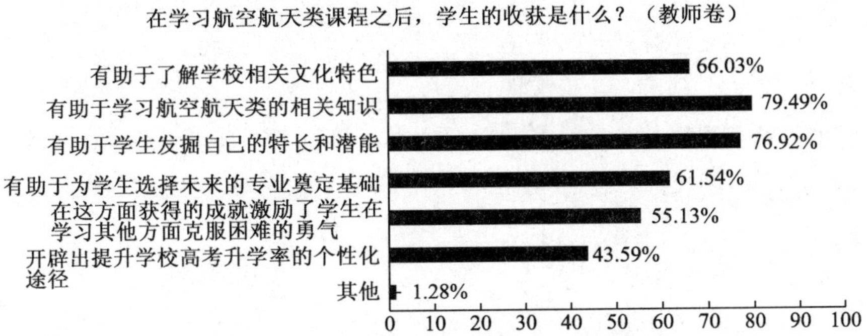

图3-24 关于学习航空航天类课程之后学生的收获问卷调查统计（教师卷）

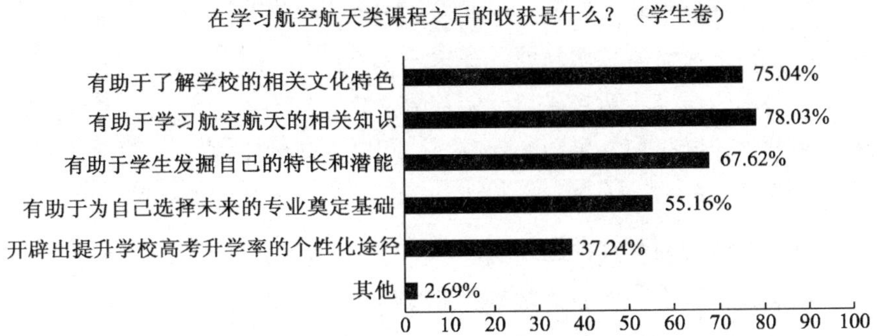

图3-25 关于学习航空航天类课程之后学生的收获问卷调查统计（学生卷）

调查结果显示，79. 49%的教师同意这类课程“有助于学习航空航天类的相关知识”，76. 92%的教师同意“有助于学生发掘自己的特长和潜能”，66. 03%的教师认为“有助于了解学校相关文化特色”，61. 54%的教师认为“有助于为学生选择未来的专业奠定基础”，55. 13%的教师认为“在这方面获得的成就激励了学生在学习其他方面克服困难的勇气”，43. 59%的教师认为“开辟出提升学校高考升学率的个性化途径”，极个别教师选择了“其他”。

对于学生而言，78. 03%的学生认为“有助于学习航空航天的相关知识”，75. 04%的学生认为“有助于了解学校的相关文化特色”，67. 62%

的学生认为“有助于学生发掘自己的特长和潜能”，55.16%的学生认为“有助于为自己选择未来的专业奠定基础”，37.24%的学生认为“开辟出提升学校高考升学率的个性化途径”，极个别学生选择了“其他”。

由此可见，对于国家课程中未开设专门的航空航天类课程而言，吸收“新知识”成为师生最深切的体会。而除此之外，教师和学生更加关注的是这类课程对于自己在这方面的兴趣的引领、未来职业的体会等。这正印证了学校求真教育的本质：认识自我，追求生命本真，绽放生命活力。

第四节　生涯规划：求真教育的实践领航

新一轮课程改革将教育的关注点从学业成绩转向更加注重学生的德、智、体、美、劳全面发展。学校通过教师对学生的思想引导、学业辅导、心理疏导、生活指导、创新启导、成长向导来创设师生和谐共生的教育情境，逐步提升学生的学习、创造等方面的能力。

一、生涯规划教育的建设基础

生涯教育，作为新教育改革的重要组成部分，在强化学生自我认知与自我管理、专业了解与理想共鸣、社会理解与责任担当的过程中，助力学生自主规划与发展，让每一个学生凭优势能力生存与成长，使他们个人发展方向清、方法明、目标准，对家国社会有情怀、善作为、敢担当。

（一）生涯规划教育的历史探索

齐齐哈尔中学是全国《学校心理教育规范化建设》科研基地、省级生涯规划教育试点校。学校的生涯规划课程走过了以下历程：2002 年设立了心理健康课，2011 年设立了职业生涯规划课，2013 年设立了学生成长指导课。每一段课程都纳入了学校教学计划，成为必修课。有固定的课时，高一、高二为必修课，高三为专题课。直到 2018 年的生涯体验课，开启了“必修+选修”的课程建设。教师从 2012 年开始编写生涯规划教材至今已出版若干版本。两位教师经过不断学习、实践成为资深的青少年成长导师。

学校建立了全员导师制，促成了学校、家庭、社会资源的融合研究项目，新高考背景下的《基于激发学习内驱力的生涯教育研究》荣获 2018 年黑龙江省基础教育教学成果二等奖。

勇于改革，试点先行，学校取得了显著的成绩，为体验式生涯教育的全面展开奠定了坚实的基础。

图 3-26　黑龙江省普通高中生涯教育研讨交流会在齐齐哈尔中学召开

（二）“生涯 12 力”

世界上本就没有两片一样的叶子。普通高中新课程新教材全面实施，适应学生全面而有个性发展的教育教学改革深入推进。其中“全面而有个性发展”正是为“体验式全程生涯教育”指引了道路。生涯教育不是照顾全部学生，而是尊重学生的个性发展。因此，从另一个角度来看，生涯规划会发现学习与读书是不同的，读书常常是为了通过考试，为了获得学历学位；而学习就不同，学习有成绩化学习、个性化学习、终身化学习，有学历学习、非学历学习。有兴趣的学习包括自己喜欢的专业、技能，包括不受拘束、没有框架限制的学习渠道。学习变成从有自己的内驱力、自己的兴趣开始，从而唤醒了生涯意识、激发了学习的好奇心、激活生涯潜能、大胆假设地做自己喜欢的事，用自己主观的思维来思考解决生涯问题，培养具有自己属性的生涯素质与能力，以期在离开学校之后能有足够的准备和可迁移能力来应对未来不确定的发展。

生涯能力是在体验式学习中逐步培养和形成的，在潜移默化中、在日积月累中、在做事情当中甚至在做错事当中学习、成长。只需要给学生提供适当的机会，给学生自由充足的时间，给学生充分自主的空间，这些能力就会在适当的土壤中生根，学生在生涯发展的过程中就会更好地了解自己，妥善地做好生涯规划的准备。①

生涯体验课程的开发与黄天中教授提出的生涯“十二个力”培养要求思路基本一致：通过晨跑、大课间活动、体育选修课，增强学生体魄，提高学生的健康力；通过选修课程、社团活动及主题节日活动，提高学生的志业力；通过主题班会、毕业典礼，提高感恩力；通过教师的翻转课堂、学习共同体探究，提高学生的自主力和学习力；在重大的人生选择中，通过生涯专业课程、高一的文理分科“指导与决策”、高三的“专业选择与志愿填报”，提高学生生涯解决力；通过军训远足拉练、体育赛事及考前考后心理辅导，提高学生的生涯抗挫力；通过选修课程“名人的决策力”，提高学生的生涯格局力；通过心理健康课和“心理剧场”，逐步培养学生的心理沟通力；通过科技创新课程及活动，激发学生的科技力和创新力；通过科创实验室，学生自己动手体验创新成果，在时机成熟的时候将成果用于生活生产实际，培养学生的创业力。

二、生涯规划教育的实施体系

根据黄天中教授的体验式生涯教育，齐齐哈尔中学认为，学生一定要通过自我规划，提升自我管理理念与能力，自主、自发地完成学习活动，这是一项有目、有计划、有动力、有方法的实践过程和成长过程。

---

① 黄天中.“体验式全程生涯教育”体系与培育快乐生涯人（上）[A]. 首届行知生涯教育论坛论文集[C]. 成都市陶行知研究会，2019：15—21.

实践证明，只有在学习内驱力完全被激发的情况下，学生才能积极投身到学习活动中，不断发现潜能、发展自我。

（一）过程与整体：生涯规划教育的课程框架

在开展生涯规划课的过程中，学校通过对学生自我生涯发展主客观因素的分析，探索学生可能的发展形态，确定发展目标，通过合理的策略制定，帮助学生扎实持续地行动，逐步实现目标，这是学校的生涯规划课程体系。换句话说，职业生涯规划课程就是学生在教师的引导下沿着“知己—知彼—学会抉择”这一路径，逐渐对自己的兴趣、爱好、能力、特长、经历、不足等方面进行综合分析与权衡，结合当今的社会大环境与时代特点，根据自己的职业意向，来确定最佳的职业理想及方向，并为实现这一目标做出行之有效的安排。总之，高中生涯规划教育并非是知识、观点、理念的灌输学习，而是基于激发学习内驱力的自我探索、体验感悟进而升华形成相应的理想目标。

1. 认识自我

通过霍兰德职业兴趣测试、MBTI职业性格测试、职业锚职业价值观测试、职业能力测试，努力让每个学生了解真实的自我。职业的选择是一辈子的事，而不仅仅是一项爱好。因此，学生要了解自我多方面的因素，只有不断了解变化中真实的自我，才能在遇到选择的时候做出正确的抉择。

2. 职业探索与目标定位

通过专业的职业测试，每个学生确立了相应的职业范围，并且通过认识客观的世界，进一步确定具体的职业领域，并根据职业领域决定相应的专业，为下一步设立阶段性目标奠定基础。

3. 建立梦想阶梯，制定阶段性目标

根据每个人确立的专业范围，查找开设该专业的大学排名；根据近十年来该大学此专业的分数与重点线的分差、学校近十年来的升学率，得出高考所需的年级名次。之后根据自身情况，设立高一、高二期末的年级名次目标。找出目前状况与最近的阶段性目标名次之间的差距，进一步制订每一学科的学习计划，有针对性地提高成绩。这样把三年的时间单元化，分成每个小的阶段性目标，让每个学生真正体会到，高考不是三年后的事，而是与每一天都息息相关。朝着每个小目标努力之后便会获得高考的成功。生涯规划教育的最终目的是让每个孩子拥有一个没有遗憾的高中生活。

（二）体验与成长：生涯规划教育的实践路径

齐齐哈尔中学开展学生规划指导，注重实施职业生涯规划课程。学校注重开展宣传工作，努力为学生提供相关各类职业知识情况，注意调动学生对未来职业的了解和向往。学校制定了关于职业生涯规划教育目标具体规划，有较为详细设计方案，确保职业生涯规划教育得以顺利展开，如表 3-1 所示。

表 3-1　齐齐哈尔中学生涯规划表

时间	年级	内容	形式	目标
8 月末	高一	开学前的生涯规划宣传活动。	讲座（最好家长与学生共同参加）。	使学生和家长认识到生涯规划的重要性、学校的办学理念，使家长明确责任。
上学期 9—12 月	高一	1. 创建职业社团。 2. 内容包括生活规划、职业生涯规划课（职业规划、心理规划、情感规划）。	1. 社团活动。 2. 生涯规划课或心理课堂（团体活动、小品剧、学生讲坛、职业影随、职业见习等）。	1. 以职业体验周的形式，在校园内让学生体验各种职业的内容、形式和要求。 2. 使学生的梦想清晰化，真实感受到梦想是现实且可触及的。
	高二	1. 模拟招聘会现场。 2. 总结高一制订的生涯目标，修正目标并制订学习计划，为自主招生需要材料做准备。	1. 社团活动或班会。 2. 班会或生涯规划课。	1. 让学生们亲身体验各职业招聘的要求，使学生有紧迫感。 2. 使学习不再盲目，明确学习目标，制订学习计划。

续表

时间	年级	内容	形式	目标
上学期 9—12 月	高三	模拟高考填报志愿。制订一轮复习计划，制订阶段性目标。	生涯规划课或班会。	把高三生活阶段化，做到把压力有计划地释放。
上学期 1 月	各年级	总结上学期计划完成情况，制订寒假目标，设立学习小组与监督机制。	班会或生涯规划课。	帮助学生们养成主动学习、自主管理的习惯；假期学习小组定期会面，检查计划完成情况，评比优秀小组。
下学期 3—5 月	高一	1. 开设心理课（情绪调节、症状测评、学习方法、人际交往、爱情观、性健康等）。 2. 心理节筹备（525 心理日）。	1. 心理课堂（活动体验、小品剧等）。 2. 心理节以户外拓展游戏项目比赛为主，全年级参与，班级每个学生都参与，参与范围广。	1. 培养学生全面发展，提高学生人际交往能力、学习能力、自主选择能力等。 2. 在户外活动中群策群力，改善人际关系，提高解决问题的能力，缓解压力，增强团队凝聚力。
	高二	总结上学期计划，为进入高三做准备。	生涯规划课或班会。	为了高三有个更高的起点做准备，使学生提早有紧迫感。
	高三	做好二轮复习计划及学生考前心理调适；报考自主招生学校。	班会或生涯规划课。	做到按部就班，跟住老师的复习安排。考试虽多，但要做好每次考试的总结工作。
下学期末 6、7 月	高一	总结本学期内容，制订暑假目标，发挥学习小组作用。	班会或生涯规划课。	进一步实现自主管理，总结提高。
	高二	制订暑假复习计划。	班会或生涯规划课。	做好高三总复习的自我检验工作。
	高三	做好高考志愿填报工作。	讲座或班会。	实现生涯规划目标。

生涯规划课着重解决学生的学习兴趣、学习目标、学习方法、学习意志品质、学习习惯养成等问题，是立足人生、服务高考的一门课程。因此，它以高考各学科为核心，挖掘学科知识本身与职业之间的紧密联系。引导学生关注与学科知识有关的社会热点、生活常识及进行相关职业的探索，使学生了解高考各学科的现实价值，了解各学科知识在生活中的“有用性”，这样就会使学生真正热爱本学科知识，实现知识从生活中来运用到生活中去的参与性学习，以实现应试教育与素质教育的完美结合。而教师在引领学生生涯教育中也寻找到生活的多元与多彩，教学与生活不再枯燥，不再是“三点一线”的简单重复，不同年龄段的教师在不同程度上重新领略工作的乐趣与生命的美好。

在老师的组织下，我们开展了模拟招聘会，这也是我们心理课程中的一部分。教育不能只停留在书本上的内容，实践才是真理的来源。我们终究要接触社会，我们不可能永远在老师和家长的庇佑下做一朵温室里的花朵。终有一天我们会走入社会，去看清人世百态，而这次活动无疑是让我们提前体会到了就业竞争的残酷。

——2018 级　李梁：《求真教育之学校心理课程》

通过体验学校设置的生涯规划类相关课程，学生们收获满满。处在象牙塔中的莘莘学子，他们接触社会的机会非常少。而这些活动无疑为学生们体会各行各业的“生活”及“工作”内容提供了契机。只有在真切体验现实之后，学生感悟才会更加深刻，成长也才会更快。

对我来说，“家长大讲堂”是对我影响很大的活动。我听过家长们有关律师、医生、教师等职业介绍。在此之前我一直对医生很感兴趣，在许多影视作品中都有医生的角色，他们在手术台上镇定的样子令我心驰神往。通过同学妈妈的讲述，我发现好多专业都不对文科生开放，而且学医很累，有家长说她大学学医的时候就像在备战高考。因此，“家长大讲堂”也是齐齐哈尔中学学生们直接了解职业的最好方式。

——高二（12）班　韩雨洋：《教人以真，教人以实》

通过“家长大讲堂”等活动，学生认识了社会的各行各业，并感受到各行各业的专业素养，从而为自己确立了未来职业方向。生涯规划类活动不仅仅可以帮助学生明晰自己的职业方向，还可以帮助学生进一步确立自己为实现某种职业而确立学习规划。由此可见，生涯规划课对学生的未来规划影响是很大的。

当问及师生有关“在参加生涯规划类课程学习后的感受是什么?”的相关问题时，得到如下统计结果，见图 3-27、图 3-28。

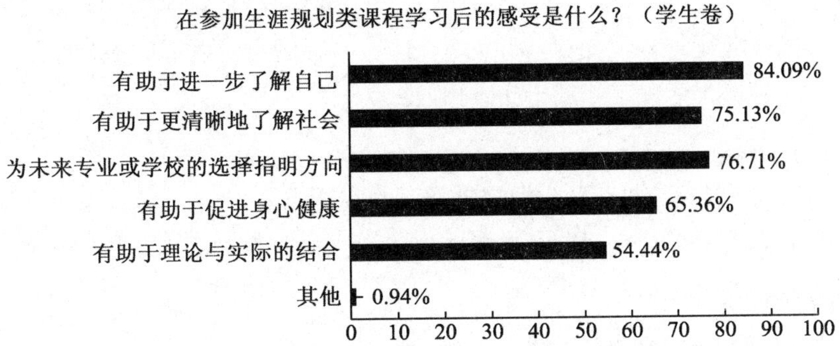

图 3-27 关于学生参加生涯规划类课程学习后的感受问卷调查统计（学生卷）

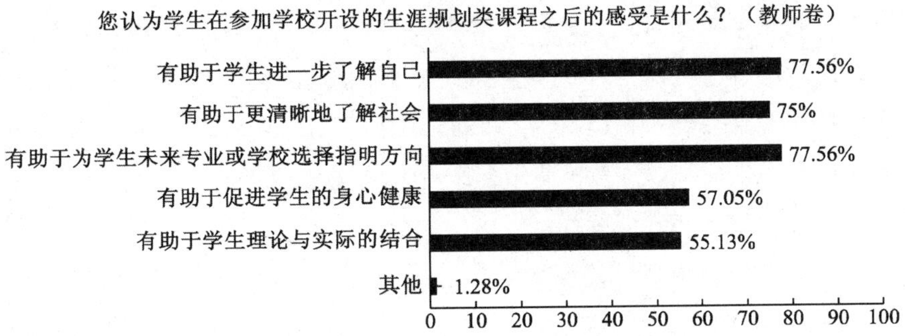

图 3-28 关于学生参加学校开设的生涯规划课程之后的感受问卷调查统计（教师卷）

参加学校开设的生涯规划课程之后，84.09%的学生认为“有助于进一步了解自己”，75.13%的学生认为“有助于更清晰地了解社会”，76.71%的学生认为有助于“为未来专业或学校的选择指明方向”，65.36%的学生认为“有助于促进身心健康”，54.44%的学生认为“有助于理论与实际的结合”，极个别学生选择了“其他”。

对于教师问卷，77.56%的教师同意生涯规划课程“有助于学生进一步了解自己”，77.56%的教师同意“有助于为学生未来专业或学校选择指明方向”，75%的教师同意“有助于更清晰地了解社会”，57.05%的教师同意“有助于促进学生的身心健康”，55.13%的教师同意“有助于学生理论与实际的结合”，极少数教师选择了“其他”。

统计结果显示，教师和学生不约而同地将“有助于学生进一步了解自己”及“为学生未来专业或学校选择指明方向”作为生涯规划课程的最深的感受，次之则是“有助于进一步了解社会”。这说明，齐齐哈尔中学的生涯规划课程使得学生对于自己、未来及社会的认知更加清晰，在一定程度上实现了学校生涯规划课程的目标。

（三）经验与收获：生涯规划教育的实施成果

齐齐哈尔中学认真建立及实施生涯规划体系在实践中不断完善，在各方面收获颇丰。

1. 著作及教材不断问世

学校于2011年开展生涯规划必修课；2012年编写《扬帆起航——高中生职业生涯规划实用手册》；2015年编写《高中生生涯规划》校本教材；2014年参与编写《高中生人生发展规划指导》，此书获得黑龙江省社科评选三等奖；2016年主编《高中生生涯规划》上下册，全省30所学校作为生涯规划课教材使用；2017年参与编写黑龙江省教育研究院组织的《中学生涯规划读本》。

2. 课题研究取得突出成果

学校先后主持了市级课题“高中生涯规划课堂教学模式的实践研究”“以德育活动为载体有效开展高中生涯规划课的实施研究”，取得突出成果。

3. 辐射引领成效卓著

在讲座培训方面，学校专职教师多次受各地邀请做关于高中生涯规划方面的培训讲座。2015年多次受齐齐哈尔市教育教学研究院干训部邀请为全市校长培训班、书记培训班主讲关于“高中生心理健康教育”和“高中生涯规划”的讲座，并开公开课，受到一致好评；2016年受齐齐哈尔电台邀请，担任家庭教育类“成长心陪伴”栏目主讲嘉宾，至今已10期；2017年担任全省专职生涯规划教师的培训讲师，主持为期两天的高中生涯规划课程开展方面的培训课程；多次在全校教职工培训大会做关于“中学心理健康”及“中学生涯规划”的培训。帮助齐齐哈尔市二十九中学建立生涯导师制，建立生涯成长档案；帮助齐齐哈尔市四十六中学开展生涯实践活动；帮助铁锋第二小学开展家长课堂。在帮助各校生涯教育成长的过程中，学校也吸收了很多的经验，得出了很多的感悟，得到了更大的提升。

4. 生涯体验课收获好评

生涯体验课贵在体验。带领学生走进医院，让学生体验做一名医生的神圣和艰辛，这是一次“生命的体验”“健康的体验”，学生体会到生命的宝贵、健康的重要性，激发了学生们成就人类健康的理想使命。带领学生走进铁锋交警队，让学生走上街头站岗值勤，指挥来往车辆，学生感受到职业能力的规范性和一丝不苟做事的必要性。学校优秀毕业生、市第一医院党委书记、院长陈宏怀着对母校的感恩之情为母校捐赠了“中医药文化体验馆”，旨在传承中医国粹、传播中药文化，让学生近距离接触中医、学习中医，体验中医治病保健的经久不衰、卓尔不群于世界医林中的最高超之处。学校定期为学生开设中医体验课程，学习中医的基础理论和在生活中的应用，学习穴位推拿按摩等简易实用可操作的自我保健手法，让中医精神深入学生。

学校举办了第一届招聘大会，我想尝试一次，于是就当了鲲鹏教育的董事长。定了人员之后，我开始画海报、上色、粘贴展示。竞选的那一天，我们公司一共收到了32份简历，战绩还算不错。会后宣传时，我心情十分激动，终于明白为什么现在就业压力如此之大。这次大会让我了解到面试官会如何“为难”竞聘者。来我们公司应聘的一个女生口才、应试技能、目标都非常好，讲课也十分清晰，但就因为她本科学校不太好，就没有录取她。

——2018级　高宇博：《“求真”下的突破》

图 3-29 齐齐哈尔中学模拟招聘现场

真实的体验带给学生的冲击比仅以文字带来的体会更加深刻。学生只有在真实的情境体验中才能感受到未来职业前景与态势的严峻性。在活动参与中，学生深刻体会到自己多方面的不足，也正是发现了自己的不足，才会更有动力去弥补。也只有在这种危机感之下，学生才会更加珍惜现在的时间和机会，才会对自己进行更清晰的规划。这便是生涯规划的应有之意。

图 3-30 齐齐哈尔中学模联社团参加第五届全国中学生模拟联合国大会

模联社团中，学生们可以扮演不同国家的外交大使，在模拟联合国的会场上为自己代表的国家赢得荣誉和尊严。

——高二（7）班　卢盈帆：《求真教育心得》

在开设的“模拟联合国”活动中，通过参与整个活动流程，学生们提升了语言表达、组织领导及交流合作等能力，大大地开阔了视野、提高了整体素质。

5. 联合家庭，共促学生成长

通过生涯课程，学校将家庭教育与学校教育、社会教育紧密结合起来，帮助和引导学生树立正确的家庭教育观念。

“家长网络课堂”是我校生涯规划办利用网上系统开展的生涯规划家长教育系列活动，共开设了六期：“划”出美好人生，文理分科指导，自主招生，有理走遍天下，润物无声点滴情，用信心和细心赢得自招；邀请北京大学心理学博士苏迪教授面对家长进行了两场家庭教育讲座：“了解影响学习因素，科学激励中学生学习”和“家校合作，共促青少年发展”。

齐齐哈尔中学一直以来都非常重视家庭教育，通过举办家庭教育专题讲座活动，架起了一座学校与家庭之间的桥梁，学校在加强未成年人思想教育工作发挥了其应有的作用，广大家长及时了解学校的教育教学工作和科学的家庭教育理念方法，更好地加强家校合作，共促孩子成长。

6. 专业生涯教师团队建立——“齐齐哈尔中学教师生涯工作坊”

工作坊是一种新型的学习和工作方式，秉承以体验式、互动式、游戏式的方式进行学习，以促进思考、合作、宽松的交流氛围，大家畅所欲言，主动参与，共同成长。

新高考背景下，齐齐哈尔中学生涯工作坊对以下情况进行了探讨：如何指导学生进行选课、选科、选考、选专业；如何提高学生学科素养与学科能力；如何指导学生合理统筹安排各科目学业规划；如何指导学生了解大学学科、专业设置，做好高中与大学的有效衔接；如何从生涯规划的角度帮助学生探索自我、发现自我，评估自己的优势、劣势，学习理智决策的方法与工具；如何指导学生从生涯规划的角度进行高考志愿填报。2020 年在高一实施的新课程、新高考两项改革将会对每一位教师提出相应的要求。

图 3-31　齐齐哈尔中学生涯规划工作坊成员

这个工作坊的成立为教师的专业成长搭建思想交流的平台，促进教师树立先进的教育理念，建立更加科学的学习机制，培养教师协作、研修能力，促进教师共同体可持续发展。

7. “赠人玫瑰，手留余香”——师生共同成长

学校的生涯课堂不只服务学生，学校的教师生涯团队还帮助了很多教师答疑解惑，帮助他们自身提升生涯管理及决策能力，是生涯工作的又一重要内容。在生涯工作坊参加学习与分享的教师都有很大的收获：无论是自身成长还是教养儿女，无论是人际沟通还是夫妻关系，无论是教学方法还是性格完善，都有很大的感悟与进步。生涯教育使学生奋进，使教师成长，学校呈现一派和谐、朝气勃勃的景象。

三、生涯规划教育的未来展望

接下来，学校在生涯规划方面将继续准备做以下几件事情：

第一，生活即教育，体验式教育可以开拓更加广阔的空间。

第二，为体验式教育与学科教学的融合探索出更多的有效途径。

第三，探讨体验式生涯教育如何与综合素质评价进行有效结合。

蔡元培先生说："教育者，非为已往，非为现在，而专为将来。"因此，根据自身的实际现状，比如环境、资源、发展重点等，学校持续探索和完善体验式生涯教育的实施模式。同时，学校期待体验式生涯教育呈现百花齐放的新景象。

生命充满无限的可能，生涯体验让梦想成为未来发展的动力。生涯规划让目标成为人生抉择的灯塔，引领学生避开险礁暗石，从而润泽整个人生。

第四章　合作与探究：求真教育的教学实践改革

加拿大著名教育学家迈克尔·富兰（Michael Fullan）在《变革的力量——透视教育改革》中呼吁："学校应从一个官僚主义的机构转变为一个兴旺的学习者的共同体。"① 教学流程管理是教学管理走向精细化的表现，教学方式决定着教学效果。齐齐哈尔中学进行了深刻的教学实践改革。

第一节　建设学习共同体的理论基石

联结主义因为较多地关注学习者的生物性和物理性但忽视学习中的社会性因素而遭到质疑；信息加工的认知主义也把学习者看作"一台独

① ［加］迈克尔·富兰．变革的力量——透视教育改革［M］．中央教育科学研究所，加拿大多伦多国际学院，译．北京：教育科学出版社，2004：54．

自运行的 PC 机”，仍忽视社会、文化、历史因素的重要作用。① 学习共同体的产生揭示了社会文化境脉对学习的重要意义，弥补了联结主义与认知主义的不足，在教育学的发展史上具有里程碑式的意义。

齐齐哈尔中学积极地进行了教学实践改革，其最大的特色就是建设了学习共同体。在调查中当问及学生们“你听说过学习共同体吗?”时，得到如下调查结果，如图 4-1 所示。

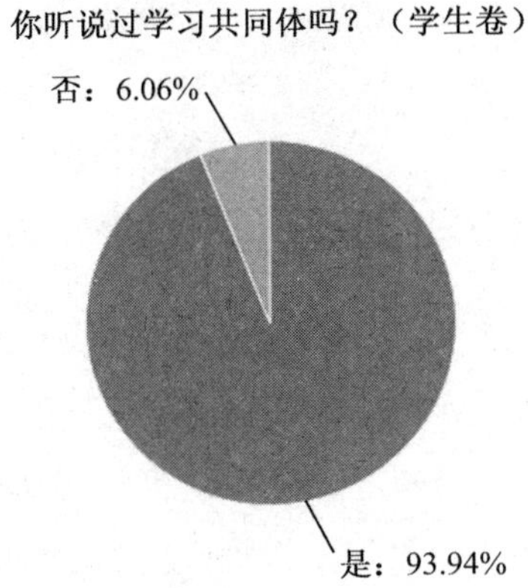

图 4-1　关于学生是否听说过学习共同体的问卷调查统计

93. 94%的学生给出了肯定的回复，只有 6. 06%的学生表示没有听说过学习共同体。值得欣慰的是，学习共同体的概念已经为大多数学生所认可，但是仍有极少数学生不了解。这启示学校，作为教学实践改革的重要内容，学习共同体应该更加全面、深刻地进行推广。只有全部学生的主动参与，学习共同体的功效才能发挥到最大程度。

当然，这一调查所暴露出来的问题在教师卷中也有相应的问题作为支撑。当问及教师们“您认为学生对求真教育建设的适应程度如何?”时，得到如下统计结果，见图 4-2。

显然，学习共同体的建设是求真教育的重要组成部分。调查结果显示，60. 26%的教师认为学生对学校求真教育建设是“比较适应”的，21. 79%的教师认为学生“一般适应”，17. 31%的教师认为学生“非常适

① 赵健. 学习共同体的建构[M]. 上海：上海教育出版社，2008：9.

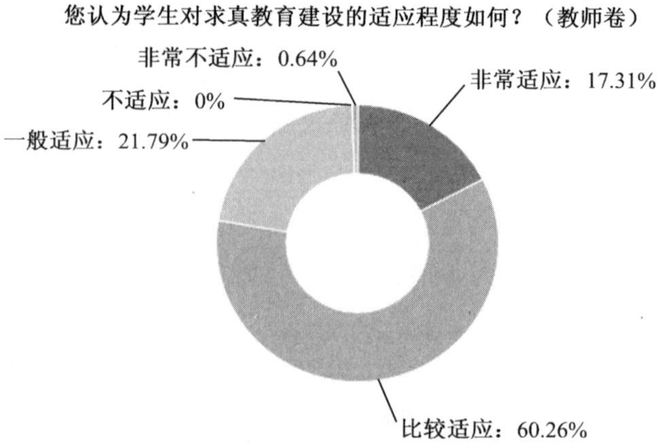

图 4-2　关于学生对求真教育建设的适应程度的问卷调查统计

应”，0.64%的教师认为学生“非常不适应”，没有教师选择“不适应”。也就是说，绝大多数教师认为“学生能够适应学校求真教育的建设”，但是仍有极少数教师（即选择“非常不适应”的0.64%的教师）不认可学校求真教育的建设。这少数部分的教师也是学校改革过程中需要注意的一部分群体。作为思想未成熟的学生眼中的“榜样”，教师一言一行都会影响到学生们的判断和行为，因此号召全体教师参与学校求真教育体系建设至关重要。

号召师生全员参与学校教育教学改革进程是学校实现求真教育的关键。而学习共同体作为学校求真教育体系建设中的重要组成部分，它的建立是有深厚理论支撑的，接下来将对学习共同体的理论基础进行详细分析。

一、建构主义学习理论

沃茨奇（James V. Wertsch）等人指出，个体的“心理机能就其本质而言是镶嵌在文化的、历史的和制度的情景脉络之中的”①。这一研究流派的另外一位重要学者罗格芙（B. Rogoff）通过考察个体与他人共同参

① 高文，裴新宁. 试论知识的社会建构性——心理学与社会学的视角[J]. 全球教育展望，2002，31（11）：11—14.

与文化实践而发展的过程，将知识的社会建构机制分解成三个相互作用的不同层面：个人层面、人际层面和共同体层面。① 这种分析启示我们，真正的学习活动包含三重意义：既有个人认知的改变（个人层面），又有合作建构的知识的产生（人际层面），同时还包括了共同体支持的文化的共享和身份的产生（共同体层面），从而突破了对人的发展的研究只注重认知的成分或只分析环境影响的局限。

学生参与共同体，成为个体知识建构的一种不可剥离的文化和制度的境脉。当参与这一境脉中的个体出于某种真实的需要，促成知识的协商，达成某种观念共识和意义共享时，此时参与者即学习者，协商的过程即学习的过程，所有参与者就构成了一个学习者的共同体。②

吉尔根（Kenneth J. Gergen）从研究语言的性质出发，提出三条基本假设：语言的意义是通过社会性的相互依赖获得的；语言的意义依赖于语境；语言主要服务于公共功能。基于这些假设，其核心论点是：我们所陈述的一切（或者被我们认为是知识的东西）是通过社会的交换、协商与约定过程而获得合法性的。因此，对话是吉尔根提出的、对学习的一个隐喻，他认为对话是共同体所依赖的方式③，揭示了学习的社会性。

正如建构主义所言，知识的获得不是简单的传送、接受和复制，而是学习者积极地将新信息与先前经验进行相互作用和联系进行建构的过程。知识建构是一种有意义的学习，是学习者发展高阶思维的有效途径。学习者的知识建构都需要有效的外部支持条件，即丰富有效的学习环境。学习环境由情境、协作、会话组成，是意义建构的具体过程，意义建构则是建构主义学习的目的。建构主义的教学策略是以学习者为中心，其目的是最大限度地促进学习者与情景的交互作用，以主动地建构意义。④ 因此，建构主义理论是学习共同体的重要理论来源。

---

① 赵健. 学习共同体的建构[M]. 上海：上海教育出版社，2008：11.

② 赵健. 学习共同体的建构[M]. 上海：上海教育出版社，2008：11.

③ 高文，裴新宁. 试论知识的社会建构性——心理学与社会学的视角[J]. 全球教育展望，2002，31（11）：11—14.

④ 王作亮，伏荣超. 建构乡村学校学习共同体[M]. 北京：光明日报出版社，2010：32.

二、学习共同体构建的现实基础

人类进入 21 世纪，已经由产业主义社会步入后产业主义社会，由此学校的课程也应该发生根本性的转变。产业时代的流水作业式的、单向转递制式的教育已经不能适应社会发展对人才的要求，学校教育必须随着时代发展进行转型，提升教育内容的水准，重视创造性思维、批判性思维和合作沟通的学习。

将学习内容抽象出来，并运用与日常生活实践中不同的方式进行教学，这种方式只是因某个特定的时代和社会环境的需要而产生的，并基于某种人为的假设之上而发展的：其需要是西方工业时代需要批量生产熟练工人；其假设是一种二元论假设，即知识是外在于个体的，并且可以“去境脉化”，从其存在的情境中提取出来，从而被个体吸收和内化，并能够再次迁移到真实的情境中去。在这样的需要和假设的支撑下，学校制度获得了超越其他学习组织方式的强势地位。①

然而，走到今天，当初的需要已经悄然改变，有关知识的二元假设已然显得不合理。让我们暂时忘却我们根深蒂固的内化——迁移的学习假设，看看人类生活的真实情境中更为广泛的智慧。

让每一个学生得到关注，尤其是学困生，让学优生带着学困生一起学习，不让一个掉队。学习的过程就是培养学生团队精神、合作意识、问题意识和竞争意识的过程。

——摘自《戴胜霞成果报告》

合作是共同体活动的基本特质，多样化的成员互动，既有专家或熟手的指导，也有同伴之间的相互切磋，以及新手在旁边静静地观察。

在合作中进行知识的社会建构是共同体显而易见的特征。通过分布式的任务设计和责任分配、认知难题的设计和解决问题的多元方式，学习者在相互尊重和彼此支持的学习环境中不断相互质疑，维护、修正或放弃自己的观点，彼此提供论证等，在这个过程中建构自己对于问题的

---

① 赵健. 学习共同体的建构[M]. 上海：上海教育出版社，2008：31—33.

理解，并体验科学事实和观点诞生的过程。①

学习共同体更加关注代与代之间的交往，关注专家型学习者与新手学习者之间在文化中的连续性，关注学习者多层次的参与及为学习者创造进入各种学习共同体的机会，而不仅仅是在某一门课或某一学科上品尝一下合作的味道。② 正因为学习者处在一个相互交流并担负自己责任的“学习社区”之中，学习成员之间会相互交流和争鸣，相互促进，共同进步。这一社区中的学习个体相互学习，可以起到相互帮助的作用，从而实现互惠式学习。这种教学方式的改革将会有助于关注到学困生的处境，为他们提供帮助，有助于实现教育公平。

三、学习共同体的主要特征

分析学习共同体的理论支撑之后，接下来将描述学习共同体的一些特征，为学校开展学习共同体的实践提供指导。

（一）学习共同体：基于合作，超越合作

合作是共同体的一个重要特征，但是共同体的意义并不仅限于合作，共同体成员之间的交互还充满了新手对专家的模仿及同伴之间不同意见的争辩、妥协和认同，这种交互体现了人在真实世界的交往中所经历的协商过程。

学习共同体的目标是个体在文化意义上的成长，指向学习者成为一个成熟的社会文化参与者，一个能顺利进入社会实践的社会成员。学习者在学习共同体中不断更新自己的身份，从新手不断成长为所参与的学习领域的专家。

（二）学习共同体教育目标：从认知成长走向身份发展

学校不仅是一个为学生进入工作世界和解决日常实践问题做准备的

---

① 赵健. 学习共同体的建构[M]. 上海：上海教育出版社，2008：68—72.

② 赵健. 学习共同体的建构[M]. 上海：上海教育出版社，2008：45.

地方，它同时还是一个特定的工作场所，只不过这种工作是以从事反思和推理智力活动为主的。学习共同体在这个意义上继承了杜威的理论传统。这样的工作场所与实践领域的其他工作场所之间不仅是准备与实施的关系，更是新手工作与老手工作的关系，其中的关键就是学习和实践从课堂到工作场所的连续性。学校教育不仅应当培养理性和反思，同时也应当推动学生群体共享文化智识。学生的学习应超越课堂学习模式的个体主义，吸收有效的工作环境中共享的智力活动的模式。学生在学校中如果仅仅得到了“学业认知”，而不能培养起足够的“工作智力”，那么从学校到实践的迁移困难恐怕就会成为一个固有的难题。

其实，一旦我们认可了知识的社会建构性、认知的分布性和学习的实践本质，我们就不难接受这种观点：学习其实是我们在社会世界中的存在方式，而不是打算认识它的方式。学习绝对不是离开实践的一种沉思，它同样是一种实践，学校学习应当是学习者一生实践中的一个有机组成部分。①

布鲁纳曾举例说：“你想要获得诺贝尔奖的话，如果你正巧和一位得过诺贝尔奖的人在同一实验室工作，那你的机会就会大增。很显然，这并不是说你可以被提拔，而是说你已经进入一个共同体，使你和那种人可以在其中共享一套延伸的智能，是那种微妙的共享才构成分布的智能。因为进入这种共同体，你不仅是进入一套实践的常规，而且是进入一种演练智能的方式之中。”②

与进入文化相伴随的是学习活动的真实性。西方学者普遍认为学校学习是一种非真实性的活动。西方学者呼吁，要让学生置身于真实的活动之中，体验学科领域概念工具的运用，而教师要起到实践从业者的作用，像他们那样使用工具来解决问题。也只有这样，学生才能建立起相应的身份认同。

因此，学习应当被视为一个进入文化的过程，同时也是进入一个实

① 赵健. 学习共同体的建构[M]. 上海：上海教育出版社，2008：51—52.

② ［美］杰洛姆·布鲁纳. 教育的文化——文化心理学的观点[M]. 宋文里，译. 台北：远流出版事业股份有限公司，2001：235.

践共同体的过程，其作用就在于把学生带到一个实践的入口，为学生建立学习者的身份认同提供通道。

帮助学生发展为实践共同体中的学习者或实践者的身份，理当替代孤立的认知成长而成长为学校教育的新的追求。①

（三）学生是探究的主人

学生具有利用问题困境寻找解决方法的权利，他们把问题困境作为一个值得去努力解决的真实困难，并对努力找到解决办法负有责任。如果学生失去这个权利，而只是从教师那里得到解决的方法，或是像我们常见的那样，学生“猜想”教师想要的答案，提出教师期待的方法，那么他们就没有机会进入真实的科学研究所采用的专业思维方式，即没有机会像科学家那样去思考。

（四）教师指导学生的思维技能

教师是教育领域的专家，如果把学生当作新手学习者，那么教师就是专家型学习者和问题解决者。教师对学生提的问题也是学生应当问自己的问题，因而提问是参与性活动，其基础不是要寻找正确答案，而是体验和模拟专家在问题解决过程中所经历的思维过程。

（五）为学习者提供“脚手架”，支持复杂环境下的探究

在传统的学校教学中，面对复杂的难题或工作，教学策略总是试图将问题及其情境简化，以至于使之远离真实假设，简单的叠加就可以实现对复杂的把握。在学习共同体中，教师应该做的不是简化问题和情境，而是及时提供原理、工具、案例等方面的支持，帮助学习者处理复杂问题。

（六）在合作中进行知识的社会建构

这是学习共同体显而易见的特征。通过分布式的任务设计和责任分

---

① 赵健. 学习共同体的建构[M]. 上海：上海教育出版社，2008：51—55.

配，通过认知难题的设计和解决问题的多元方式，学习者在相互尊重和彼此支持的学习环境中不断相互质疑，维护或放弃自己的观点，彼此提供论证，在这个过程中建构自己对于问题的理解，并体验科学事实和观点诞生的过程。①

第二节　学习共同体的活动实践模式

在学习共同体的理论支撑下，齐齐哈尔中学开始了学习共同体的实践改革，教学质量得到极大提升。

一、理论基础：杜威五步教学法

杜威力倡反省思维（reflective thinking），意指对某个问题进行反复的、严肃的、持续不断的深思。这种思维在杜威看来是一种最好的思维方式。思维在经验的改造中作用甚大，思维的功能（即在于求得一个新情境）在于把困难解决、把疑虑排除、把问题解答。

这种思维使人的行为具有自觉的目的，顾及行为的后果，使整个行动更加审慎、更趋合理、更富成效。反省性思维是一种仔细观察、详加分析、充分考察、积极预见的过程。

杜威非常注重思维能力的培养，他认为“思维就是明智的学习方法”。基于此，他将思维五步法直接运用到教学方法上。他认为：“教学法的要素和思维的要素是相同的。这些要素是：第一，学生要有一个真实经验的情境——要有一个对活动本身感兴趣的连续的活动；第二，在这个情境内部产生一个真实的问题，作为思维的刺激物；第三，他要占有知识资料，从事必要的观察，对付这个问题；第四，他必须负责有条不紊地展开他所想出的解决问题的办法；第五，他要有机会和需要通过应用检验他的观念，使这个观念意义明确，并且让他自己发现它们是否

① 赵健．学习共同体的建构[M]．上海：上海教育出版社，2008：71—72.

有效。”① 这五个阶段的顺序不是固定的，在实际的思维过程中，五个阶段并不是按一定的次序一个接一个地出现。五个阶段中的每一个阶段均可展开，内部又包含若干几个小阶段，“关于数目字5，也并没有什么特殊神秘的意义”。“总之，我们指出反省思维的五个阶段，只是一个大概的轮廓，是反省思维不可缺少的几个特质。”②

杜威的“五步教学法”是齐齐哈尔中学学习共同体展开学习和研究的理论基础。学习共同体根据教师设置的问题情景，学生们从中提炼出所要研究的问题。之后占有充分的资料，针对这一问题进行思考，寻找解决问题的方法，提出解决问题的解决方案，最终尝试解决这一问题。

二、具体实施：展示—自评—互评—总结评价

学习共同体的组建首先是班主任与任科教师对学生进行分析。按照学生的认知水平、学习品质、思维特点、性别比例、兴趣倾向、交往技能、守纪情况等因素进行分类，将班级学生分为A、B、C三类。建构学习共同体要根据“组内异质，组间同质”的原则，将全班学生按照A、B、C分类进行合理搭配，通过教师分配与学生自愿组合方式来组建，其中A、C类学生是教师分配，B类学生是自愿组合。每班组成6个学习共同体，每组一般5—8人，有组名、口号、小组公约及职责分工。

学习共同体组建的前提是营造学习共同体的文化。学生们集思广益，确定自己的组名和口号。正如图4-3右边的小组，他们确定自己的组名为“King Back”，口号是“胜不骄，败不馁，全力冲刺不后悔”。共同体文化与班级文化的作用是一致的。它是一种看不见的准则，是影响学习共同体成员思想、行为、态度的重要力量，是一种高层次教育。这种引领性文化能够凝聚群体成员的内心情感力量。简短且极具号召力的口号和组名驱动共同体成员产生一种积极向上的态势，对于学习共同体成员斗志的激发和引领都具有重要作用。最终在这种文化的引领下，潜

① ［美］杜威．民主主义与教育［M］．王承绪，译．北京：人民教育出版社，1990：174．

② 褚洪启．杜威教育思想引论［M］．长沙：湖南教育出版社，1998：215—218．

移默化地监督、规范甚至改变集体成员的行为方式和思维方式①，从而形成一个真正的集体，这种集体的力量在将来进一步以共同体为单元的探索中具有重要作用。

图 4-3　组建学习共同体

在营造完共同体文化之后，学习共同体就要开展学习和研究实践：集中问题—分配任务—查阅资料—提出假设—解决问题—展示评价。这不仅是一种教学方式，其实正如杜威所言，这也是一种思维方式。科学的思维可以减少错误倾向，具有应付新情况的能力，且相信未来，相信通过对现有条件的理智控制能取得进步。

实际上，纯粹经验的思维是尝试错误的思维，而科学的思维就是这种反省思维。② 这种学习思维成为学习共同体的重头任务。学生们从教师提供或者在生活中遇到的自己感兴趣的研究问题中确定研究任务，然后搜集资料去尝试解决问题，并且尽可能让学生在真实的情境中进行探索，而教师或成人的“学习示范”则为学生提供“认知师傅”③，为学生的认知和探索提供帮助和指导。整个过程教师起到“脚手架”的作

① 李德善. 神奇的教育场　打造特色班级文化创新艺术[M]. 重庆：西南师范大学出版社，2011：19—22.

② 褚洪启. 杜威教育思想引论[M]. 长沙：湖南教育出版社，1998：217.

③ 赵健. 学习共同体的建构[M]. 上海：上海教育出版社，2008：96—98.

用。齐齐哈尔中学学习共同体的展示评价方式具有特色，分为以下几个方面。

图 4-4 探究课上共同体研讨现场

1. 展示

学习小组展示研究成果，并汇报小组完成任务的情况，包括小组各成员的贡献的描述。具体内容包括：对“核心问题”的理解与子问题的设置；小组活动的计划任务安排；小组各成员如何完成自己任务；小组怎样开展协作；活动成果展示；等等。

2. 自评

包括每个成员在本组内的自评，以及小组委托对本组总体情况向班上其他组做的自评。通过对核心问题及子问题的思考研究，评价多大程度上获得了对单元话题的理解，主要包括：做了些什么，做得怎样，解决了哪些问题，还存在哪些问题，感兴趣的问题有哪些，有疑惑的问题有哪些，获得了哪些启示，等等。

3. 互评

包括小组内部不同角色之间进行互评、小组与小组之间进行互评、小组成员对另一小组成员进行评价等。

4. 总结评价

在教师指导下，所有成员对该学习活动的过程、效果、应用价值等做出总体评价，主要是对学习目标的达成度和学习方式的行为的考查，以便为下一个话题的开展提供借鉴和参考依据。

由以上的评价过程可知，基于共同体理论所进行的对学习者在学习共同体中学习实践的评价与传统意识下的教学评价有着较大差别。

第一，主体取向评价——从封闭式走向开放式。传统的教学评价主要是教师对学生所进行的单向的、封闭式的评价，而共同体境脉下的评价对评价过程中人的主体性、评价者和被评价者的关系等问题做出了重新诠释。主体取向的教学评价认为，教学评价是评价者与被评价者共同建构意义的过程。这种取向的评价有四个突出的特征：① 评价的最终目的不是做出评价，而是要让被评价者认同评价，并根据评价结果做出改进，获得发展。② 呼唤人的自由与解放，评价者与被评价者是一种交互主体的关系，评价过程是一种民主参与、共同协商、平等交往、相互理解、相互让步的过程，所以价值多元、尊重差异就成为主体取向评价的基本特征。③ 反对量的评价，主张质的评价方法。④ 强调被评价者的自我评价。强调自主与责任的统一，呼唤主体对自己行为的反省意识和能力。

第二，过程取向的评价——从结果评价走向过程性。学生学习的过程本身就是一个发展的过程，传统评价关注结果而往往忽视过程。基于学习共同体的评价强调把教师与学生在教学过程中的全部情况都纳入评价的范围，是关注协同准备、协同过程、协同成果的动态评价，不仅关注学生最终的学习绩效，也关注学生学习前的准备，更关注学习实践中所体现的过程与方法、优势与障碍及相应的情感态度和价值观等方面的发展。在方法论上，它倡导量化研究的方法，但同时也给质性研究方法一定的位置，强调评价者与被评价者的交流，强调评价者对评价情境的理解，强调过程本身的价值。

第三，发展取向的评价——从常规型走向开放型。学生是充满生命活力、性情迥异的个体，课堂是师生互动、资源共享的时空。认知个体的灵动性与学习时空的流变性决定着评价标准、评价方法与评价时空的开放性。因而，评价标准不拘一格，评价方法灵活多样，目的是鼓励学生获得独特体验和人生感悟，因人而异地促进每个学生的发展。

第四，激励取向的评价——从智能型转向情意型。常规评价过多关注学生知识的获得与能力的提升，淡化甚至忽视对学生情意的培养与熏陶。激励重在评价，保护学生的自尊心，发现学生所蕴藏的潜能，并使学生找到积极的参照点，从而树立学习的信心、激发学习的自觉性、改进自己的学习行为、提高各方面的能力，学生也能在这种氛围中养成健全的人格。①

值得关注的是，齐齐哈尔中学的共同体建设不仅是针对学生，也是教师们进行专业发展的一条重要途径。2019 年 11 月齐齐哈尔中学举办了“聚焦新课标，发展学习共同体”主题教研活动，暨“青出于蓝，胜于蓝”的青蓝班会议。

图 4-5　齐齐哈尔中学召开“聚焦新课标，发展学习共同体”主题教研活动

董海校长说，青蓝班是一个富有活力的群体，他希望青蓝班的每一位教师在师傅的带领下，通过自己的努力、钻研、学习、实践，成为骨干型教师、专家型教师。会上给青蓝班教师签订师徒合同。青蓝班教师

① 王作亮，伏荣超. 建构乡村学校学习共同体[M]. 北京：光明日报出版社，2010：223—232.

积极参加第37届教学百花新秀奖公开课、新上岗教师汇报课，每周至少听2节师傅的课，每月邀请教学、德育师傅指导至少1节课或1节班会，坚持读书学习，刻苦钻研，努力提高自身业务素质。

——齐中教科研室：《“聚焦新课标，发展学习共同体”主题教研活动》

教师持续学习与发展被认为是教育质量提升和学生成长的重要因素。丹麦学者尹列雷斯认为，学习既包括个体与其所处环境的互动过程，也包括心理的获得过程。① 教师学习具有自主性、情境性、持续性、系统性和复杂性，本质上是一种社会文化活动②，这些特性决定了教师专业学习共同体的构建与有效运行是教师专业发展的主流范式，并成为提升教师专业技能、认知能力及自我效能感的有效途径。③ 基于此，齐齐哈尔中学将学习共同体的模式大力推广到教师培训体系中，主张青年教师与骨干教师的积极交流、学习合作，大力促进青年教师的专业发展。

张志勤校长对青年教师提出殷切期望。她希望青年教师要有爱心、有品德、有能力、有激情、有追求，用爱诠释教育的初心，用高尚的人格感染学生，永远坚持学习，保持青春活力，珍惜美好时光，有更高层次的人生追求，真正体会“青出于蓝而胜于蓝”的精髓。

三、感悟收获：自主钻研，合作共赢

托尔斯泰说：“成功的教学所需要的不是强制，而是激发学生的兴趣。”兴趣是学习最好的老师。心理学研究表明，学习兴趣的水平对学习效果能产生很大影响。学生学习兴趣浓厚、情绪高涨，他就会深入地、兴致勃勃地学习相关方面的知识，并且广泛地涉猎与之有关的知识，遇到困难时表现出顽强的钻研精神。否则，他只是表面地、形式地掌握所学的知识，遇到困难时往往会丧失信心，不能坚持学习。学生的自主意

---

① 尹列雷斯. 我们如何学习[M]. 孙玫璐，译. 北京：科学出版社，2014.

② 薄艳玲. 论教师专业学习的内涵及机制[J]. 教师教育研究，2015，27（3）：19—24.

③ 于金明. 初中英语教师专业学习共同体与自我效能感的相关性研究[J]. 教学与管理，2015（21）：41—43.

识、主动观念和探究精神启发、点拨、引领他们从被动接受信息中走出来，勇于实践，在生动活泼的课堂中找到自己的兴趣。例如，分组成员先独立思考，再小组讨论，讨论结果由推荐组员举手发言、展示，采取多种形式的竞争、多种形式的奖罚。学生积极为小组获得荣誉，教师合理调整，达到真正的寓教于乐、劳逸结合。

在学习共同体学习中营造的合作氛围让学生在学习中能产生思维碰撞、闪现思维火花。集体的力量远大于个人所收获的成果，1+1>2 已经不再是新鲜的话题。学习共同体有利于落实兵教兵、兵练兵、兵强兵的小对子帮扶工程，有利于实行分层次教学，教学中更注重学生的个体差异；学习共同体增强了学生自我管理的能力，更有利于班主任的管理；教师在教学中大胆放手，鼓励学生独立自学，使学生真正掌握学习的主动权，成为学习的主人，学生就会积极自主地参与学习，主体性得以充分发挥，更使整个集体的合作精神得到了发扬。课堂上小组合作解决问题，不仅是找到解题的多种思路，更使整个集体的合作精神得到了发扬。当今社会，懂得合作的魅力往往是一个人所拥有的宝贵财富，在班级形成一种向上团结、合作共赢的正能量。

图 4-6　学习共同体成员讨论现场

学习共同体强调学习者与学习者之间的密切关系、共同的目标、归属感和认同感。学习共同体的两个核心理念就是平等和倾听，这也是它区别于传统小组合作式学习的根本点。在共同体中，人与人是平等的，人们团结互助、互相信任、互相尊重，为了共同的学习目标而努力。学习共同体的组建和学习小组有相同之处，但是更强调学习这个共同体联系纽带和共同目的，即共同体中的人必须具有持续的类似的学习意愿。此外，共同体的活动内容也得到了进一步拓展，其活动内容除了成员之间的学习之外，更多涉及我们的内心世界和精神状态。每个人都能看到其他人的优势，并能通过各种方法向其他人学习，同时我们自身也处于开放状态，成为其他人学习的参照。

——高二（9）班　马宏智：《求真·做人》

学生们在学习共同体中收获颇多：学会了人与人交流合作的技巧；学会了以他人为镜子，反观自己，取长补短；学会了对合作伙伴的信任与尊重；学会了如何做才能真正形成一个共同体；学会了如何在集体中寻找自我的归属感和存在感；学会了在学习枯燥的文字之外关注现实中的人和事情……这些是传统的教学模式不能带来的深刻体验。在与他人合作交流中，认知自己，发现自己，并成就自己。

第三节　求真教育学习共同体的创新成果：“3+3+1”

齐齐哈尔中学这几年认真探索学习共同体的实践模式，在实践中不断总结和发展，成功收获许多创新型的教学成果。

一、“3”类学习方式

除学习共同体的团队学习之外，在推进学习共同体的实践上，还有其他一些方式，包括“访客”学习方式、“漂流本”学习方式和导师制管理方式。

（一）访客

“访客”学习是指班级内部学习共同体派出成员到其他学习共同体去访问学习交流，实现学习共同体之间的互动学习，每周一次，班主任负责；班级之间学习共同体的访问学习交流实现了班级与班级的互动学习，每月一次，学年主任负责；年级之间学习共同体的访问学习交流实现了年级与年级的互动学习，每学期一次，教务处负责。

再好吃的东西吃多了也会食欲不振。学习社区或者学习共同体的这种学习形式对于学生建立知识体系、对知识高效理解有着很好的促进作用，但也逃不出一讲多听的状态、爱又怕的熟人效应。从建立班级到现在已经一年半了，可以说班级同学都非常熟悉，不仅了解各自的性格脾气，有的更是无话不谈的“兄弟”“闺蜜”。而学生在学术方面根本不具备教师的权威性，所以活动中抬杠、打岔的现象比比皆是。

怎样才能让学习社区活动再次发挥它的实效性，达到让学生有效探究、交流求真的目的？我必须尝试改变，那么改变的是什么？

学生表现力强，年轻人“争强好胜”，彼此不服气，这其实说到底是一种竞争，应该提倡。可由于客观条件的限制，不能人人都有机会，我需要为孩子们提供更大的平台。

一套物理卷子做完之后，我班的同学先自己在班级内部讲解。我提出要求：“这套卷子由咱班自己先讲，咱班输出的人员必须是最棒的。那么大家不要抬杠，更不能人身攻击，需要认真思考后提出问题，最后那个问不倒的就去（11）班讲题。”所谓突袭就是要攻其不备，某位学生对大家提出的问题都能一一解答的话，那么这个学生的学术水平和应变能力一定很强，属于“身体强健型”人才，可以为我的后续培优计划做准备。

去（11）班讲题之后，学生S骄傲地和我说：“老师，太爽了！我去物理老师班讲题，他们整个班级都没有问住我。”

——王磊：《智慧共享　携手成长——打开班级之间访问者模式》

该位教师分析了访客模式的起因、具体操作及学生们的反应。他能够根据学习共同体所出现的问题进行敏感反应，根据学生生来具有挑战性、好奇心等心理特质，创造性地使用了“访客”手段。最终结果是，他更新了教学模式，为本来彼此熟悉的学习社区中注入“新鲜的活水”，激发了访客双方学生的学习欲望和求知精神。

“访客”学习方式很好地体现了学生之间的交流，主要是一种学习交流与经验共享，是班级内部学习共同体之间、班级之间学习共同体、年级之间学习共同体的访问学习交流。学习共同体与学习共同体之间形成互通无疑是展现学习共同体精髓之所在。

（二）漂流本

“漂流本”学习方式是指学习共同体要记录研究交流的成果，内容为知识点的梳理、知识结构的构建、思维导图的设计、方法技巧的归纳、典型习题的积累等，记录本在班级内部、班级之间、年级之间传阅，实现资源共享。班级传阅每周一次，班主任负责；年级内部传阅每月一次，学年主任负责；年级之间传阅每学期一次，教务处负责。

“漂流本”学习方式体现了知识间互相交流帮助。将学习共同体学习中记录的知识点的梳理、知识结构的构建、思维导图的设计、方法技巧的归纳、典型习题的积累等成果，以“漂流本”形式在学习共同体之间进行传阅，使新的学习资源得以共享，使其他学生得到更多学习资料，进而提高学习质量。

（三）导师制管理

导师制管理是指导教师与学生之间建立谈话交流卡。导师根据学生自身情况与学生进行一对一交流互动，帮助学生解决问题，并增加教师对学生的关注。这里分两个阶段：第一阶段是班主任和学习共同体负责人来规定每天参与谈话的学生；第二阶段是学生自由选择谈话教师。学校设计“教师与学生谈话记录卡”，学生要把每天谈话内容及感受写在记录卡上，由此促进了师生密切交流，提升了教学与辅导的精准性。

学习共同体虽然提倡学生自主建构，但是教师辅助性的作用也是无法忽视的。教师要关注学习共同体各个成员的动态，督促每个学生都积极参与活动，并且学有所获。教师要做好协调作用，营造一种和谐的合作关系。只有这样，学生的积极性、主动性才能得到发挥，学生的思维、求知欲、创造力才能被激活，学生才乐于发表意见、勇于大胆创新。教师要利用各种资源为学生参与活动创设丰富的情景，满足学生的体验需求。也只有在这种“学科味”中才能使学生更积极地参与活动、表现自己，有效地完成任务。教师也要针对自己创设的情景询问学生的意见，以争取每次都会有更进一步的发展。同时，教师还要指导学生掌握和运用有效的学习方法，让学生能通过参与课堂教学活动锻炼归纳、比较、分析、综合、抽象、概括等能力，逐步掌握学习方法，真正成为学习的主人。另外，对于活动的设计及评价工作的顺利开展等都离不开教师的作用。

因此，学习共同体虽然主体是学生的主动性及他们之间的合作和交流，但是忽视教师的辅助性作用将会导致学习共同体活动的无序乃至无效的开展。①

二、“3”个创新流程

齐齐哈尔中学建立的学习共同体具有自身的教学策略，主要包括“思维导图”流程、“二次批改作业”流程、“学习管理”流程等方式。

（一）“思维导图”流程

“思维导图”运用于课堂教学之中，在课前、课中和课后三个阶段体现学习共同体的参与。在课前准备上，有两张思维导图，一是教师设计的思维导图，二是学生参与学习共同体研讨而成的思维导图；在课中，学习共同体展示思维导图和共同修改；在课后，学习共同体共同整理出新的思维导图，而且整理呈现出的最终成果要用“漂流本”等方式公布。

---

① 王作亮，伏荣超. 建构乡村学校学习共同体[M]. 北京：光明日报出版社，2010：161—162.

图 4-7、图 4-8 是学生们学习共同体所创作的思维导图。学生们在对相关学科内容熟悉之后，就要利用群体智慧及共同体成员对内容的理解程度来二次创作相关知识。而这种再次创作不仅仅用到了学生们对知识的理解，而且也涉及学生们对所学内容结构的重建，还涉及学生的艺术审美修养等综合能力。因此，这部分思维导图的创作不仅是纯粹的对于相关知识点的提问，而且有助于提高学生的综合能力和综合素养。每完成一次创作，这种显性的成果带来的成功体验将比知识的内化更加深刻。

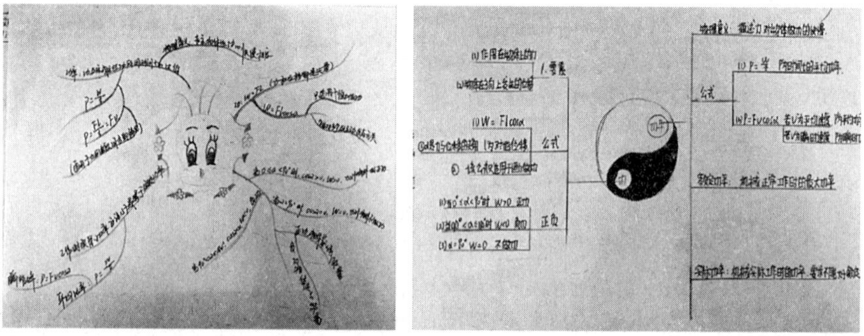

图 4-7　学习共同体创作的思维导图一

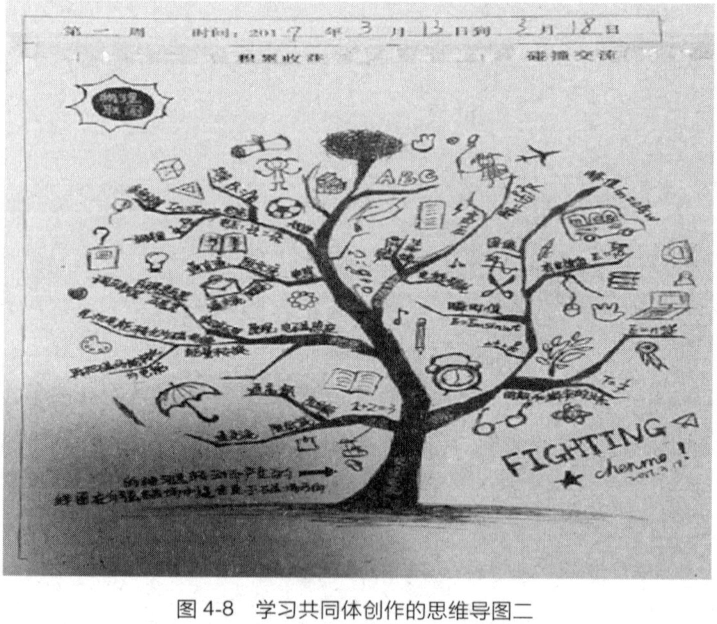

图 4-8　学习共同体创作的思维导图二

（二）"二次批改作业"流程

"二次批改作业"就是让学生参与批改作业，在批改中实现再一次学习。在教师批改作业的基础上，学习共同体再次批改这些学生作业，并且批改后要做出批改总结，包括呈现优秀试卷、好的解题方法、存在问题等，整理后编辑发给任课教师。显然，这并不仅仅是一种作业批改过程，而是更多地呈现了学生讨论交流的过程。在讨论与交流过程中，好的解题方法得以探讨，对作业中存在的具体困惑也得以呈现。同样，教师批改也可以是批阅学习共同体批改后的试卷，这样教师也可以发现更多的问题。这种作业批改能够让学生学到相关联的东西。

（三）"学习管理"流程

根据建构主义理论和学习共同体理论，可以建构互动式教学模式框架。在本模式中，教师与学生是教学的共同参与者，其中教师在教学活动中起主导作用，而学生则是教学活动的主体，双方在整个教学过程中相互作用、相互影响、相互配合，形成一种良性的互动关系。双方在相互交流、相互分享的过程中建构知识。

在多层次互动中（图4-9），居于核心地位的即第一重互动主体是教师与学生之间的双向互动。教师不再是知识的提供者，而是阐明信息和帮助学生理解信息的引导者和参与者。学生不再是被动的知识接收者，而是作为课堂教学的主体，可以平等地与教师进行相互交流，可以对知识提出挑战和质疑。

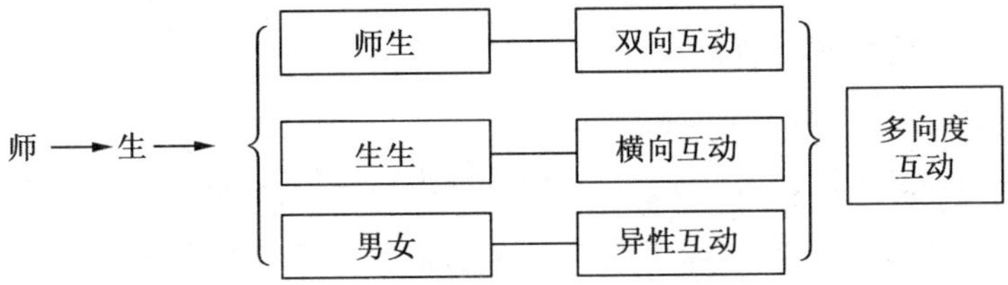

图4-9　多重互动主体间的互动模式

第二重互动主体是学生与学生之间的横向互动。由于不同的学生有着不同的家庭背景、成长经历和生活经验，因此每个学生对于认知和感受也大不相同。基于此，互动式教学模式强调学生个体与群体的相互作用，通过对话、讨论等方式促进学生之间信息的相互流通、经验的相互分享、情感的相互交流。

第三重活动主体是男生与女生之间的异性互动，这是这种互动模式强调的一点。男女生在心理、思维、行为模式等方面存在着很大的差异，在面对相同的问题时也因其经验不同而有不同的判断。因此，除了考虑学生个体间发展的差异外，还需要考虑性别差异。①

因此，在学习共同体背景下，学习管理改变了原先班主任直接管理每个学生的情况，而是由教师管全班学生到教师管学习共同体。在每个班级中，管理层级是：班主任—班级学习共同体总负责人—六个学习共同体组长—全体学生，是一层一层递进的过程。在这个新学习管理体系中，班主任有了新的任务，即与科任教师组建班级学习共同体；与班级学生一起设计座位；负责指导学习共同体活动评比工作；定期组织“两会”，即学习共同体一周一次的总结会、班级一月一次的总结会。

三、“1”种热烈活泼的教学氛围

教学方式决定着教学效果，学习共同体是现代学习方式之一，是学生合作学习、团队学习、探究学习的有效平台，借助教学流程管理来构建学习共同体的教学方式，有利于改变在课堂中教师与学生的角色，课堂中会发生更多的意外精彩。

为了进一步激发学习共同体的活力，学校定期举办学习共同体的学习经验交流。以学科节的方式展示，在组织建设、活动过程、学习经验、协作关系等方面展开交流，评选出优秀学习共同体，在竞争中实现共赢。学习共同体的应用经历了两个阶段。

2012—2015 年是第一阶段。2012 年 1 月提出并开始实践时，教师们经历了从排斥到接受的过程，与教师相反的是学生的态度，从一开始就积极参与，实际上这种方式对学生最有利，让学生有了话语权，让学生在课堂

---

① 王作亮，伏荣超. 建构乡村学校学习共同体[M]. 北京：光明日报出版社，2010：169—170.

上有了更多的声音。在开始实践的时候，选定了 3 个实验班进行尝试，取得了很好的效果。学生的问题意识增强了，提出问题的次数多了，并且思维含量更高了，更为关键的是学生学习的主动性加强了。2013—2015 年在学校所有的班级推广，所有的班级都组建学习共同体，所有的学生都参与进来，真正实现了团队合作、同伴互助，学习风气大为改观。

2016—2017 年进入第二阶段。构建学习共同体教学方式，学生与教师共同参与。学习共同体是由学习者（学生）和助学者（教师）共同组成的，以课堂教学为载体，是相互依靠、相互影响、相互促进的学习集体。它与传统教学组织的主要区别在于强调人际心理相容与沟通，在学习中发挥群体动力作用。它是由教师和学生组成的学科学术团体，教师与学生的关系即教师是学生的助学者，学生是教师的助教团，师生之间是协作学习关系。这种方式是对教师的挑战，尤其是已经形成固定教学模式的老教师，在学习共同体教学方式面前，必须接受改变。对教师的挑战体现为教学业务能力、课堂教学方式、课堂应变能力、问题解答能力，尤其是课堂上随时要接受学生提出的问题，敢不敢开放自己的课堂，是摆在教师面前的难题。每个年级先选定三个班级进行尝试，按照方案中的计划展开实践。每个班级组建六个学习共同体，制定目标，分工明确，有固定的活动时间；整理“漂流本”，主要是重点知识的梳理、经典习题推荐，六个学科的六本“漂流本”在全班进行漂流，在借鉴的基础上提出新的问题，学习共同体之间展开研讨；开展“访客”活动，班级之间、年级之间进行访问学习，实现思维的碰撞、方法的交流，收到很好的效果；举办了学科节，尤其是数学学科节最为精彩。理科试验班的袁兆明同学在数学学科节上的一节数学课得到了教师和学生的一致好评，他 2015 年高考中数学成绩 145 分，考取了北京师范大学数学系，并表示一定回母校任教。在实施学习共同体教学方式的几年里，学校的教学质量不断提高，2013 年获得市文科状元，重点率和本科率获得大幅度的提高，得到社会各界的认可。当调查中问及师生有关“参加学习共同体活动之后的感受是什么”的相关问题之后，得到如下统计结果，见图 4-10、图 4-11。

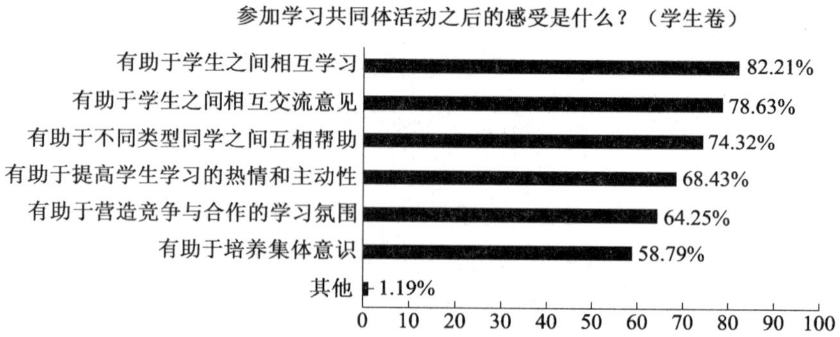

图 4-10　关于学生参加学习共同体之后的感受问卷调查统计

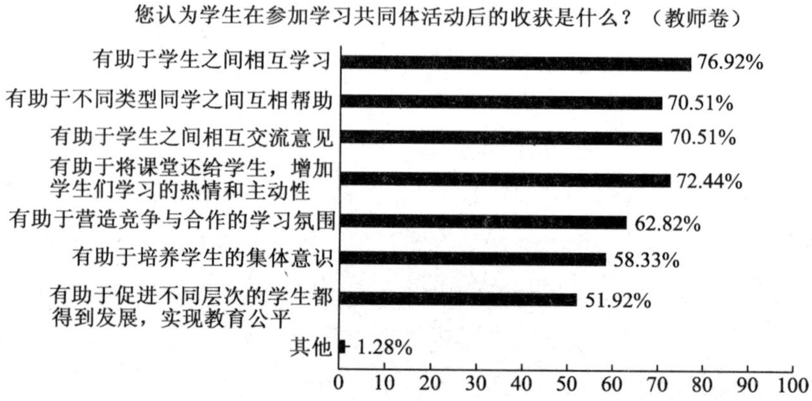

图 4-11　关于学生参加学习共同体之后的收获问卷调查统计

由以上统计结果可知，82.21%的学生认为学习共同体“有助于学生之间相互学习”，78.63%的学生认为“有助于学生之间相互交流意见”，74.32%的学生认为“有助于不同类型同学之间互相帮助”，68.43%的学生认为“有助于提高学生学习的热情和主动性”，64.25%的学生认为“有助于营造竞争与合作的学习氛围”，58.79%的学生认为“有助于培养集体意识”，极少数学生选择了“其他”。

对于教师而言，76.92%的教师同意“有助于学生之间相互学习”，70.51%的教师同意“有助于学生之间相互交流意见”，70.51%的教师同意“有助于不同类型同学之间互相帮助”，72.44%的教师同意“有助于将课堂还给学生，增加学生们学习的热情和主动性”，62.82%的教师同意“有助于营造竞争与合作的学习氛围”，

58.33%的教师同意“有助于培养学生的集体意识”，51.92%的教师同意“有助于促进不同层次的学生都得到发展，实现教育公平”，极少数教师选择了其他。

纵览师生的选择结果，可以发现，教师和学生对于学习共同体的评价都是偏向积极正面的。学生们关注的是共同体中学生之间的相互交流、相互分享，最终共同进步，可见学习中的和谐共进的氛围对于学生的发展有多么重要。学生在这种安全的氛围中进行热烈探索；教师们关注的是，学习共同体中学生的主体性和主动性的发挥、共同体的教学模式把课堂还给了学生，调动了学生主动学习的意愿和热情。在师生共同合作中，描绘出热烈活泼而又有序的学习氛围。

第四节　求真教育的教学质量保障

教育要遵循人性发展规律和师生身心发展规律，是以学生的健康成长和为社会培养有用之才为目标的师生共同的人生价值追求。追求教育自觉才能实现教育的真谛。追求教育自觉就要学生和教师的心理健康，最大限度地释放师生的幸福感，多渠道满足教师和学生的进取需求。学校在落实办学目标上进行了多年的实践探索。

一、从心理层面发掘学生潜力

人本主义学习论的健康人格观对我们教育上培养个性全面发展的人无疑具有很大的启示意义。人本主义学习论之健康人格的心理目标旨在让人生活得更有尊严、更自在、更幸福、更有价值，达到心灵的丰满、自我的完善。

人们逐渐认同了这样一个道理：社会发展的步伐越快，对人适应能力的要求越高；竞争越激烈，人的心理素质的作用越显得重要。因此，要把心理素质教育作为实施素质教育的突破口和关键任务。心理健康方面的教育可以培养良好的心理素质，提高学生的心理机能，开发学生的心理潜能，促进学生个性发展和整体素质的提高。①

孩子们在成长过程中有太多的困惑，因此学校就要在课程设置、班级活动、社会活动等方面给孩子彰显个性的机会，提供发展的平台。

马斯洛认为人类行为的心理驱力不是性本能，而是人的需要。他将人类的需要分为两大类、七个层次，由下而上依次是生理需要、安全需要、归属与爱的需要、尊重的需要、认识需要、审美需要、自我实现需要。人在满足高一层次需要之前至少必须先满足低层次需要。② 也就是说，当学生在学习上遇到问题的时候，应当先观察学生是否是基本需求没有得到满足而导致学生没有精力追求高层次需求。

学生有巨大的发展潜力。学校教育要不断开发学生的心理潜能，促进学生能力的发展，启发好奇心，发展求知欲和探索创新精神；要保持学生的心理健康，协助学生形成完善的人格，学会认识和接纳自己，使学生具有正确的自知、稳定的情绪、坚强的意志、良好的品格、积极的心态，使学生善于交往、乐于交往，掌握人际交往的准则及技巧，提高学生学习效率，让他们学会学习。只有学生具备了完善的人格、良好的心理素质，才能适应未来社会的竞争与挑战。③

齐齐哈尔中学认识到心理健康在学生成长和发展中的重要作用，引进了心脑成像技术。心脑成像技术为学生认识自己、发现自己提供了有力支持。走进学生心灵，了解孩子们深藏内心的困惑，帮助他们认识自己、发现自己，为他们拨开迷雾看到真实的自己，让他们明确自己成长的方向，表达成长的需求与渴望。学校教师开始喜欢那些足够“折腾”的学生，甚至对他们身上迸发出的创造美好生命的火花感到欣喜若狂。孩子们在智慧和心灵的新世界里看到了真实的自己。用哲学的观点探讨人生，用技术的辅助解答困惑，诉说成长需要，明确

---

① 陈学宏. 走向人本主义教育的学校管理[M]. 成都：电子科技大学出版社，2013：6.

② 陈学宏. 走向人本主义教育的学校管理[M]. 成都：电子科技大学出版社，2013：8.

③ 陈学宏. 走向人本主义教育的学校管理[M]. 成都：电子科技大学出版社，2013：7.

人生理想。从此开动了心脑发动机，成长不再有不可逾越的阻碍，自信、自在由心底发出。

孩子们在认识自己的过程中接纳不完美的自己，教师和家长只需要在孩子们的学习生活中给予足够的陪伴、支持和信任。只有这样才有利于促进学生的心理健康，发展学生的学习潜力。

当问及学生有关“学校的心理疏导教育对学生带来的影响有哪些?”的问题时，得到如图4-12的统计结果。统计结果显示，80.2%的学生认为心理疏导“有助于疏导学生的不良情绪”，79.05%的学生认为“有助于引导学生正确对待和处理挫折和烦恼”，76.15%的学生认为“有助于激发学生自尊、自强、自爱和自信的意识”，65.61%的学生认为“有助于培养学生积极的精神面貌”，58.15%的学生认为“有助于促进学生全面发展”，极个别学生选择了“其他”。

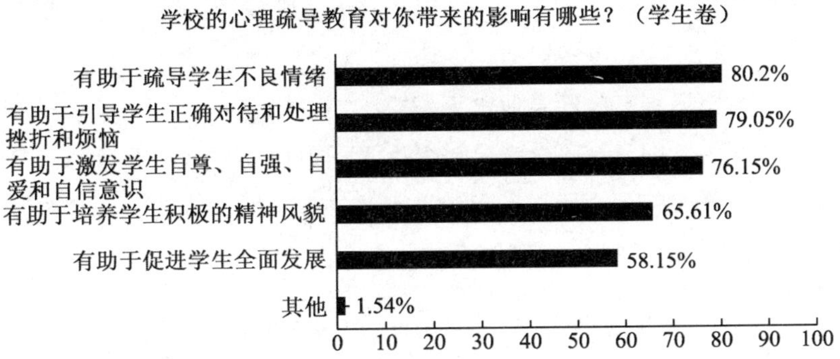

图4-12　关于学校的心理疏导教育对学生的影响问卷调查统计

针对“您认为学校开展心理健康教育对学生带来的影响有哪些?”(图4-13)，81.41%的教师认为心理健康教育“有助于疏导学生不良情绪，保持学生心理健康”，76.28%的教师认为“有助于引导学生正确对待和处理挫折与烦恼”，75%的教师认为“有助于激发学生自尊、自强、自爱和自信意识”，71.79%的教师认为“有助于培养学生积极阳光、健康向上的精神风貌，激发自身潜能”，51.92%的教师认为“有助于促进学生全面发展”，极个别学生选择了“其他”。

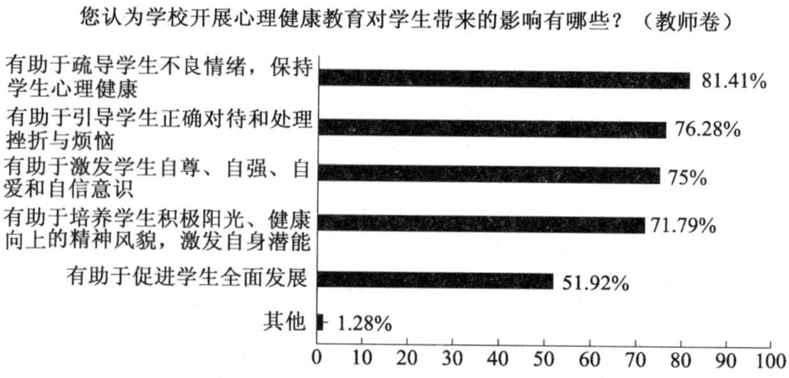

图 4-13　关于学校开展心理健康教育对学生带来的影响问卷调查统计

绝大多数教师和学生表示，心理健康教育或心理疏导对于学生的健康成长与发展是非常积极的。不良情绪的疏导有助于学生将更多的精力放在学习上，从而提高学习效率；自尊、自信、健康向上的精神风貌有助于学生树立正确的认知观念，做出正确的判断抉择。

二、多渠道提高教师专业水平

构建学习共同体，不仅意味着学生学习方式的转变，而且给教师的专业发展也带来巨大挑战。当问及学生“在学习共同体中，希望教师提供什么样的帮助?”时，得到如下统计结果，见图 4-14。

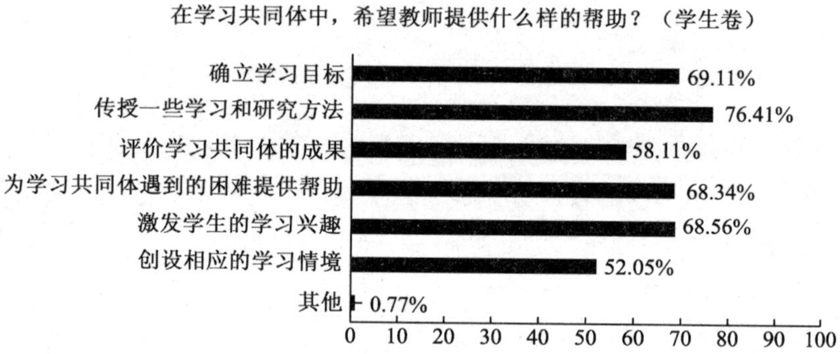

图 4-14　关于学习共同体中学生希望教师提供什么样的帮助问卷调查统计

调查结果显示，76. 41%的学生认为希望教师“传授一些学习和研究的方法”，68. 34%的学生希望“为学习共同体遇到的困难提供帮助”，68. 56%的学生希望“激发学生的学习兴趣”，69. 11%的学生希望教师“确立学习目标”，58. 11%的学生希望教师“评价学习共同体的成果”，52. 05%的学生希望“创设相应的学习情境”，极少数学生选择了“其他”。

可以发现，学生需要教师提供的帮助很少涉及纯粹知识层面的东西，更多的是希望教师能够在“方法”“兴趣”“遇到困难时的引导”等方面提供帮助。

实际上，在学习共同体教学模式之下，教师并不是知识给予者，而是一个专家型的学习者，师生之间的关系不是授受关系，而是认知学徒制中的师徒关系。在这种关系中，教师不仅指导学生学会课程中的内容知识，更应该成为某些探究活动的角色“模特儿”。如果我们把其中的学生当作学徒，那么教师就是学徒要仿效的师傅，教师通过思维和真实的实验示范科学探究，学生最好能够目睹教师的学习、发现、做研究、阅读、写作及运用计算机作为学习工具，而不只是经历教师讲授、管理、布置作业和控制课堂。

因此，随着学生学习方式的转变，教师在学习共同体中将承担与在传统课堂中不同的角色，新的角色要求教师也成为一个学习者。在知识授受的教学模式中，我们经常听到“给学生一杯水，教师要有一桶水”的说法。当我们认识到学生的知识并不是来自教师的“桶”，而是从“杯”自身所处的环境中主动建构起来、逐渐蓄积起来的时候，当承认“杯”中之水其实与“桶”中之水并不相同时，那么这种给教师“灌水”式的单一培训模式也就失去了其合理性的基础。①

这就意味着，传统的以知识为中心的教师需要发生变化才能适应时代和社会的要求。齐齐哈尔中学开拓各种渠道，丰富教师培养体系，升级教师培养方式，提高教师的专业水平，培养学习型教师，以更好地适应学校及教育的改革趋势。

第一，利用大学教育资源对教师进行专业培训，提高业务及管理水

---

① 赵健. 学习共同体的建构[M]. 上海：上海教育出版社，2008：83—84.

平。通过开展课程观摩与研讨、参加教学法培训等方式，对教师进行业务培训，促进了教师教学水平的提高。

第二，选派优秀教师出国进行业务进修和国学素养的培养。近5年来，学校领导和教师多次考察欧美教育，每年向美国、英国、加拿大选派教师进修，拓宽了国际办学视野，提高了教师整体教学水平。

第三，编写校本教材。为了弘扬国学文化，学校正在积极编写国学校本教材，邀请中国人民大学国学院院长孟宪实教授指导编写，汲取中国传统文化的精髓，激发学习者对中国文化的兴趣，了解中国文化的丰富内涵。

第四，学校高度重视对教师的人文关怀，营造良好的工作氛围。学校向全体教职工提出了快乐工作、幸福生活的目标，倡导平衡工作与生活的理念，积极开展“请你一定要幸福”教师培训系列活动。关心关注教师的思想状态和健康状况，让教师学会了解自己、发现自己。当教师遇到职业困惑甚至产生职业倦怠之时，适时适当地给教师引领和开悟，让他们释放压力、缓解疲惫，为教师提供发展动力和事业激情。

第五，在课题研究中提高专业水平。奉行“问题即课题，工作即研究，成果即发展”的课题研究指导思想，引导教师自觉地将日常教学工作中的“小问题”转化为“小课题”，做到研究内容来源于教学，研究过程植根于教学，研究成果服务于教学。

第五章　被动与主动：求真教育的教师发展

教师是人类灵魂的工程师，是人类文明的传承者，承载着传播知识、传播思想、传播真理，塑造灵魂、塑造生命、塑造新人的时代重任。竞争激烈的当今社会把人才作为发展的第一要素，而人才需要优秀的教师来培养。教师需要走专业化发展道路，从而不断提高自己的教育教学能力，夯实自己的教育教学理论，丰富自己的内涵。

第一节　求真教育教师专业的成长概况

"求真"是追求真实、追求自然，是"求善""求美"的基础，是遵循教育发展规律和人的身心发展规律，回归教育本质，通过有效的教育手段培养有真知识、真才能、真道德的"真人"的教育。① 求真教育

① 崔允漷. 指向专业发展的教师同伴互导[J]. 当代教育科学，2005（20）：5，7，19.

是尊重规律、育人为本、教人求真、学做真人的教育，是求真知、传真情、唤真心、育真人的教育。齐齐哈尔中学作为一所省级示范性高中，以“教人求真，学做真人”为校训，多年来踏踏实实办教育，让学生们在活动中探求真、善、美，在学习中收获合作与拼搏。以陶行知的教育理念“千教万教，教人求真；千学万学，学做真人”为引领，齐齐哈尔中学一定会培养出越来越多的优秀学子。齐齐哈尔中学把建设高素质的师资队伍作为学校发展的原动力，把教师队伍建设作为战略任务来抓，在“铸师魂，扬师德，练师能”上做文章。

一、学校教师专业发展现状

教师是履行教育教学职责的专业人员，承担着教书育人、培养社会主义事业建设者和接班人、提高民族素质的使命。不断发展的新时代对教师的要求越来越高，教师走专业化发展道路是社会发展的必然趋势。

齐齐哈尔中学是一所师资力量雄厚的高中。齐齐哈尔中学高度重视学校教师队伍建设，十分注重教师培养，激励教师的教学热情，激发教师职业神圣责任：从思想深处关心教师，从职业发展激励教师；在业务常规上，侧重规范；在学习培训上，立足长远，做到培训有目标、有专题，实现提升理念、开阔视野、解决问题、促进工作的目的。

调查结果显示（图 5-1），齐齐哈尔中学受访教师中，有 80.13%的教师认为教师专业发展“很重要”，18.59%的教师认为“重要”，所以可以说大多数齐齐哈尔中学的教师对教师专业发展的重要性是十分肯定的。

学校现有 45 个教学班、2356 名在校生、189 名教职工（其中编内 171 人，编外 18 人），20%的教师为研究生以上学历。学校有特级教师 1 人、高级教师 60 人、省级骨干教师 10 人、市级骨干教师 28 人、市级学科带头人 8 人、市级教学名师 4 人，有 7 名教师被齐齐哈尔大学聘为专业学位硕士研究生行业兼职导师。

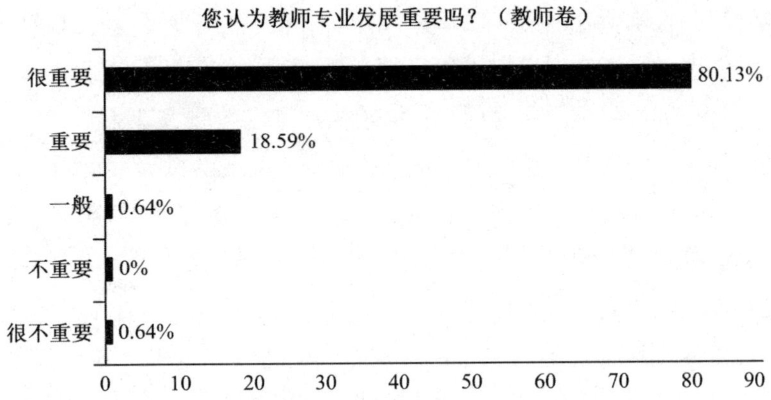

图 5-1　关于教师专业发展是否重要的问卷调查统计

本次填写问卷的有 156 位教师，有效问卷 156 份。所填问卷包含了学校校级领导、处室主任、年级组长、教研组长、备课组长、班主任、普通教师等学校各类型教育工作者，从横向学科来看，包含学校各门学科类型的老师。从图 5-2 发现，被调查的 156 名教师中，本科及以上学历达到 100%，值得一提的是硕士学历的教师占到 16. 67%。教师的高学历使得求真教育更能得到切实的实施。

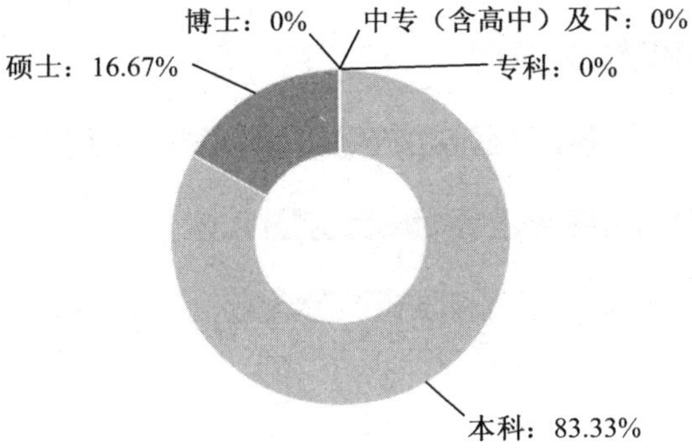

图 5-2　学校教师的学历情况（教师卷）

二、学校教师专业成长概况

学校要发展，教师队伍建设是关键。没有教师的发展，学校的发展就成了无源之水，失去了有形的支撑。因此，优秀的教师队伍是学校可持续发展的根本所在。多年来，齐齐哈尔中学立足实际，以校本教研为依托，以课堂教学为重点，以提高教育教学质量为目标，大胆实践，积极探索，在落实常规教研的同时，精心构建了以教研磨课为基础、以同伴互助为核心、以专业引领为保证的教师专业发展模式。

一所普通学校如何从平凡走向优质，进而缔造自己的独特品牌？一所薄弱学校如何在困境中突围，进而走出一条崛起之路？毫无疑问，关键是教师队伍建设。只有培养一支高素质的教师队伍，才能让“学生第一”在校园里真实发生，才能让每一位学生的核心素养得到真正发展。教师的成长关键性一环是让教师能够获得相应的自我充实，从而能够真正地获得专业成长。齐齐哈尔中学教师的专业发展概况如何呢？

由图 5-3 可见，齐齐哈尔中学教师中，任教年限 1—5 年的教师占 3. 85%，6—10 年占 7. 05%，11—15 年占 35. 9%，16—20 年占 21. 15%，20 年以上的教师占 32. 05%。由此可以看出，齐齐哈尔中学有经验的老师占比较大。从老教师带新教师的层面来说，这种形式能够让新教师学习到相应的经验，提高自己的教育教学水平。

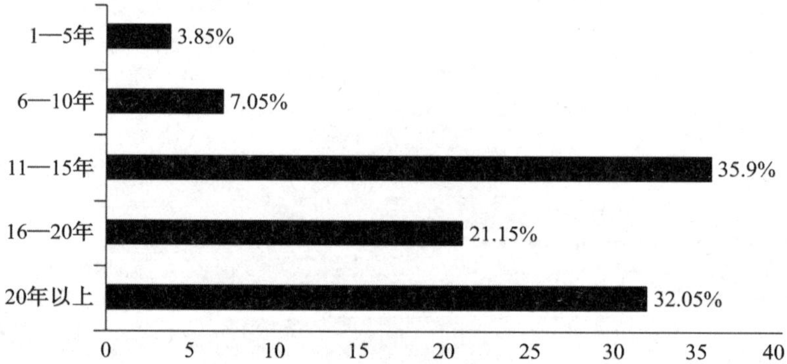

图 5-3 教师的任教年限（教师卷）

教师的专业成长离不开学校这块土壤，教师专业发展的动力可以源于教师的内部动力，也可以源于教师的外部动力。内部动力是指教师基于个人需要而产生发展欲望的一种内部唤醒；外部动力是指各级教育教学部门通过不同形式的教学活动及激励机制，促使教师进行专业发展的外部力量。①

从图 5-4 可以发现，齐齐哈尔中学教师专业发展的动力大多源于内部唤醒，有 62.82%的教师认为是“个人发展需要”，仅有 1.93%认为由“校长精神召唤”。因此，对于促进教师发展的动力而言，我们要更多着重于教师内在动力的激发。

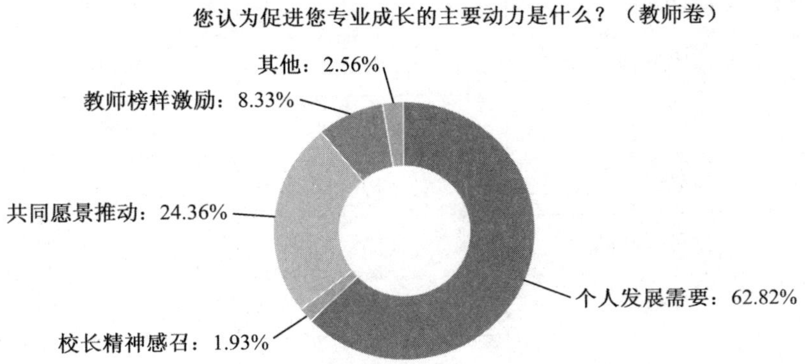

图 5-4　关于教师专业成长的主要动力问卷调查统计

第二节　求真教育教师专业发展途径

教师不仅是知识的传播者，还是学生学习的引导者、参与者、帮助者及学生思想的启迪者。这就需要教师必须主动加强专业发展，掌握比较系统、全面、先进的教育科学知识，增强专业自信，从而在纷繁复杂的教育教学活动中解决和处理教育教学过程中所遇到的问题。那么，教师专业发展可以通过哪些途径来实现呢？

从表 5-1 对齐齐哈尔中学教师的调查结果来看，教师们认为教师专业发展的途径有“自我实践与反思”“专家引领”“同伴互助”“校本培训”“学历进修”“师徒结对”“教育科研活动”“其他”。其中，“自我实践与反思”所占比重最大，达到了 78.85%。

① 沈玉红. 教师专业发展的动力分析与激励措施[J]. 江苏教育，2017（22）：25—29.

表 5-1 教师专业发展途径问卷调查统计（教师卷）

发展途径	所选人数	所占百分比
自我实践与反思	123	78.85%
专家引领	115	73.72%
同伴互助	100	64.1%
校本培训	85	54.49%
学历进修	81	51.92%
师徒结对	60	38.46%
教育科研活动	86	55.13%
其他	2	1.28%
有效填写人次	156	

一、教师专业成长的有效途径

关于教师专业发展的组织形式，从人数上看可分为二人合作和小组合作，从人员组成上看可以是同学科的教师，也可以跨学科、跨年级、跨校区。教师专业发展可以是教师自发型，也可以是学校组织型。活动方式主要有三种：对话、协作和帮助。具体开展情况如下。

（一）课例引导模式

教学是教师的主要工作，上课是教师的常态。“集体备课—听课—评课”这一模式把研究课标、研究教材、研究学生、研究教法和学法、相互观摩教学、反思研讨有机结合在一起，是提高教师整体素质、提高课堂教学效率的有效途径。同时，其操作性、直观性、可借鉴性强，深受广大学校教师的欢迎。

1. 集体备课

集体备课将教师的个体创造性置于群体之中，变静止封闭为互动交流，通过集思广益、扬长避短、信息共享等帮助教师达到共同提高的目的，是一条事半功倍地提高教师理论水平、教学水平、科研水平的合作路径。集体备课一般采用“个人初备→集体研讨→修正个案”的方式，首先由教师个人自主进行某课时的教学设计，然后以说课的形式在备课组内汇报，接下来教师们在个人备课的基础上就教学目标、重难点、教学内容、教学过程、教学方式、练习题等内容进行讨论，各抒己见，集思广益，达成比较一致的意见，形成更完善的教学设计。最后，各教师在这一教学设计的基础上，结合本班学情及个人教学风格，形成一份优秀的教学设计。为使教师能充分驾驭教材，对教学胸有成竹，必须超课时备课，集体备课将为课堂教学的成功奠定基础。集体备课之后，由一人或多人授课，备课组的成员要进行跟踪听课，课后进行交流，对教师的教学进行反馈，肯定授课教师的优点，委婉地指出教学中存在的不足，并提出相应的改进建议，然后授课教师再次修改教案，二次授课。听课是一项授课者与听课者双方受益的活动，授课者能有机会改进教学方式、提高教学质量、优化课堂管理，对听课者来说，既可以汲取众人之长为己所用而提高业务能力，又可以发现他人的不足之处，以便在教学中有效避免。这一过程使每个教师都获得了单独研究所得不到的东西，教师们在互补共生中成长、在合作互动中发展。

2. 听评课

听评课是一种有效的专业发展方式。从组织类型来看，有同学科教师参与式、跨学科教师参与式、师徒结对式、教师自由结对式。从课例类型来看，有一人同课多轮、多人同课循环、多人同课异构和多人异课异构。一人同课多轮指同一位教师围绕同一课题，用不同的教学设计连续上两次或多次研究课，进行比较研究。一人同课多轮可以较为清晰地观察到教师课堂教学行为的改进，对执教者本人的专业成长非常有利，但这种方式难以普及到每位教师，因为在通常情况下很难保证有足够的时间和精力对同一位教师进行持续跟踪听课。多人同课循环指几位教师围绕同一主题，针对同一内容，不断改进教学设计，依次上两次或多次研究课。在确定教学内容后，互助组共同讨论备课，由小组成员依次执教，组员一起听评课、一起反思修改，逐步提炼出具有典型意义、推广价值的典型课例、精品课例。多人同课循环可以带动大批教师参与研究课，有助于教师之间的经验分享，这种方式对青年教师的培养尤其有利。多人同课异构指几位教师围绕同一主题，针对同一内容，用不同的教学设计，分别上一轮或多轮研究课，使课例不断得以完善，教师的认识不断得以深化。多人异课异构指几位教师围绕同一主题，针对不同内容，用不同的教学设计，分别上一轮或多轮研究课。多人异课异构与多人同课异构相比更为宽松，参与研究的教师可以按照自己的意愿选择教学内容，这有利于教师教学方法与经验的相互借鉴。

从听课目的来看，有指导型听课、学习型听课和研究型听课。指导型听课通常是学科领域的专家或经验丰富的教师来观察课堂，以帮助执教者提高课堂教学水平而进行的听课。其目的在于发现课堂教学问题，帮助指导教师改进教学方法。学习型听课包括两种：一种是课题研究汇报课，意在推广研究成果；另一种是名师示范课，意在向新手教师展示问题解决的过程。研究型听课是为了发现、研究有关教育教学问题而进行的听课，从实施过程来看，分七步：① 确立主题；② 成立互助组；③ 专业发展听课的培训；④ 听课前准备；⑤ 课堂听课；⑥ 课后研讨会；⑦ 形成案例。美国教学视导与课程开发协会将整个教学观察分为三个步骤：观察前会议、课堂观察和观察后会议。观察前会议目的是培养教师间的信任关系，确定观察目的与规划。课堂观察即听课教师在课堂教学过程中运用事先决定的观察工具对所需要的信息进行记录。观察后会议是听课教师对授课教师的课堂教学进行反馈，并运用良好的发问技巧帮助授课教师进行反思，共同生成改进建议的过程。如果没有共同的教学准备，教师很难进行有效的课堂观察以及课后进行深入反思。另外，只关注观察和反馈可能会削弱教师之间的合作。因此，在听评课活动中，观察前会议、课堂观察和观察后会议这三个环节缺一不可。

课堂教学是教师的主要工作，教学水平的高低可以反映出教师的业务能力的强弱，也直接影响学生的学习成绩，因此课堂教学是教师最为关注的事情。《新课程标准》在“课程的基本理念”中提出了“学生是学习和发展的主体”。学科教学必须根据学生身心发展情况，关注学生的个体差异，爱护学生的好奇心、求知欲，充分激发学生的主动意识和进取精神，倡导自主、合作、探究的学习方式。

我们当前课堂教学缺乏活力，主要表现为：学生思维不活，语言不活，缺乏独特的想象力，缺乏创新意识和创新精神。学生的学围绕教师的教转，教师的教代替学生的学，学生听得多，独立思考、自我表现机会少，兴趣低，学生学得被动，缺乏主动参与意识，缺乏自主、合作学习的实践活动。社会发展需要合作意识，未来社会越来越注重个人能否与他人协作共事、能否有效地表达自己的见解、能否概括与吸收他人的意见等。因此，培养学生团结、协调的群体合作精神显得尤为重要。

班级授课制这种教学组织形式在潜移默化中造成了教师之间的隔绝，教师不清楚其他教师的课堂教学，自己在教学上的不足也难以被发现，教师往往在试误中成长，面临着职业孤独。而听评课活动的开展使得教师敞开教学大门，为教师相互学习提供了机会，是提高教师教学能力的有效途径。

听评课是一种重要的教师专业发展形式，为了促进教师之间相互学习、共同进步，齐齐哈尔中学建立了轮教制度。要求教师每学期至少要上一节公开课，由学科教研组长排表轮流上课，组内其他教师必须参与听评课，目前听评课已成为各学科教研组的重要活动。为了提高听评课的实效性，促进不同发展阶段的教师专业成长，齐齐哈尔中学在轮教中分别安排了新手教师摸底课、青年教师成长课和首席教师示范课。这三种课型的目的不同，开展情况也不相同，表 5-2 根据实地观察及访谈情况将这三种课型做了比较。

表 5-2 摸底课、成长课和示范课之比较

课　型	听课目的
新手教师摸底课	指导型的听课：听课教师主要为学科教研组长，其目的在于发现新手教师（入职三年内）的课堂教学问题，指导教师改进教学方法。
青年教师成长课	研究型的听课：听课教师为同学科、同学段、同年级的教师，听课者即研究者，以授课者其课堂教学行为为研究对象。其目的在于发现、研究有关教育教学问题，经过商讨，获得改进课堂教学和学生管理方面的更为有效的策略。
首席教师示范课	学习型的听课：市教研员莅临指导，同学科教师全部参与听评课。其目的在于为普通教师做良好的教学示范，或通过课例的形式推广教学研究的成果。

在教研活动中，这三种课型的听评课活动安排不同。新手教师摸底课安排在学期初期，且安排过于紧凑，三位新手教师连上三节课，再集中点评，听课教师极易产生遗忘和疲劳，难以做出有针对性的指导。青年教师成长课安排在学期中期，安排较为合理，每次有一位或两位教师上公开课，课后有另一位教师进行本单元及本课的教材分析，然后教师们针对授课者的课堂教学行为进行点评，获得改进课堂教学的有效策略，起到以点带面的作用，促使教师不断提高教学水平。首席教师示范课随教研员的时间而定，各学科教研员平均每学期来齐齐哈尔中学做两次指导。此类课是经过教师精心准备的，深受教师们的欢迎，既为授课者提供了锻炼的机会、展示的平台，也满足了听课教师的需求，各有收获。

在听课前，年级教研组长会通知组内教师公开课的时间、地点，有时告知授课者及课题，有时不通知。齐齐哈尔中学的教师在听课前没有举行观察前会议的意识，许多教师到了听课现场才知道公开课的授课者及执教课题。在听课中，齐齐哈尔中学教师的课堂观察工具单一，通常情况下教师只使用听课记录本进行课堂实录，且该记录本作为教师考核的依据。齐齐哈尔中学要求 35 岁以下的教师每学期最少听 25 节课，35 岁及以上的教师每学期最少听 20 节课，教研组长定期检查听课记录本。

听课记录本的内容如表 5-3。

表 5-3　听课记录表

<table>
<tr><td>学校</td><td></td><td>教师</td><td></td><td>班级</td><td></td><td></td><td>行为效果随议</td></tr>
<tr><td>科目</td><td></td><td>课题</td><td colspan="4"></td><td rowspan="2"></td></tr>
<tr><td colspan="7">教学流程与效果观察（主要环节）</td></tr>
<tr><td colspan="3">教师行为</td><td colspan="3">学生行为</td><td colspan="2"></td></tr>
<tr><td colspan="3"></td><td colspan="3"></td><td colspan="2"></td></tr>
<tr><td colspan="3">观课后议</td><td colspan="5">观课、议课时请您关注</td></tr>
<tr><td colspan="3" rowspan="8">2 条优点：</td><td colspan="3">教师行为 ABC</td><td colspan="2">学生行为 ABC</td></tr>
<tr><td colspan="2">激发兴趣</td><td></td><td>参与状态</td><td></td></tr>
<tr><td colspan="2">达标意识</td><td></td><td>参与广度</td><td></td></tr>
<tr><td colspan="2">引导体验</td><td></td><td>有效思维</td><td></td></tr>
<tr><td colspan="2">评价反馈</td><td></td><td></td><td></td></tr>
<tr><td colspan="2">讲授指导</td><td></td><td></td><td></td></tr>
<tr><td colspan="5">师生关系 ABC</td></tr>
<tr><td colspan="4">民主、和谐、愉悦</td><td></td></tr>
</table>

分析以上表格可知，教师在听课时主要记录四大内容：第一，教学流程，包括课堂上的教师行为和学生行为；第二，行为效果随议，能够对教师和学生的行为发表自己的意见并及时记录；第三，观课后议，能够对授课教师的课做出点评，包括两条优点和两点不足，并提出改进意见；第四，等级评价，从激发兴趣、达标意识、引导体验、评价反馈和讲授指导这五个方面对教师行为做出评价，从参与状态、参与广度、有效思维、合作效果和目标达成五个方面对学生行为做出评价，A 为最高等级。听课后，教研组长会及时组织听课教师进行评课，以授课者及其课堂教学行为为研究对象，以听课中搜集到的资料为依据，展开研讨，旨在探讨有效的教学策略及课堂管理方式，帮助授课教师改善教学行为。齐齐哈尔中学教师采取“2+2”的反馈方式，即每位教师针对授课者的课堂教学提出两条优点和两点不足，并提出自己的建议。评课是对

教师的课堂教学抽丝剥茧、层层分析而帮助教师进行反思的一个过程，对教师的专业成长意义重大。

（二）课题推动模式

随着校本教研的开展，教学研究的重心下移，教师即研究者，教师要以教育实践中遇到的问题为中心开展课题研究，研究成果服务教学实践。课题研究可以由一位教师独立完成，也可以由小组合作完成。由于教育具有复杂性，且学校教师的理论水平与时间有限，做好一项课题往往需要凝聚集体智慧，依靠集体的力量。课题研究是教师专业发展的重要形式之一，开展课题研究不仅可以有效提升教师的教育理论水平，还能增强教师的合作意识，有利于把教师团队建成一个学习型组织。以小组形式开展课题研究，需要遵循一定的程序。可以先组建课题组，再确定研究课题，也可以以课题为引领，招募课题组成员，接下来便是确立课题及任务划分，开展团队教研活动，通过实践检验解决策略，修正模式并推广应用。

1. 成立课题组

课题组成立的过程也就是教师团队建立的过程，教师团队的建立既可以是教师自发的，也可以是学校行政组织的。在小组课题研究中，既可以先确定课题，也可以先组建课题小组。自发型的教师团队一般是基于共同问题或特定任务，由个别教师倡议，其他教师自愿参加的形式组成。学校行政组织的教师团队通常以学校现阶段面临的问题为中心，招募教师自愿参加。从团队的规模来看，以 5—7 人最为适宜，最多不能超过 12 人，这样的团队能保证每位教师都充分发表自己的意见，容易形成融洽的氛围和热烈的讨论。从多元智能角度来看，异质团队更能收到良好的效果。异质团队由不同学科和不同年级的教师组成。

2. 确立课题及任务划分

教师可以针对当前教育实践中遇到的问题提出互助的需求，然后在和小组成员商议的过程中确定大家的共同话题、确立课题。也可以由教研员或教育专家确立课题，教师从中选择符合自身需求的课题开展教学研究。接下来便是在大课题下建立子课题，划分任务。由于教师的性格、知识结构和能力存在差异，教师的角色及所承担的任务也会不同。例如，由组织能力强的教师扮演组织者的角色，教学技巧好的教师进行示范教学，反思及撰写能力强的教师进行研究成果汇报。

3. 开展团队教研活动

教师间开展团队教研活动的过程就是教师在各自研究的基础上集中研讨，分享各自的想法，在交流中互补，并商讨下一步的做法，逐步完成课题的过程。在研讨的过程中，教师需要思考如下问题：资料的搜集与使用、教学策略与实施及评价。

4. 通过实践检验解决策略

课题研究本是为了服务教学实践，在此阶段中，教师要将课题研究的成果付诸实践，通过实践来检验合作互助探寻出的解决问题的办法是否有效。

（三）互动交流模式

教师专业发展要求教师开放自己。互动交流模式可分为三种类型：一是专题讲座，二是深度会谈，三是师徒结对。具体开展情况如下。

1. 专题讲座

学校举办专题讲座，一方面是为了提高教师的业务能力，另一方面是为了提高教师的师德师风、增强职业认同感。专题讲座的主讲人既可以是教育专家，也可以是本校的学科带头人，还可以是普通教师。从讲座内容来看，可以是教育专家就全新的教育理念、课程理论、教学技术等进行理论解读，也可以是本校的学科带头人针对教学常规对全体教师进行业务辅导，还可以由骨干教师分享自身多年的教学经验，以此来鼓励、帮助年轻教师。一些教师参加了国家级、省市区各级各类培训后，将所学习到的知识内化，融入自己的理解，并与全校教师共同分享。通过专业发展，教师可以从同伴身上不断获取信息，借鉴和吸收他人的经验，少走弯路，不仅能防止和克服教师各自为战和孤立无助的现象，还有助于形成相互支持、相互促进的合作性教师文化，为教师专业发展提供一个良好的环境。

2. 深度会谈

深度会谈是教师们在一起围绕某个问题畅所欲言，提出各自的意见和看法。在对话中，大家互相丰富着彼此的思想，深化了对问题的认识，同时获得了单独学习所得不到的东西。有效对话的关键在于教师间要有非常信任的人际关系，愿意坦诚相待，只有这样才能真诚地发表意见，产生思维的碰撞。自由、开放、发散的氛围会诱使教师将内心深处甚至连自己都未意识到的看法、思想和智慧展现出来，教师在交流互动中会生成很多有价值的新见解。深度会谈可以渗透到教师每一天的教学研究、交流讨论中。深度会谈更加强调安全的心理氛围，参与人数不宜过多，教师可以与所信任的教师组成小组一起交流教学和学生的学习情况，深入探讨，共同提高。

3. 师徒结对

师徒结对是教师专业发展的常见形式。师傅的教学经验丰富，徒弟一般是新任教师，两者形成帮扶关系，师傅起传、帮、带的作用，帮助新任教师尽快进入教师角色。为保证两者形成稳定的帮扶关系，通常师傅和徒弟会签订师徒结对协议。徒弟和师傅要相互观察彼此的课堂，一方面徒弟学习师傅成功的教学经验，另一方面师傅及时了解徒弟的不足，给予有针对性的指导。师徒二人还可以一起做课题研究，共同解决当前教学中遇到的问题。除了相互观察教学和一起做课题研究，师徒二人还可以经常性地进行深度会谈，师傅要了解徒弟的发展现状和目前遇到的困难，做心理上的辅导，帮助年轻教师做好职业发展规划。要想形成稳定的合作关系，合作双方必须都真诚付出且双双受益。因此，徒弟不能只想着索取，更要主动地贡献自己的智慧，帮助师傅适应新课改的浪潮。在这个过程中，师徒二人各展其长，优势互补，共同成长。

我任教的第一届学生中有一个班级是国际班，这些孩子以后多数会选择出国，他们的中考成绩不尽如人意，从小没有养成良好的行为习惯，所以学习习惯着实令人头疼。我和他们的年龄相仿，即便在课堂上我故作老练，但我还是不能通过“威严”去“镇压”他们。索性我就只顾讲好我的课，本以为能让他们老实地坐在课堂上，但时间长了，有些孩子开始坐不住了，他们做着自己想做的事情，置课堂纪律于不顾。我试着去和他们谈话，但苦于找不到话题作为切入点，谈话的效果总不尽如人意。由于班主任出差，我作为代理班主任临时管理班级，刚好又赶上了学校运动会，需要班级自己提供帐篷、凳子、锣鼓等物品，难题又一次摆在我面前：上哪去弄呢？当我在班级宣布完此事的时候，那些曾经被我视为“眼中钉肉中刺”的同学们主动说能解决此事，在安装帐篷的时候他们的合作意识和在运动赛场上顽强拼搏的样子使我全然忘记了他们在课堂上的表现，让我不得不重新去看待他们。但对于高中生来说，成绩也许还是衡量他们的一个重要标准。第一次期中考试结束之后，国际班的成绩并没有出乎我的意料——全校最后一名，试卷讲评课在我的数落声中结束。事后，班级最调皮的孩子来办公室找我，说他们还是很喜欢我的，喜欢我的原因不是我的知识有多么渊博，而是在我的言语中他们体会到了更多的尊重，叫我别生气，虽然课堂上他们很调皮，但不是故意要气我，他们也想学好，但自小养成的行为习惯不受控制。他们刚开始听不懂就不愿意听，越是不愿意听就越听不懂，所以就恶性循环。我想我错了，是我过分看中成绩，过分地把成绩好与坏作为优生与差生的分类标准，而忽略了学生内心的感受。

——吴丹：《关于求真教育的感悟》

新手教师面对课堂环境的复杂性和不确定性时容易产生挫败感，期盼获得实用的教学技能，以便在新环境中求得生存。年轻教师虽然教学经验不足，但他们积极进取，乐于接受新思想，易于掌握新的教育技术。年轻教师可为教师队伍注入活力，帮助老教师与时俱进。为了加强教师队伍建设，促进教师的可持续发展，齐齐哈尔中学实行师徒结对制度，为每年新入职的教师安排师傅。在有经验的教师带领下，吴丹老师已经体会到“教育是一个过程，欲速则不达”。

由于教师的学科专长和教学经验不同，教师的备课水平存在差异，所以通过集体备课，教师们可以集思广益、博采众长：一方面，有助于备出优质课；另一方面，可以提高教师的备课能力，促进自身专业发展。

齐齐哈尔中学所在区域的教育局对集体备课做出如下规定：

> 所有义务教育阶段学校建立集体备课制度，以各学科（包括全部学科）、各年级教研组（学科组）为单位，针对教材中的课题，开展集体备课活动。建议有条件的学校每个单元都集体备课，在各单元中挑选一课（一节）进行集体备课。教研室要求每学期各学科至少有两次集体备课活动记录，并能在教师个人的教学设计本中体现，学校可根据实际情况安排集体备课的次数、时间。集体备课要素包括：学科核心素养与课标分析，教材分析，学情分析，教学目标，教学重难点，主要教学活动（以问题形式呈现），可参考的、具有典型性的教学资源。
>
> 集体备课中，学科年级教研组（学科组）就集体备课要素达成共识，完成集体备课模板的填写（集体备课模板可作为教学设计首页）。集体备课实施学科年级组长（学科组长）负责制，保证集体备课的质量，集体备课模板由学科年级组长（学科组长）签字。

通过分析以上规定可以看出，齐齐哈尔中学所在区域的教育局对集体备课做出了详细的规定。从集体备课的次数来看，教育局要求每学期各学科至少举行两次集体备课活动。集体备课的内容包括学科核心素养与课标分析、教材分析、学情分析、教学目标、教学重难点、主要教学活动、教学资源。从集体备课的管理来看，实行学科年级组长负责制，备课组内成员要就集体备课要素达成共识。

齐齐哈尔中学每学期初会根据教育局的要求组织教师进行集体备课、合作编写教案本，教案本包括集体备课模板和个人备课模板两部分。但在日常的教研活动中很少针对具体的教学内容进行集体备课。齐齐哈尔中学集体备课的过程如下：首先，同学科、同年级的教师组成备课组，各学科教研组长根据课时量及组内教师人数进行分工，每位教师负责一定课时的备课任务。其次，教师使用统一的教案模板（包括集体备课模板和个人备课模板）编制电子教案，集体备课模板包括每单元的教学设计（表 5-4）和课时教学设计（表 5-5）。最后，备课组长将每位教师编制的电子教案汇总起来，交给本学科的教研组长，教研组长负责打印教案并装订成册，然后下发至教师手中。教师在日后的工作中根据教学进度继续完善个人备课模板，各学科教研组长定期检查。

表 5-4　单元教学设计

学科		年级		备课时间	
单元名称					
学科核心素养与课标分析					
单元教材分析					
单元目标					
单元课时安排					
参与人					
组长签字					

表 5-5　课时教学设计

学科		年级		备课时间	
单元名称					
课题名称					
学科核心素养与课标分析					
教材分析					
学情分析					
教学目标					
教学重难点					
主要教学活动					
教学资源					
组长签字					

二、教师专业成长的有效载体

（一）读书交流会

作为信息共享的一种方式，读书交流会可以开阔教师的视野、丰富教师的知识结构，是教师专业发展的一种重要形式。以参与对象为依据进行划分，齐齐哈尔中学的读书交流会可分为两种：全校型的读书汇报、在学科教研组内开展的读书交流。

1. 全校型的读书汇报会

齐齐哈尔中学非常重视教师理论水平的提升，暑假和寒假期间为教师指定阅读书目，同学科教师读一本书，要求写十篇读书笔记，开学后遴选各学科内的优秀小组，面向全体教师进行读书汇报。从笔者现场观察来看，该读书汇报会的形式丰富，有演讲，有角色扮演，有情境再现，通过生动活泼的形式传递着教育思想，汇报着读书心得，沁润着教师的心灵。在日常工作中，齐齐哈尔中学利用学生的午读课时间（40 分钟）将教师集中在图书馆开读书交流会，每周三为语文教师集中读书时间，其余时间内其他学科的教师全部集中在图书馆或会议室进行读书交流。在读书交流会上，以办公室为单位进行读书汇报，分享书目不指定，由教师自主选择，同办公室的教师分工合作，共同完成汇报任务。

2. 学科教研组内的读书交流会

在日常教研活动中，教研组长安排了以“共读交流”为主题的教研活动，每两周举行一次，分校区进行，要求同学科的教师参加。在2018—2019 年度第一学期，齐齐哈尔中学要求教师们以学科教研组为单位共同解读本学科的新课程标准。在读书交流会前，教研组长会统筹安排每次读书交流会的主讲人，每次安排三名教师，活动时间为 40 分钟至1 个小时。在读书交流会上，首先由主讲人分享自己阅读《新课程标准》后的所思所悟，然后其他教师针对主讲教师分享的内容进行补充、交流与探讨。但是，在读书交流会上，以主讲人汇报为主，汇报后教师们很少进行交流与探讨。

另外，齐齐哈尔中学只有语文、数学教研组在日常教研中安排“共读交流”活动。其他学科虽有同样的要求，但教师们实际并没有开展此活动，只需在个人教研笔记里补写几篇有关《新课程标准》的内容。可见，其他学科的共读交流活动“徒有虚名”。

（二）业务培训会

教研组具有组织教师进行学习、提高其业务能力的任务。业务培训会为教师搭建了展示的平台，促进了教师个人知识的流动，发挥了骨干教师的引领作用，同时使更多的教师受益，是一种非常有意义的教师专业发展活动。在齐齐哈尔中学的业务培训会上，培训讲师的来源主要有两种：一种是校外名师，包括教研员、教育专家、一线名师等；另一种是本校的教师。在本研究中，主要由本校教师开展业务培训活动。针对培训内容进行划分，形成常规的有以下几种。

1. 教学设计培训会

每年 9 月份开学前，齐齐哈尔中学会组织教师进行为期三天的集中培训，有面向全体教师的师德师风培训，也有以学科教研组为单位展开的针对教学设计的培训，且各学科教研组都开展此类活动。

2. 班主任工作交流会

在求真教育思想的指导下，学校更加明确了人才培养目标，坚持以学生发展为本，以厚德励志为先，追求卓越，崇尚创新，为学生的一生幸福奠定坚实基础。班主任的工作也在此思想的基础上进行。

2018 年 4 月 27 日，齐齐哈尔中学班主任工作室正式成立，隶属政教处。该工作室是针对工作未满六年的年轻班主任（全部为语文教师），通过经验丰富且成绩优异的班主任传、帮、带作用，促进年轻班主任的个人成长。该工作室每学期组织三次专题讲座，开讲座前首先确定本次活动的中心发言人；其次，搜集年轻班主任们在日常工作中遇到的难题；最后，主讲教师以这些问题为依据准备主讲内容，并在交流会上进行现场答疑解惑。主讲教师一般为教学经验丰富、班级管理能力强、深受学生喜爱的优秀班主任，或者是经历挫折、凭借自身努力刚成长起来、积累了一定经验的年轻班主任。通过分析班主任工作室的三次活动记录发现，年轻教师在班主任工作中遇到的问题主要有两大类：一是学生管理，二是家校沟通。主讲教师也主要从这两方面入手，结合自身案例开展专题讲座，分享自己的班主任工作经验。

3. 二次培训

齐齐哈尔中学在每学期都会遴选各科优秀教师外出参加培训，培训归来后以学科教研组或学段教研组为单位开展二次培训。外出参加培训的教师要将在培训中所学到的新知识分享给其他教师，促进知识的流动与共享。教学设计培训会为新手教师如何备课指明了方向，强调教学方面的引导；班主任工作交流会为语文教师搭建了交流平台，着重管理方面的帮助；二次培训为教师带来了最新的教育理念，利于理论层面的提升。三者相得益彰，互为补充，推进了教师间的专业发展，促进了教师专业水平的提升。

4. 课题研究的开展

教师如果只是停留在知识的传递上，充其量只能是一个教书匠，教师要从过去的实践型、经验型教师向研究型、专家型教师发展。

在课题研究过程中，课题组成员通过培训、交流与考察，对该课题的意义和研究思路进行了深入的学习，并制定了“调研诊断—发现问题—提出对策—设计作业—实施方案—技术修正—方案再实施—技术再修正—总结提炼”的研究路径。笔者先以图示的形式呈现其运作过程（见图 5-5），再运用文字进行阐述。

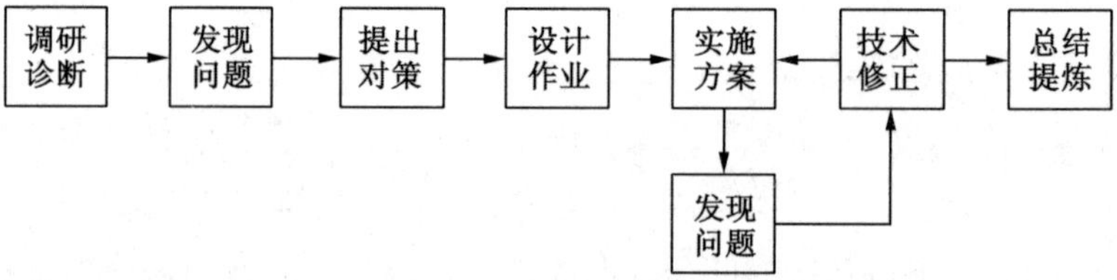

图 5-5　研究路径

（1）调研诊断，发现问题

首先，设计了解当前学生作业现状的调查问卷，并分发、回收问卷；其次，统计问卷调查情况，并结合作业分析、与一线教师座谈等方法，了解当前学生的作业现状；最后，在调研诊断的基础上，明确提出当前学校各学科作业设计中存在的问题，找出作业中存在的主要矛盾。

（2）提出对策，设计作业

在聚焦作业主要问题的基础上，积极开展研讨与交流，把握作业类型及学生对作业的需求、兴趣，探讨影响学生作业效率的因素，探索独特的作业设计的原则、方法和策略。然后，根据所探索出的作业设计指导策略，组织各学科教师积极开展作业设计研究，设计出符合学校各学段学生特点和具有学科特色的作业体系。

（3）“实施方案—发现问题—技术修正”的多轮循环

把设计好的作业运用到实践中，通过听课、评课、测试、访谈等方式，及时了解课题实施过程中存在的共性问题，分析原因，并探讨解决问题的办法，不断优化“实施方案—发现问题—技术修正”的多轮循环。

（4）总结提炼

在反复实践的基础上，全面总结、梳理、提炼整个探索与实践的过程、方法及效果，撰写研究报告，将实践经验提升到理论高度。

5. 研究成果推广

首先，课题组各参加人员总结经验，整理相关研究成果，并撰写研究报告，将撰写的论文向相关教育部门的杂志投稿争取发表。其次，在本校推广课题研究成果，将“7：2：1 作业设计”整理打印成册，在全校进行推广试用，并组织进行“学校 7：2：1 作业设计”的成果展示及汇报。最后，将最终研究成果推广至更多的学校，开始推广阶段选取各年级 3—5 个班级，采取问卷调查和访谈的形式对试验的最终成果进行反馈，进一步完善试验成果，最终进行全校的推广。在该课题研究过程中，齐齐哈尔中学提供了以下几个方面的保障：① 定期开展培训，组织课题组成员学习有关课题研究的知识，并培养一批骨干实验教师。② 专家组成员定期巡视指导，发现问题及时研究解决，以确保实验的科学性和有效性。③ 课题组长定期检查、督促，为教师搭建总结与交流的平台。④ 积极争取人、财、物等方面的支持与保障，确保课题研究扎实、顺利地进行。

从图 5-6 可以看出，齐齐哈尔中学进行组织教学研究活动。

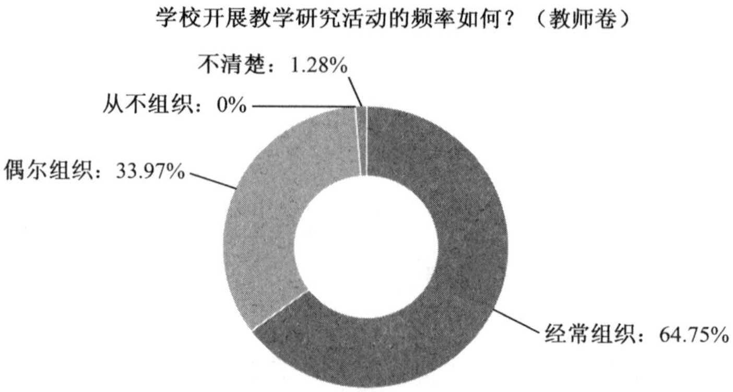

图 5-6　关于学校开展教学研究活动的频率调查问卷统计

学校引导教师在思想上明确教育科研的重要性，提高教师对教育科研在教育教学实践中重要性的认识。培养教师坚持问题导向的研究思路。从图 5-7 可以发现，61. 54%的受访教师认为参与教学研究的最主要动机是“为解决教育教学中的问题”，动机非常纯正。图 5-8 表明，齐齐哈尔中学大部分教师曾参与或者正在参与教育教研活动。学校设立校本研究课题，提供经费支持，采用招标制，重点研究学校发展与教育教学中的关键问题、重点问题和短板问题，以这些课题为依托促进教师开展研究，鼓励多出成果、出好成果。

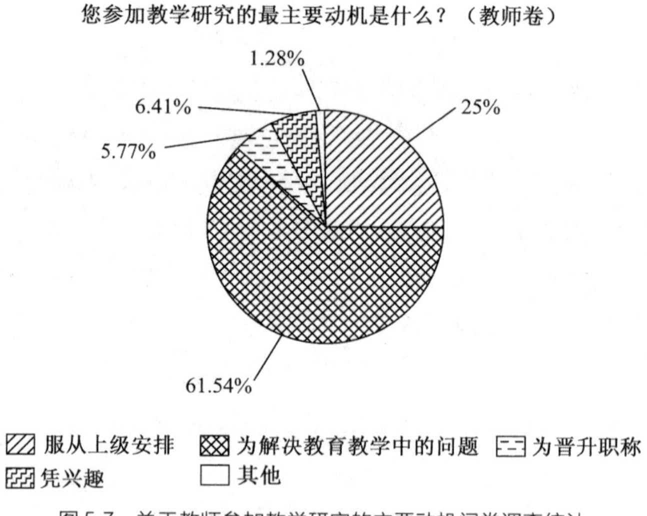

图 5-7　关于教师参加教学研究的主要动机问卷调查统计

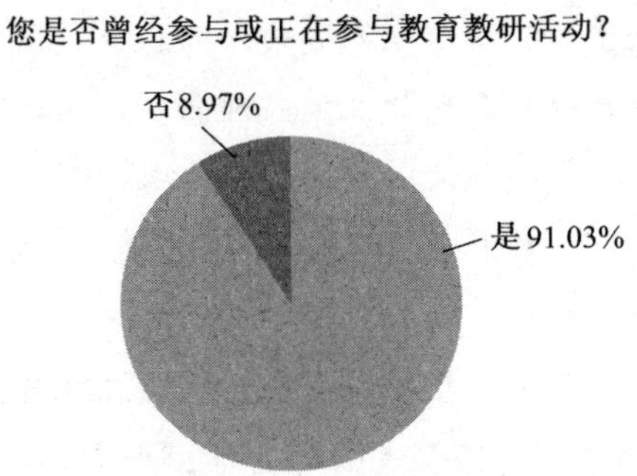

图 5-8　关于教师是否曾经参与或正在参与教育教研活动的问卷调查统计

齐齐哈尔中学坚持课堂教学改革研究。加强将课程改革与教师研究结合起来，以教师研究带动课程建设，以教师研究带动学习共同体的教与学的变革。将具体科研与课堂具体改革结合起来，真正使每一位教师成为研究者，成为学习共同体的创新参与者。

2020 年，黑龙江省高考全面改革的大幕已经开启。在中学所有学科的教学中，语文是最受指责和抨击的一门学科。很多业内人士为此忧心忡忡，他们对传统语文教学的质量深表怀疑，却又难以指明语文教改的切实可行的新方向；教育界人士对传统语文教学也贬多褒少，认为传统的语文禁锢了学生的个性发展，无法培养学生的创新能力，传统的语文教育只会造就一些高分低能的书呆子。于是，语文成了“过街老鼠，人人喊打”，甚至一些语文教育者也跟着鼓噪。似乎传统语文教学真的一无是处，语文老师也真成了不思变通的代名词。其实，造成语文教学的现状绝非只是教师教法上的问题，过分地指责中小学语文教师的素质低下是轻率的，也是有失公允的。事实上，旧语文教材和现实生活严重脱节，教学观念的陈旧落后、现代中高考指挥棒的语文考纲的误导怎么不会使语文教师困惑无奈、无所适从呢？在新课改的指引下，语文教师要摆脱传统教育观念的束缚，及时更新教育观念，走出一条顺应潮流的教学新路。

语文教改应走提高学生的综合素质（尤其是发展学生的智力）、提高学生的创新能力的路子。语文教师不能只去追求形式而不求效果的花里胡哨的做法，这种务虚的教法是行不通的，必然会贻误学生。教学是实实在在的事，来不得任何的弄虚作假。教师要在认真钻研教纲的基础上认真研究阅读、口语交际、作文等，要博采众长。事实上，我们当代也涌现出不少语文教育家，有很多都是值得我们借鉴的大师，像魏书生、钱梦龙、余漪、张富等，都是在教改上很有建树的名家。我们要避免故步自封，要虚心地借鉴别人成功经验，使自己也能在教学上形成独特的风格。不管哪种教法，都必须符合我们的实际，我们既不能好高骛远，又不能裹足不前。

课堂不是教师表演的舞台，而是师生对话、交往的舞台，是引导、促进学生多方面发展的场所；课堂不仅是传授知识的地方，更应是探究知识的场所，是教师智慧充分展现的舞台。那么什么样的教师才能受到学生的欢迎呢？从我们每学期两次的学生问卷调查的分析中可以发现，有的课，特别是语文公开课，那动人的情节、华美的辞章、丰富的想象总会让教师有一种不吐不快、不痛快淋漓地发挥一番不过瘾的冲动。传统教师传道、授业、解惑的“天职”，促使教师在学生面前扮演知识渊博的师长角色，尽展自己的风采，迷惑了纯真的学生，甚至蒙蔽了听课的领导。殊不知，学生除了认为教师课堂很精彩之外，他们收获很少。因为博古通今、口若悬河的永远是教师自己，再精彩也不能代替学生的能力，它除了赢得学生一片叫好声之外，并不能表示学生具备了这些能力。

——徐国臣：《关于求真教育的感悟》

在新形势下，教师有必要重新认识“师者，所以传道授业解惑也”。因为这使教师习惯于在学生面前扮演渊博的师长角色，尽展“师者”之风采，却很少顾及课堂的效益。目前的课堂教学仍存在着片面理解课堂上学生自主学习的现象，所以很多教师对课堂还是拿捏不准，因而学生的分组只是走过场，没有真正发挥合作学习。另外，有的教师本身素质不高，在教学中没能很好地抓住有利的教学机会，不能给予适时的启发。更为致命的是，在热热闹闹的教改中丢失了教学的最基本的东西——基础知识的传授，形成了课堂掌声热烈、热闹非凡，知识却掌握不牢固。

齐齐哈尔中学的语文老师徐国臣认为，教师要走出教育体制的误区，更新教育观念，求实务新，与现代教学技术接轨，不断提高业务素质和驾驭现代信息技术的能力，才能在未来的教育竞争中立于不败之地。

从图 5-9 可知，齐齐哈尔中学领导重视教育科研，50.64%的教师热心参与，超过一半以上的教师会参与到教育科研中去。

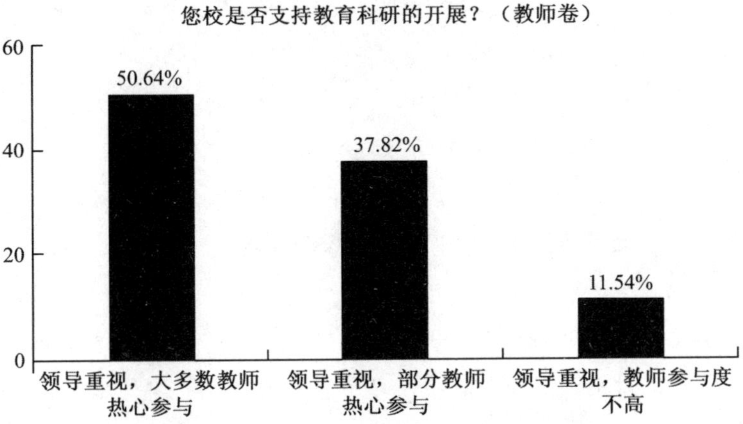

图 5-9　关于学校是否支持教育科研的开展问卷调查统计

从图 5-10 可以看出，到目前为止，仅有 26.28%的受访教师没有发表论文，32.69%的受访教师发表了 1—3 篇论文，17.32%的教师发表了 4—6 篇论文，8.33%的教师发表了 7—9 篇论文，15.38%的受访教师发表了 10 篇以上的论文。学校要求，每位教师根据自己的教育教学实际，每年至少写一篇高质量的教学论文和教育教学心得，论文不能脱离学校的教育教学实际。学校教科研室加强对科研课题的管理，特别是加强立项、研究、结题的过程管理。学校会定期出版教师教育笔记和教育成果、论文集，让教师看到自己的研究成效，分享研究的喜悦。2020 年，齐齐哈尔中学获得了“十三五”市级大课题 17 项、小课题 37 项，每个教师至少参与 1 项课题研究，仅 2019 年度全校就有 105 篇论文获得了各种奖项。

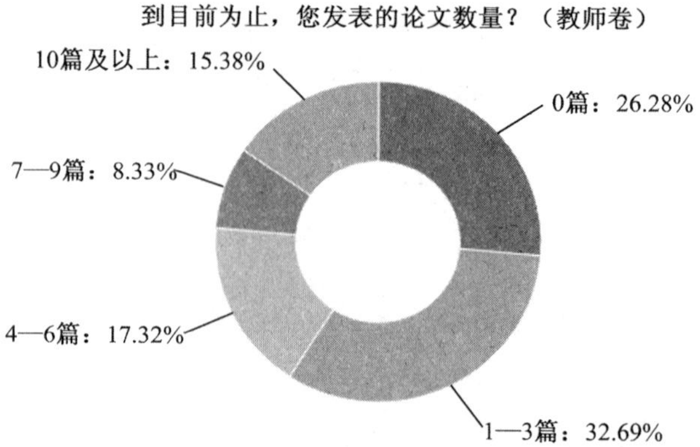

图 5-10　关于教师发表的论文数量问卷调查统计

第三节　基于求真的教师专业成长的保障

教师专业发展活动要想有效开展，必须在组织、管理、技能培训、时间、资金、设备等方面得到学校的支持与保障。教师专业发展以实践中的教师为主体，基于学校实地情境，不管是由学校行政组织的，还是教师自发组织的，其目的都是解决教育实践中的各种问题，是有益于教师、学生和学校发展的，学校应该继续完善支持性措施，为教师专业发展活动提供多重保障。

一、组织保障：保证教师专业发展的开展

良好的组织与管理是教师专业发展有效开展的重要保证。在齐齐哈尔中学里，有关教师专业发展的活动通常由学校计划委员会来管理。计划委员会由学校主管课程与教学工作的负责人担任，学校也邀请对专业发展活动感兴趣的教师参与，他们代表着非权力象征的力量，有助于吸纳全校教师参与专业发展活动。计划委员会主要负责组织教师进行专业发展活动，具体包括：组织教师学习有关专业发展的理论及操作流程，管理专业发展活动的开展，评估学校支持性环境，并随时给予调整等工作。在专业发展活动开展前，计划委员会组织参与专业发展活动的教师自主选择合作对象，可以在本校选择合作伙伴，也可以根据自身需求，

在整个学区范围内选择。由于人为地指派可能会降低合作的效果，因此，教师在选择同伴时，计划委员会只从中进行协调和指导，而不随意干涉教师的选择。为保证合作关系的建立与维持，合作者需要签订专业发展协议，并交由计划委员会。协约内容因校而异，一般包括合作关系、合作内容、合作原则、管理方式等。关于合作内容的确立，在学期之初计划委员会会了解参与专业发展活动的教师的教学情况及发展需求，在此基础上确定本学期学校的总体发展目标及教师专业发展目标。最终，教师专业发展的内容由教师自主选择，通常是由合作者商讨达成，但合作目标需要与学校的总体发展目标及教师专业发展目标相一致。

在专业发展活动开展过程中，学校对教师不进行干涉和评价，保证教师有一个自由宽松的环境，敢于敞开心扉、坦诚相助，学校只负责组织与协调工作。计划委员会会协助教师安排合作时间、活动地点，提供所需教学资源、设备等，并安排活动协调人员随时进行应急性指导。另外，学校管理者也会参与专业发展活动，可以增强教师之间的交流与互动，并关注到教师的需求，了解教师在互助活动中的真实想法及面临的困难，为教师提供情感上的支持，便于对活动的调整和改善，促进活动的有效开展。

图 5-11　庆元旦教工联欢会

学校对于教师专业发展活动开展的情况采用结果评价的方式，教师只需在学期中和学期末上交关于教师专业发展活动的观察日志和总结报告。总结报告包括以下几个方面：教师发展目标、互助计划与实施过程、互助效果与心得体会、活动须改进之处等。搜集教师对参与专业发展活动的意见也是学期末的一项工作，教师要上交相应的表格。

在组织保障方面，教研组是齐齐哈尔中学主要的基层组织，虽具有“自上而下”的行政管理色彩，但也保证了教师之间的专业发展，通过行政命令，将教师组织起来进行合作。学校高度重视对教师的人文关怀，营造良好工作氛围。学校向全体教工提出了快乐工作、幸福生活的工作目标。倡导平衡工作与生活的理念，组织开展“请你一定要幸福”的教师培训与学习系列活动。

从图 5-12 可以看出，有 51. 92%的受访教师对现在的工作和福利感到“比较满意”，13. 46%的受访教师感到“非常满意”。因此，齐齐哈尔中学在组织保障方面还是非常到位的。

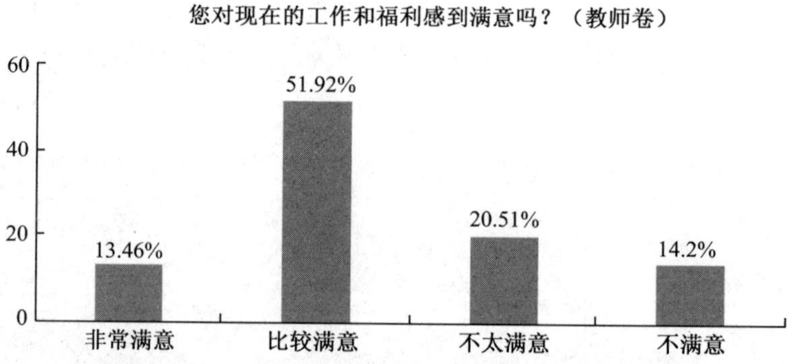

图 5-12　关于教师对现在的工作和福利满意度问卷调查统计

二、培训保障：保证教师专业发展的进步

从图 5-13 可以看出，68. 59%的受访教师认为学校培训“基本符合”个人专业发展需要，15. 38%的受访教师认为学校培训“完全符合”个人专业发展需求。由此可知，齐齐哈尔的培训模式是有显著成效的。

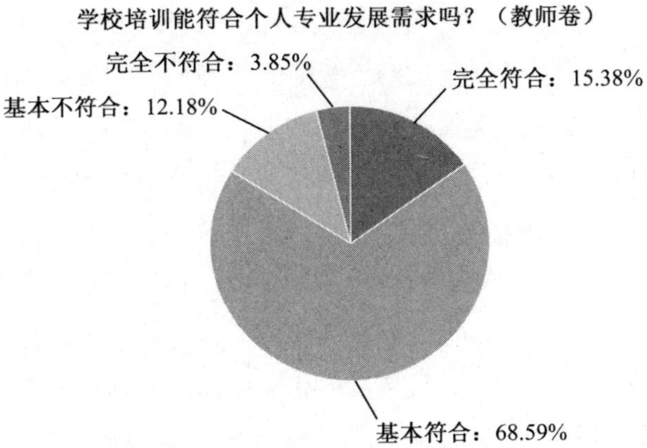

图 5-13　关于学校培训是否能符合教师个人专业发展需求问卷调查统计

为使教师了解并主动参与专业发展活动，在学区内会定期举行有关教师专业发展的课程培训，通常安排在放学后或周末，2 小时左右，为参与的教师提供工资补贴。课程培训的讲师由精通专业发展活动的教育专家或学区内的教师担任，培训内容主要包括理论和实践两个方面。

在理论方面，学校坚持做到以下几点：首先，要引导教师正确认识专业发展的内涵，并明确其价值；其次，帮助教师理解它的具体组织形式及操作流程；最后，组织教师学习教师专业发展理论、学习理论、反思性研究等与教师专业发展密切相关的理论。在实践方面，学校做了以下工作：一方面为教师提供技术上的指导，比如选择合作伙伴、确定合作目标、进行课堂观察及课后反馈等。另一方面，加深教师对专业发展活动的体悟，比如，通过合作开发方案的方式来实施并分析一次专业发展活动，或者组织教师参观已实行教师专业发展的学校。

教师专业发展强调参与上的自愿和对话上的平等，要求有合作的氛围及安全的心理环境。而我国学校的管理制度具有机械性，科层体制明显，上级管理下级。教师处于行政组织的最底层，执行上级分配的任务就行。在这种管理制度下，兼任行政工作的教师与专任教师之间容易产生疏离，教师的诉求不易向上传达，领导也难以了解教师的真正需求。为此，特别有必要为教师搭建交流平台，提供情感和培训上的支持。

在专业发展的过程中，教师会遇到许多困难，如时间、冲突、场所、设备的使用、活动中遇到的困惑、教师间的矛盾等。如果学校领导能够积极帮助与支持，就会激发教师参与专业发展的热情，互助行为更加持久，也能取得良好的互助效果。习惯于独自工作方式的教师对专业发展的理念、形式、实施策略、困难等都缺乏了解，要想有效地开展教师专业发展活动，培训工作是必不可少的。可以邀请精通教师专业发展的校长或专家，采用讲授、示范、模拟等多种方法，以校内工作坊的形式对教师进行培训。培训内容大致包括：认知层面，引导教师正确认识专业发展的内涵及价值，熟悉其组织形式及操作流程。技术层面，为教师开展专业发展提供具体的行动方法，比如如何组建教师团队、如何分配教师角色及制定目标等。实践层面，可以实施并分析一次专业发展活动，如合作开发一个关于提高课堂教学效率的方案，以此加深教师对专业发展活动的体悟。

齐齐哈尔中学将教师培训作为提高教师质量的重要途径，开展各种形式的教师培训与学习活动，使教师在学习与培训中得到发展和提高。

三、时间保障：保证教师专业发展的有效

教师专业发展的时间会影响教师专业发展的有效性。为了保证教师有充足的时间进行专业发展，学校会采取一系列措施给予支持。通常采取以下几种措施：一是行政人员临时接管班级，行政人员包括校长、教学顾问、课程顾问、图书管理员、生活老师等。二是雇佣代课教师、招募实习教师或志愿者随时接管班级。三是并班，统一管理。四是利用业余时间，比如延长午餐时间、利用学生参加社区服务的时间。对于工作日外的活动安排，学校会从物质上予以激励，给予教师一定的工资补贴。

1957 年 1 月 21 日，教育部颁布了《关于中学教学研究组工作条例（草案）》，其中规定“教学研究组是教学研究组织，不是行政组织的一级”，主要任务是制订整体教学研究计划，组织教师集体业务学习，组建年级备课组并指导开展集体备课活动，设计研究性公开教学课，培养

青年教师，开展本学科课题研究和总结本学科教学改革经验教训。[1] 自那时起，中学逐步建立了教研组，同学科的所有教师组成该学科的教研组，同年级、同学科的教师建立备课组，形成了一个纵（学科教研组）横（年级备课组）结合的统一的教学研究管理系统。可以说，我国早已关注到了教师间合作对于专业发展的作用，只是提法不同，发展不完善而已。在本研究中，笔者将教研组视作一种合作组织，教研组活动便是教师专业发展活动。由于各学校的教研组活动开展情况不同，本研究以齐齐哈尔中学的教研组活动为例，展示学校教研组活动的内部组织结构，考察教师间的合作关系、互助活动等。在齐齐哈尔中学每门学科都有专职教师担任，且学校规定全校同一学科的教师组成教研组开展教研活动，因此各学科教师都组建了教研组。目前，学校共有 9 个大教研组，分别是语文、数学、英语、思品、科学、音乐、体育、美术、计算机。每个大教研组都有一位学科教研组长，组织和管理组内所有事务。

在时间保障方面，语文、数学、英语每周都有固定的教研活动时间。语文的常规教研活动安排在周二下午，数学教研活动在周四下午，英语教研活动在周四上午，其他学科根据实际情况灵活安排。为保证教师在教研活动时间无后顾之忧，齐齐哈尔中学为教师换课、外出、放学等提供各种方便。例如，班主任教研活动时，会安排责任教师看班、放学等。教师进行互助的时间影响着教师专业发展的有效性，学校应采取措施保证教师有充足的时间进行专业发展。虽然许多学校为语、数、英三科的教师固定了教研时间，如每周的某个固定时间，但忽视了其他学科的教师。学校也应该为其他学科的教师提供固定的时间，方便其开展专业发展活动。保证教师专业发展的时间，不仅要为教师提供固定的教研时间，更重要的是减轻教师的工作负担，确保教师有更多的精力投入专业发展活动中。减轻教师的工作负担可从以下几个方面入手：第一，增加教师人数，减少每个教师的课时量；第二，降低班级人数及作业本种类，减

① 丁钢. 日常教学生活中的教师专业成长[J]. 教育科学，2006（6）：52—55.

少教师的作业批改量；第三，合理安排课表，保证同学科教师有共同的空闲时间进行专业发展；第四，把教师从一些意义不大的事务性工作中解放出来，例如，减少对教师成长意义不大的笔记本的检查；第五，对于工作日外的活动安排，学校应给予参与专业发展的教师一定薪金补贴，从物质上予以激励。

第六章　辐射与影响：求真教育的显著成效

齐齐哈尔中学的创建始于 1949 年，1976 年成为省首批重点中学，2002 年被评为省级示范性高中。学校曾三次获得省高考理科状元，9 次夺取市理科状元和文科状元。建校 70 多年来，学校培养了一大批以中国工程院院士栾恩杰为代表的优秀毕业生。近年来，在办学实践中，学校秉承“教人求真，学做真人”校训，以“求真教育”为办学思想，力求形成“严谨，和谐，求实，创新”之校风、“勤敏，方正，博爱，敬业”之教风和“主动，活泼，博学，善思”之学风，在迈向“办成现代化特色鲜明、学生个性充分发展、面向世界视野开阔、成人成才和谐共进的示范化高中”特色发展中取得了新进展。

第一节　求真教育的实际成效

建校以来，齐齐哈尔中学以科学的发展观把握学校教育事业发展的走向，不断强化学校管理，全面提升办学品位，在德育工作、课程优化、教学改革、教师专业发展等诸方面都取得了可喜的成绩。齐齐哈尔中学师生用自己的知识、智慧、情感和踏实进取、无私奉献的精神，谱写着学校发展历史的新篇章。

图 6-1　齐齐哈尔中学 70 周年校庆文艺汇演

一、全方位德育网络的建立

齐齐哈尔中学高度重视学校德育工作，以“成人成长”为指导，重视教育学生探寻为人之道，利用各种大型传统活动打造良好的德育氛围，致力于在校内营造积极的德育氛围，让学生在积极的环境中健康成长，构建了有特色的学校德育工作体系。

第一，从完善制度入手。齐齐哈尔中学制订具体的《德育工作方案》，整体规划与布局学校德育工作活动及其要求。学校实行全员参与的德育管理。坚持全员德育原则，校长负责，教职工参与，实行教书育人、管理育人、服务育人。贯彻、构建德育目标体系，健全德育管理机制，建立学校、家庭、社会三结合的育人网络，优化德育活动过程。

对求真教育建设育人效果的调查（图 6-2）显示，95. 73%的学生认为求真教育建设有利于培养良好的日常生活行为习惯。由此可见，求真教育已对学生的德行品质产生了良好的影响。

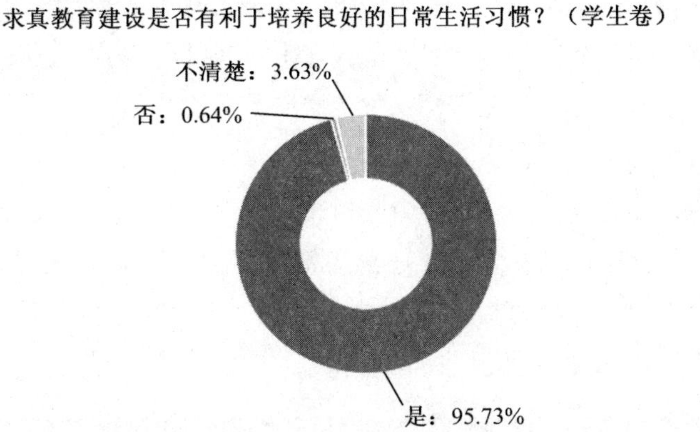

图 6-2　关于求真教育是否有利于培养学生良好的日常生活习惯问卷调查统计

第二，组织专题教育活动，使德育活动有切入点。利用重大节庆日或纪念日，在学生中坚持开展相对应的主题教育活动。针对常规纪念日（如清明节、成人仪式、“五四”青年节、教师节、国庆节、纪念一二·九运动等）、学校重大活动（如开学典礼、远足、军训、毕业典礼等），学校都认真安排，不失时机地在学生中开展各种思想政治教育活动。

第三，在常规学科教学活动中渗透德育，学科教学与德育相结合。学校要求教研组、备课组、学科教师等必须将成人教育与成才教育有机地结合在一起，根据学科特点开展相应的德育活动，积极探索学科德育的方式方法。要求教师在对学生传授知识和培养能力的同时，将良好的情感、端正的态度、正确的价值观自然融入课堂教学过程中。教师在课堂中努力将积极心态和思想方法传递给学生，给学生以智慧的启迪和人生的激励。

第四，注重家长的参与，建构学校、社会、家庭三位一体的工作体系，形成三方协同的教育合力。学校坚持每学期开好两次家长会，共同研讨学生成长问题，为家长开设学生成长助力课程。

第五，坚持规范的学生评优活动。关注学生个性和特长发展，关注学生日常生活表现和成长过程，培养学生良好习惯，让每个学生找到奋斗目标、体验成功，激励所有学生奋发进取，成长为社会主义合格公民。

学校开展了星级学生评选活动，每学期评选一次，如足球之星、武术之星、阅读之星、创意之星、发明之星、航模之星、守纪之星、公益之星、社会实践之星、社区服务之星、研究性学习之星、游学之星、研学之星、语文学科之星、劳动之星等，以学生之中的先进事迹与先进人物促进学生间相互学习和共同进步。

第六，建立学生生涯指导中心与成长驿站。积极开展社会实践教育活动、生涯体验活动、研学旅行等，将德育融合到学生发展指导和社会实践活动之中。学校开展师生结对，让每一个学生都有一位人生导师，指导学生进步和成长。

图6-3　齐齐哈尔中学“学子企业行”参观考察活动

对学校德育效果的调查结果（图6-4）显示，60.9%的教师认为学校开设的德育活动效果明显。由此可见，求真教育之下的德育活动已初具成效。

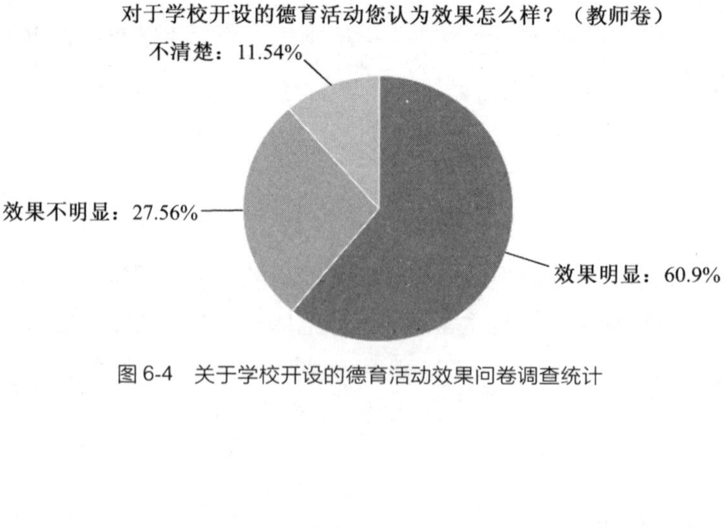

图6-4　关于学校开设的德育活动效果问卷调查统计

总之，齐齐哈尔中学建立了较为完善的学校德育工作网络体系，保障学校德育工作顺利开展和有效落实。

二、多元课程体系的构建

齐齐哈尔中学依据学校办学思想和人才培养目标，遵循国家教育改革与发展要求，基于普通高中教育发展与课程改革要求，努力构建校本课程体系，提出了多元化课程体系框架，力求以课程建设提高学校整体教学质量和促进全体学生全面发展。

图 6-5　吴厚卓、王钧、李家齐三位同学在比赛现场调试机器人

学校从求真教育内涵出发，以“求真知”和“做真人”为课程体系两大支柱。在“求真知”框架下，开发出基础型课程与扩展型课程。其中基础型课程是最基本的课程，包含国家必修类课程和国家选修类课程。而扩展型课程相对来说则更具有开拓性，是基础型课程的补充，供学生进一步学习。扩展型课程主要分为两大类，即人文类扩展课程和理工类扩展课程。为了适应时代发展的需要，扩展型课程还包括国际化扩展课程，这就让学生更好地拥有国际视野。

如果说“求真知”注重的是知识性的传授与获取，那么对于“做真人”来说则更加侧重对学生内心的熏陶。因此，在“做真人”框架之下开设的课程主要分为修身型课程和潜能型课程两大类，注重促进学生身心的修养。在修身型课程之下，分别是生涯教育类课程和涵养德行类课程；潜能型课程框架包括艺体素养类课程和创意设计类课程，它们都关注能力素质培养和内在潜力激发。

人文类扩展课程包括“国学课”“行星与地球”“阅读课”“生活与哲学课”等。从传统文化到生活哲学，体现了人文关注，体现了学校培养学生深厚文化底蕴的追求。

理工类扩展课程包括“数学思维课”“航模探究课”“化学与生活”“物理实验设计与创新”等，旨在培养理科思维和发展。此类课程不只局限于数学、化学、物理等科目，而且注重这些学科与能力培养的结合，如数学思维课等。

国际化扩展课程主要包括“GAC 课程”“欧美文化”“模联活动课”“留学指导课”“中西方文化比较”等，关注培养学生的国际视野，让学生了解中西文化的差异，让他们与世界进行交流和互动，从而提升国际交流能力。

图 6-6　齐齐哈尔中学学生参加模拟联合国比赛

生涯教育类课程包括“社会实践课”“职业体验课”“心理健康课”等，让学生更好地认识整个社会、更好地体验社会各行各业，为自己的工作职业选择和社会责任担当奠定良好基础。

涵养德行类课程包括“礼仪课”“戏剧表演课”等，重视德行潜移默化的养成。道德教育不是说教，注重积极环境的创设，让学生在优良环境中健康成长。为此，学校开设礼仪课，让学生知礼节，懂礼仪。

艺体素养类课程包括“体育选修课”“美术鉴赏”“音乐欣赏”等，此类课程主要目的是让学生获取健康的身体素质和良好的艺术情操。以此类课程为依托，学生在身体健康基础之上更好地认识美、感受美并了解美。

创意设计类课程包括“生活科技课”“机器人程序设计”等，注重学生创新性思维的养成，提倡创新意识与设计精神。比如，在“机器人程序设计”中，让学生自主进行机器人程序研发与创设，激发学生创新思维精神与多种能力。

在调查学生对学校开设的各类课程的感受的时候，如图 6-7 所示，77.47%的学生认为“课程注重培养学生的人生价值”，73.21%认为“课程既关注‘求知’也关注‘成人’”，70.86%的学生认为“课程关注学生的生命健康”，69.54%的学生认为“课程注重发展学生的智慧”。由此可见，齐齐哈尔中学的学生在多元课程体系中收获了多方面的发展与成长。

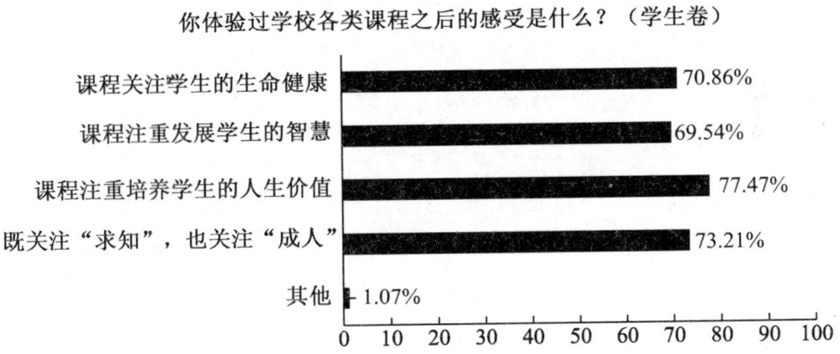

图 6-7　关于学生体验学校各类课程之后的感受问卷调查统计

总之，学校在求真教育思想指导下，建构合理且易实施的课程框架，同时在框架下开发出具体课程，这个课程体系符合学校特色且有利于促进学生发展。

三、有效学习方式的实施

建设学习共同体是齐齐哈尔中学倡导的一个教育理念。在课堂改革和实验教学中，在培养学生基础知识和基本技能的过程中，学校逐渐采取学习共同体的方式进行教学实践。

齐齐哈尔中学认为，学习共同体可以引导和培养学生在互助学习过程中提升独立思考、逻辑推理、信息加工、语言表达、文字写作等素养，有利于学生形成浓厚的学习兴趣和养成良好的学习习惯，培养终身学习的意识和能力。学校将学习共同体作为一种探究学生合作学习的方式，关注到每一个学生，尤其是学习成绩相对较差的学生。在实践过程中，采取学习成绩好的学生与学习成绩差的学生一起学习的方式，不让任何一个学生掉队。

学校学习共同体的基本模式是：第一，展示。学习小组展示研究成果，并汇报小组完成任务的情况，包括小组各成员贡献的描述。具体内容包括：对"核心问题"理解与子问题设置；小组活动计划任务安排；小组各成员是如何完成自己任务的；小组是怎样开展协作活动；小组成果展示。第二，自评。包括每个成员在本组内自评和小组向其他组做自评，包括做了些什么、做得怎样、解决了哪些问题、还存在哪些问题、感兴趣问题有哪些、有哪些疑惑问题、获得了哪些启示等。第三，互评。包括小组内部不同角色之间进行互评和小组与小组之间进行互评，以及小组成员对另一小组成员进行评价。第四，总结评价。在教师指导下，所有成员对学习活动过程、效果、应用价值等做出总体评价，主要针对学习目标达成度和学习方式行为，为后续学习活动提供借鉴和参考依据。

总之，齐齐哈尔中学创新并发展了学习共同体。在学习共同体中，所有人相互依靠、相互促进并且相互影响；学生与教师得以更加融合，学生真正参与学习，形成了真正适合学生成长的课堂与教学。学习共同体的成效主要体现在以下三方面。

（一）高效学习，百家争鸣

在教学实践中，"教师教得好，学生听得懂，学习的效果差"的情况普遍存在。靠什么掌握知识？首先是模仿加上重复。课时讨论，同学复述教师的讲课内容，课后再讨论巩固方法，再一次讨论总结互相学习的方法，这才是真正有意义的学习。学习共同体搭建了这样一个平台，学习共同体将学生分成若干小组，进行分组讨论，将教师单一的授课方式转变成更具活力的合作性、反思性的创新式教学模式。这种模式打破了原来单一的“插秧式”的授课方式，更能体现“以人为本”的理念。分组合作增加了学生展示的机会，增强了学生的自信心，特别是后进生参与课堂展示的机会更多了。上课已经不只是听课、记笔记的重复，更多地侧重于掌握知识、理解知识。小组成员们相互交流讨论，学习有了原动力，增强了主动性。化学组长每周进行“一周知识大盘点”活动，为学生们进行一周重点的复习。数学组长开展每周一期的“某班数学好声音”活动，由他们担任导师，挑选自己的学员进行数学辅导。语文小组长们举办了班级背诵比赛，生物和物理小组长们联合出题进行学科竞赛等。通过共同体的活动，班级同学都动了起来，每个人都找到了自己学习的定位，班级的学习风气一天天浓厚起来，班级整体成绩也在一次次考试中不断进步。

课堂的主动性通过学习共同体这个平台更好地将学生的个性与思维激发出来，互教互学，学生的学习能力大幅度提升。

（二）兴趣之源，活力青春

托尔斯泰说：“成功的教学所需要的不是强制，而是激发学生的兴趣。”① 兴趣是学习最好的老师。心理学研究表明，学习兴趣的水平对学习效果能产生很大影响。学生学习兴趣浓厚，情绪高涨，他就会深入地、兴致勃勃地学习相关方面的知识，并且广泛地涉猎与之有关的知识，遇到困难时表现出顽强的钻研精神。否则，他只是表面地、形式地去掌握所学的知识，遇到困难时往往会丧失信心，不能坚持学习。所谓“强扭的瓜不甜”也就是这个道理。因此，要促进学生主动学习，就必须激发

① 关月玲．青少年品质的培养[M]．西安：西北农林科技大学出版社，2013：150.

和培养学生的学习兴趣。知识的形成过程与方法是课堂活动的重要目标。强化学生的自主意识、主动观念和探究精神，启发、点拨、引领学生们从被动接受信息中走出来，勇于实践，在生动活泼的课堂中找到自己的兴趣。在学习共同体中，分组成员先独立思考，再小组讨论，讨论结果由推荐组员举手发言、展示，采取了各种形式的竞争和奖罚。学生积极为小组争取荣誉，教师合理调整，达到真正的寓教于乐、劳逸结合。

（三）共赢合作，团结热情

巴班斯基认为："教师是否善于在上课时创设良好的精神心理气氛，有着重大的作用。"① 当代教育学家沙塔诺夫更强调："在课堂上创造一种普遍互相尊重、精神上平等、心理上舒坦的气氛是每个教师的首要责任。"② 在学习共同体学习中应营造这种氛围，让学生在学习中自由自在、无拘无束，方能产生思想碰撞，闪现思维火花。学习共同体有利于落实兵教兵、兵练兵、兵强兵的小对子帮扶工程，有利于实行分层次教学，教学中更注重学生的个体差异；学习共同体增强了学生自我管理的能力，更有利于班主任的管理；教师在教学中大胆放手，鼓励学生独立自学，使学生真正掌握了学习的主动权，成为学习的主人，学生就会积极自主地参与学习，主体性得以充分发挥。课堂上小组合作解决问题，不仅找到解题的多种思路，更使整个集体的合作精神得到了发扬。学习共同体活动的开展在班级有利于形成一种向上团结、合作共赢的正能量。

教育是一种唤醒，它要唤醒学生们的积极进取；教育是一种关爱，关爱学生们的时刻变化；教育是一种发现，发现学生们的心灵火花，使星星之火成为燎原之火。要让学生在和谐开放的学校环境中不断学会关心、学会创造、学会学习、学会合作、学会做人，不断弘扬人的主体性，在品味成功的愉悦中不断发挥潜能，努力开拓创新。

齐齐哈尔中学的学生在参与学习共同体的活动之后表示受益良多。据调查（图6-8），82.21%的学生认为学习共同体"有助于学生之间相

① 关月玲. 青少年品质的培养[M]. 西安：西北农林科技大学出版社，2013：151.
② 关月玲. 青少年品质的培养[M]. 西安：西北农林科技大学出版社，2013：151.

互学习”，78.63%的学生认为“有助于学生之间相互交流意见”，74.32%的学生认为“有助于不同类型同学之间相互帮助”，68.43%的学生认为“有助于提高学生学习的热情和主动性”，64.25%的学生认为“有助于营造竞争与合作的学习氛围”，58.79%的学生认为“有助于培养集体意识”。

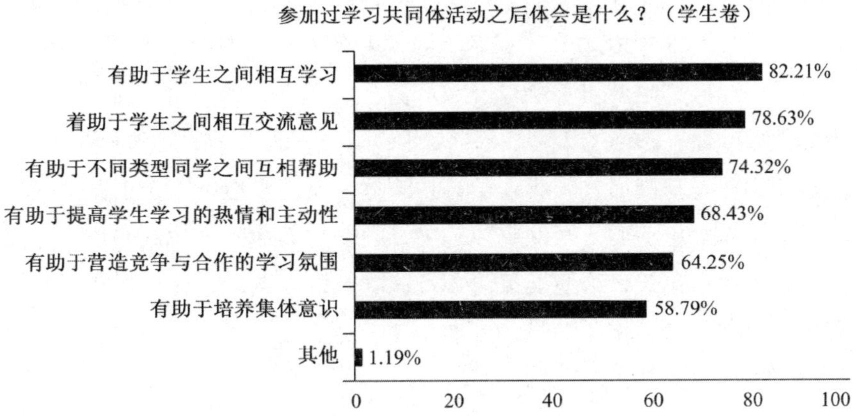

图 6-8　关于学生参加学习共同体活动之后的体会问卷调查统计

作为一名班主任，郭宏静老师深切感受到学习共同体的实施对学生的学习、生活产生了多方面的有益影响，主要表现在以下四方面。

1. 学习共同体的小组合作学习起到了“培优”的目的

高一文理分班，班级重组，由于学生向实验班滚动，班级尖子生缺乏，后分进来的学生缺乏自信，各科想挑出来一两个学生讲题都做不到。当时郭老师和科任教师们组织了学习共同体，先让不敢讲题的学生在小组里讲题，他们慢慢就学好了或者敢讲了。组里的学困生对学优生有需求的欲望，这种成就感和需求感会支配着学优生提前自主学习。在讲题的过程中，学优生在把自己掌握的知识传播给其他同学的同时也起到了巩固基础的作用，而学困生容易出差错的地方正好也是那节课的易错点。学优生在解释这些易错点的同时也提高了自己解决易错点的能力。因此，无论从哪方面来讲，小组合作学习的确起到了培优的目的。

2. 学习共同体的小组合作学习起到了“扶弱”的作用

对于教师课堂上所讲的内容，学困生在已有的知识范围内很难理解或接受。能有人耐心地手把手教他们的机会少得可怜，而能有人真正地关心他们，使他们拥有和其他同学平等地接受讲解的机会更少。郭老师班有一个孩子，在分班考试的时候班级倒数第二，郭老师和他谈话之后他决心好好学习，几次周考之后别的学科都有所进步，但化学依然班级最后，分数基本不超过 25 分。郭老师又和他进行了深度谈话，了解到他因为某些原因初中就没怎么学化学，连元素符号和原子质量都背不全，听课都成问题，不懂的太多，郭老师和化学老师都积极地鼓励他。但是，这孩子实在是基础太差。通过学习共同体，他们小组中一个很开朗的学生天天拿本书主动要求给他单独辅导，同组的其他同学也纷纷出招，借给他初中化学笔记，给他推荐辅导书，帮他划重点，这让那位孩子在收获了友谊的同时，化学也取得了很大的进步，从愿意听课到能听懂课，并取得了很大的进步。

3. 学习共同体的小组合作学习达到了“减负增效”的目的

习题一直以来都是理科学习提分的关键，要“典做”“精做”“海做”。即典型例题要认真做，帮助消化吸收知识点；常考题型要精做，确保得分；最后尖子生要海量做题，确保知识面。理科的课时紧张是一直存在的问题，对于很多典型例题和经典题教师只能课上讲一遍，想要学生学会得经常要“举三反一”，而教师们根本没有足够的课时，这就要求学习共同体在课后完成对应练习，尖子生海量做题也基本都是靠彼此督促来完成。

4. 学习共同体的小组合作学习起到了激发学生学习积极性的作用

学习共同体小组成员在课堂上充分展示自己的思路，这一点是我们课堂实施中最值得推崇的。在课堂上，尊重每一个学生的聪明才智，为他们提供个人思维火花展示的机会。学习共同体课堂给学生留下了足够的思维空间。这种共同协作、谦虚谨慎的学习共同体课堂模式极大地激发了学生的学习积极性。

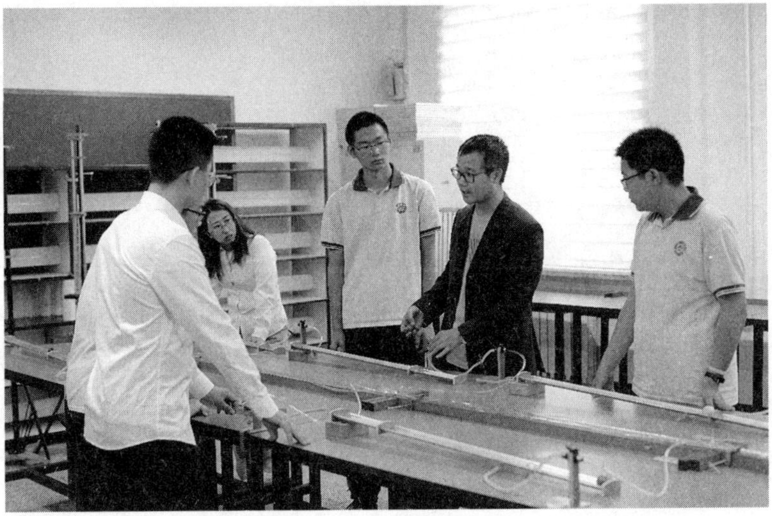

图 6-9　教师指导学习共同体合作学习

通过这种高效课堂——学习共同体的学习模式，齐齐哈尔中学使学生的语言表达、团体合作等能力都有所提高，同时创造了一个轻松的学习氛围，使得课堂上的师生互动更为有效，不仅使个人的成绩节节高升，更使集体的成果枝繁叶茂，使得学习的效果得到了质的飞跃。

四、高质量师资队伍的打造

齐齐哈尔中学高度重视学校教师队伍建设，十分注重教师培养，激励教师的教学热情，激发教师职业神圣的责任感。从思想深处关心教师，从职业发展激励教师。在业务常规上，侧重规范。在学习培训上，立足长远，做到培训有目标、有专题，实现提升理念、开阔视野、解决问题、促进工作的目的。

（一）实施多形式教师培训

学校将教师培训作为提高教师专业素养的重要途径，开展各种形式的教师培训与学习活动，使教师在学习与培训中得到发展和提高。

第一，利用各种资源对教师进行专业培训，提高业务及管理水平。学校邀请大学教育科研人员共同开展课程观摩与研讨活动，实施教学法培训，定期组织教师业务培训，促进教师教学水平提高。

2016年，学校外出培训教师59次，参训领导、教师达到179人次，其中省外33人次、省内67人次、市内79人次。这些培训包括送教师去北师大附中进行为期一个月专项学习实验室管理与课程开发；赴浙江余姚中学学习新课程改革相关学校实践，去哈三中、哈师大附中、大庆实验中学等地接受生涯规划教育和学科素养培训。

第二，选派优秀教师出国进行业务进修，注重国际化素养的培养。学校不仅注重培养学生的国际化视野，也注重提升教师的国际化视野和素养。近5年来，学校组织教师多次考察欧美教育，每年向美国、英国、加拿大等国家选派教师进修学习，拓宽办学的国际视野，提高学校管理水平和教师教学水平。

图6-10　齐齐哈尔中学教师赴杭州学军中学交流学习

第三，组织教师编写校本教材，在教研中获得进步。结合学校创设的课程框架及其校本课程要求，组织教师在学习的基础上研发相应的校本课程。例如，学校为了弘扬国学文化，学校组织教师编写国学校本教材，同时也邀请中国人民大学国学院教授指导编写，在课程研发中提高教师能力。

齐齐哈尔中学实施多形式的教师培训，以期符合教师的个人专业发展需求。调查结果（图6-11）显示，15.38%的教师认为学校培训“完全符合”需求，68.59%的教师认为“基本符合”需求。

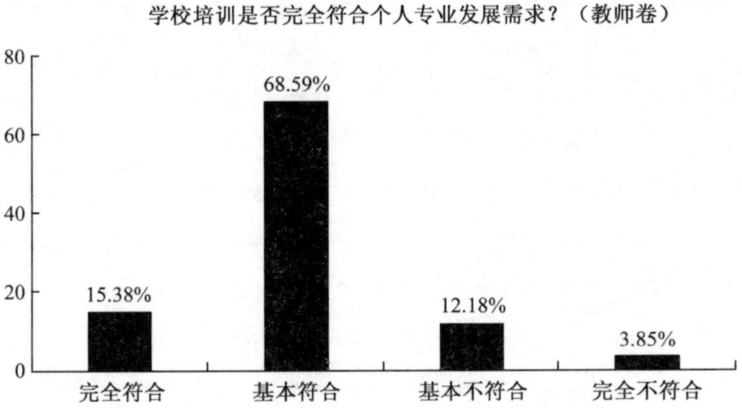

图 6-11　关于学校培训是否完全符合教师个人专业发展需求问卷调查统计

（二）注重对教师的人文关怀

学校高度重视对教师的人文关怀，营造良好工作氛围。学校向全体教师提出了快乐工作、幸福生活的工作目标。倡导平衡工作与生活的理念，组织开展“请你一定要幸福”的教师培训与学习系列活动。

学校还关心关注教师思想状态和健康状况，让教师学会了解自己、发现自己。当教师遇到职业困惑甚至产生职业倦怠之时，适时适当地给教师引领和开悟，让他们释放压力、缓解疲倦，为教师提供发展动力和事业激情。学校关心教师积极心态的建立，特邀齐齐哈尔医学院教授来校进行心理引导，让每一位教师学会调整情绪，保持健康心态。

学校通过解决实际困难和满足教师需求来提升教师工作幸福感。例如，为班主任提供免费早餐，宿舍楼开放五个教工休息室，使得教师在高强度教育工作的同时有比较良好的休息设施，缓解紧张工作的压力。学校定期慰问生活负担较重的教师家庭，探望染病教师，及时送去安慰与支持。

作为一名新手教师，吴珊珊老师在蜕变与成长中感受到了齐齐哈尔中学浓浓的人文关怀：

在教学能力的形成过程中，我很有幸获得了很多前辈教师的帮助。

在新上岗教师上公开课时，同组的老师帮我评课，分析优缺点，提出很多宝贵的改进意见。撰写教案，制作课件，讲评作业，在一次次看似重复的工作中，我的业务水平得到了提升。在班级的授课过程中，我明显能感觉到课堂效果越来越好，学生亲切地叫我珊珊姐姐，这不仅仅是称呼的改变，更是对我教学水平的一种认可。亲其师而信其道，得到学生的认可，在接下来的教学过程中才能提升课堂效率。

回首这几年的教师生涯，虽然免不了磕磕绊绊，但我也有所收获。无论是曾经的班级管理还是教学能力的提升，经历过挫折才明白自己的不足，为成为更好的自己打下基础。我为下一阶段定下一个小目标，即向学者型教师努力，做一个有温度、有学识、时刻学习、不断成长的老师。以“敬业”为起点，以“乐业”为归宿。经过成长的蜕变，从惶恐变为淡定，从稚嫩变为成熟，从紧张变成幸福。教师的职业是幸福的，但这种幸福要靠自己细细地去领悟。

（三）在研究中提高专业水平

齐齐哈尔中学十分重视开展教师研究工作，奉行“问题即课题，工作即研究，成果即发展”的教师发展与教育研究指导思想，积极引导教师自觉地将日常教学工作中的“小问题”转化为“小课题”，做到研究内容来源于教学、研究过程植根于教学、研究成果服务于教学，努力提升教师创新能力，让教师成为一个有创造精神的人。

第一，学校引导教师在思想上明确教育科研的重要性，提高教师对教育科研在教育教学实践中重要性的认识。

第二，培养教师坚持问题导向的研究思路。学校设立校本研究课题，提供经费支持，采用招标制，重点研究学校发展与教育教学中的关键问题、重点问题和短板问题，以这些课题为依托促进教师开展研究，鼓励多出成果、出好成果。

第三，学校开展创建与培训相结合的科研培训模式。学校要求每位教师根据自己的教育教学实际，每年至少写一篇高质量的教学论文和教育教学心得，论文不能脱离学校的教育教学实际。学校教科室加强对科研课题的管理，特别是立项、研究、结题的过程管理。学校会定期出版教师教育笔记和教育成果、论文集，让教师看到自己的研究成效，分享研究的喜悦。

第四，坚持课堂教学改革研究。加强将课程改革与教师研究结合起来，以教师研究带动课程建设，以教师研究带动学习共同体的教与学的变革。将具体科研与课堂具体改革结合起来，真正使每一位教师成为研究者，成为学习共同体的创新参与者。

通过教师研究，齐齐哈尔中学的教学模式发生了诸多变化，出现了一些新模式：集体备课——“三轮循环备课”模式；课堂教学——“导学评”高效教学模式；学生学习模式——“学习共同体”模式；探索微课，建立翻转课堂，开创慕课学习方式等。

第五，建立科研成果奖励制度。学校建立了教师科研奖励制度，极大地激发了教师科研的积极性和主动性。学校对教育教学“问题研究”成绩突出者给予特别嘉奖，并作为职称评定、推优评先的优先条件。

图 6-12　齐齐哈尔中学教师在教研比赛中获奖

近年来，齐齐哈尔中学获得了“十三五”市级大课题 17 项、小课题 37 项，每个老师至少参与一项课题研究，仅 2016 年度全校就有 105 篇论文获得了各种奖项。

表 6-1　2009—2018 年齐齐哈尔中学教研所获荣誉（部分）

获奖日期	奖项名称	颁发单位
2010. 7	全国“十一五”教育科研先进集体	教育部中国教师发展基金会
2010. 12	黑龙江省基础教育网络教研先进集体	黑龙江省教育学院
2011. 6	黑龙江省“十一五”教育科研先进集体	黑龙江省教育厅
2013. 12	“齐齐哈尔中学多样化、特色化发展策略研究”课题被评为“十二五”省级优秀课题	黑龙江省教育厅
2014. 12	荣获黑龙江省教育学会的教育科研先进集体	黑龙江省教育厅

成绩属于历史，辉煌源于创造。教育是一个将梦想变成现实的奋斗历程，是一个将心中的彩虹化为永恒的过程。齐齐哈尔中学在以张志勤校长为核心的领导班子带领下，将继续坚持在继承中发展、在发展中创新的信念，办人民满意的学校，做适合学生发展的教育。

第二节　求真教育办学品牌的凸显

建校以来，结合学校发展的实践探索，齐齐哈尔中学逐渐形成了“求真教育”的办学理念。为此，学校最大限度地促进学生发展，为学生发展和学生选择提供最佳的支持与服务，在传递知识的基础上，指导、引导学生学会成长、成人、成才，并由此形成了具有齐中特色的求真教育办学品牌。

一、求真教育的学校办学定位

教育要遵循人性发展规律和师生身心发展规律，以学生的健康成长和为社会培养有用之才为目标的师生共同的人生价值追求。追求教育自觉就要注重精神追求，尊重差异发展，最大限度地释放师生的幸福感。齐齐哈尔中学在落实办学目标上做了多方面的探索实践。

（一）追求教育自觉的境界与心理疏导相结合

学生在成长过程中有太多的困惑，他们的内在需求和人生向往被考试和学习的恐惧压制，因此学校就要在课程设置、班级活动、社会活动等方面给学生彰显个性的机会、提供发展的平台。齐齐哈尔中学把学生的发展目标设为三个维度，即品行、学业和专长目标。

学校引进了积极心理学的心脑成像技术，给学生的成长带来了温馨和光明。心脑成像技术为学生认识自己、发现自己提供了有力支持。走进学生心灵，了解他们深藏内心的困惑，帮助他们认识自己、发现自己。为他们拨开迷雾看到真实的自己，让学生明确自己成长的方向，表达成长的需求与渴望。教师开始喜欢那些足够“折腾”的学生，甚至对他们身上迸发出的创造美好生命的火花感到欣喜。学生在智慧和心灵的新世界里看到了真实的自己，用哲学的观点探讨人生，用技术的辅助解答困

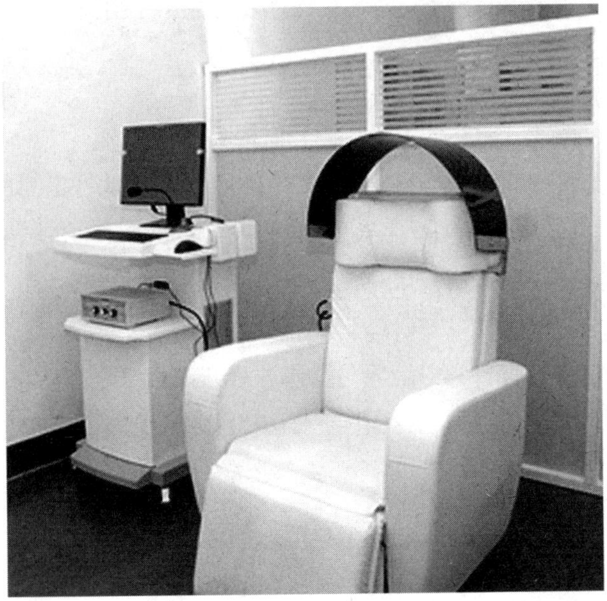

图 6-14　催眠放松椅

惑、诉说成长需要、明确人生理想。从此开动了心脑发动机，成长不再有不可逾越的阻碍，那种自信、自在由心底发出。

在对学校心理疏导取得的效果的调查（图 6-15）中，80. 2%的学生认为“有助于疏导学生不良情绪”，79. 05%的学生认为可以“引导学生正确对待和处理挫折和烦恼”，76. 15%的学生认为“有助于激发学生自尊、自强、自爱和自信意识”，65. 61%的学生认为“有助于培养学生积极的精神风貌”，58. 15%的学生认为“有助于促进全面发展”。由此可见，学校的心理疏导教育取得了良好的效果，不仅有益于解决学生的心理问题，也促进了学生性格品质的健康发展。

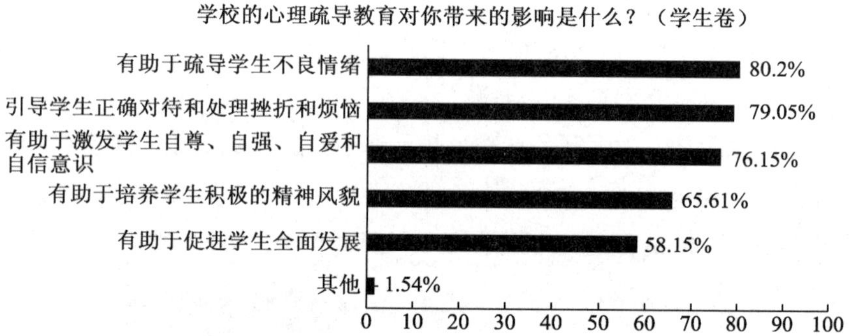

图 6-15　关于学校的心理疏导教育对学生带来的影响问卷调查统计

成功就是不断超越自己，就是“做最好的自己”。齐齐哈尔中学的教育突破一元化成功的误区，倡导多元化的成功才是真正的成功。学生在认识自己的过程中接纳不完美的自己，教师和家长也在学生的学习生活中给予足够的陪伴、助力和期待。

（二）追求教育自觉的境界与选修课程开设相结合

多样的课程设置为学生发现自己、成为自己提供了广阔舞台。为每个学生提供适合的教育，就是要尊重教育规律，尊重学生身心发展规律，按照学校现有的条件，开发多样课程，为学生潜能的唤醒与独特性的彰显提供舞台。

图 6-16　2015 年高源（右三，获得 F3A 第 10 名）在瑞士苏黎世参加“FAI 世界锦标赛”

为此，齐齐哈尔中学开展了艺术体育国家课程校本化实验，把校内外的优质教育资源变成学生需要的课程。学校取消了原有的课程表，采取走班化上课，将教师专长和学生兴趣相融合的选修课程被学生称为“魅力课堂”。学科教师深入选修课堂，让师生之间在学科教学课堂之外有机会进行沟通、了解，形成有关心、有欣赏、有期待的师生关系。学生在这样的课堂中迸发出从未有过的热情甚至激情。这些课程让教师发现不同个性的孩子，开发孩子身上不同的潜能，满足了孩子们的个性需要和成长期望。育人目标与学校课程体系、评价体系的相互支撑让学生真正做到了认识自己、锻炼自己、发现自己、成就自己。

（三）追求教育自觉的境界与课堂教学相结合

1. 教学改革推动学习方式转变

近年来，齐齐哈尔中学深入实施课程改革，积极探索有效的教学新模式，形成了学校教学改革的特色。随着信息技术的发展，在以往的课堂教学模式基础上，教师开始探索“微课”，部分教师尝试着录微视频，实现翻转课堂，开创慕课的学习方式。

2. 魅力课堂展现师生风采

学校鼓励教师在对学生传授知识和培养能力的同时将良好的情感、端正的态度、正确的价值观自然融入课堂教学过程，这对实现育人目标至关重要。教师在动力课堂中将积极的心态和思想方法传递给学生，给学生以智慧的启迪和人生的激励。

3. 师生结对促进学生成长

让教师与学生结为成长对子，让每一个学生都有一位人生导师，教师关心关爱孩子的学习和生活状态，及时与班主任沟通，保持和家长的交流指导，在作业批阅之后为学生写上温暖的提醒和鼓励，让学生感到被关爱的幸福。学生的每一分进步和成长都让教师体验到了职业成功的美好境界。

（四）追求教育自觉的境界与特色办学相结合

教育的自我觉醒需要在开展特色化办学过程中帮助学生发现潜能，实现独特个性的发展。让学校的教育戴上两副眼镜：一副放大镜，发现并放大孩子们的优势和潜能；另一副则是望远镜，帮助孩子看到内心向往的未来，看清自己通往美好未来的道路，让学校以未来的发展着眼于今天的培养，突破一元化成功的误区，倡导多元化成功。

齐齐哈尔中学在办学过程中形成了自己独特的学校文化。

1. 以国学为根基的阅读文化

齐齐哈尔中学学校文化主要是国学文化、科技文化、校友文化。国学文化是学校文化的核心，学校有深厚的国学基础，校本课程编辑成册，有国学底蕴和爱好的教师素养较高。学校 2010 年加入了“孔子课堂”项目。学校兴建了“师表厅”，把孔子塑像请进校园；兴建了“国学馆”，提供国学研究场所；教师中成立“国学研究社”，学生中成立“国学社团”。

阅读成为学校的课程内容，从文化氛围、阅读指导、阅读活动等方面展开，形成系列。学校与市图书馆建立联系，把课内阅读延伸到课外，参加阅读沙龙和论坛活动。学校以此提升学生的品格修养、人文情怀，提高学生分析问题、理解问题的能力，进而促进学科教学质量的全面提高。

图 6-17　师表厅

对国学课程育人效果的调查统计（图 6-18）显示，80.67%的学生认为“有助于深入了解国学经典”，75.77%的学生认为“有助于传承中华优秀传统文化”，71.2%的学生认为“有助于培养人文素养”，56.61%的学生认为“有助于发展学生的特长和兴趣”。由此可见，齐齐哈尔中学多数学生在国学课程中受益良多。

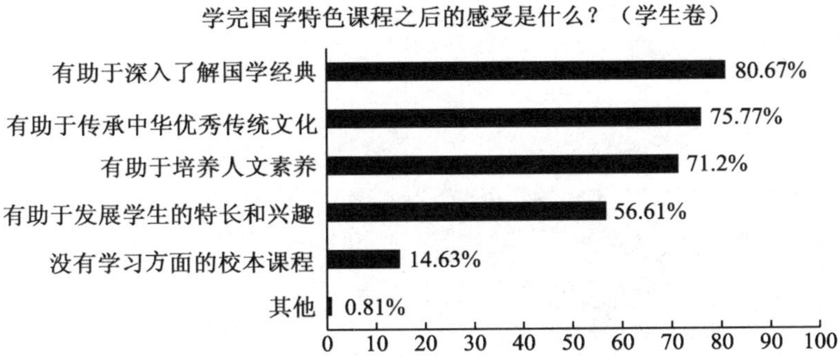

图 6-18　关于学生学完国学特色课程之后的感受问卷调查统计

学校与市图书馆建立联谊，成为学校课外阅读活动的重要场所。这个项目是学生成长的必然需要，学校把它作为语文教学的组成部分，也作为生涯规划课程的一部分。阅读是素养的根基，阅读也是德育的一条有效途径。

图 6-19　齐齐哈尔中学国学读本

2. 科技创新文化

“栾恩杰航空航天实验室”为学生打造科技实践活动平台，积极开展航空航天模型、机器人、科技创新和科技实践活动。在国内、国际科技创新活动中，齐齐哈尔中学学生连续获得殊荣。近年有多名学生因科技创新被保送到南京大学、复旦大学、天津大学等知名大学。

图 6-20　栾恩杰航空航天实验室

栾恩杰院士等校友带来了政策扶持及学术指导，上级主管部门给予了大力支持，学校拥有自己的科技创新教师团队，越来越多的学生对科技创新活动有浓厚的兴趣，他们的潜能得到挖掘，他们的智慧得到开启。

图 6-21　齐齐哈尔中学校友栾恩杰院士

在 2016 年的科技创新活动中，齐齐哈尔中学参加了“第十一届黑龙江省青少年机器人比赛”，高一年级学生吴厚卓、李家齐、王钧夺得机器人创意项目第一名；李尚谕同学的创意项目“心脏病紧急呼救系统”获得科技创意项目一等奖（全国高中一等奖仅 30 项，黑龙江省该奖项仅 1 名），代表黑龙江省参加在香港举办的第三十届全国青少年科技创新大赛入围终评。学校有 7 个项目获得“第 29 届黑龙江省青少年科技创新大赛”一等奖（全省共 29 项一等奖）。参加由中国发明协会和中国宋庆龄基金会联合举办的“第十一届宋庆龄少年儿童发明奖”，吴泊同学的发明项目“三层降温冷却杯”获得决赛入围奖（黑龙江省高中组仅有 2 项入围决赛）。

图 6-22　吴泊同学参加“第十一届宋庆龄少年儿童发明奖”

物理实验教学成绩瞩目，教师自己动手制作教具，效果突出，体现了学科建设的实力。物理教师自制的教具在全国教具大赛中多次获得一等奖；在建设数字化物理实验室中，学校引进了 DIS 实验设备，提高了物理实验的精确性。

3. 开放国际视野的异域文化

2009 年 7 月齐齐哈尔中学加入了中新友好实验班（FEC）项目，引进国际优质教育资源，进一步拓展学生的国际视野，为学生发展提供了多元选择。近年来，学校走向国际化的办学思路有了实质性突破。学校与新加坡理工大学、意大利都灵理工大学和米兰理工大学建立了意向合作关系；与美国蓝带高中缔结友好学校。国际班有近 30% 的学生被国外优质大学录取。

齐齐哈尔中学国际班办学规范，有优秀的管理团队和教师队伍，国际化教育思路开阔，顺应当今教育发展趋势。学校加强国际班管理力度，以国际化办学的思想进行规范管理，让更多学生接受国际化教育思维，拓宽学生升学渠道，提高国际知名大学的录取率。

图 6-23 齐齐哈尔中学与美国红土中学的签约仪式

二、求真教育的未来展望

纵观齐齐哈尔中学近年来的努力与发展，学校在创建特色学校、办好人民满意的教育道路上取得了重大进展。不可回避的是，齐齐哈尔中学在实践中仍存在着诸多问题与困难，在发展中面临诸多挑战，需要解决应对。作为一所具有悠久历史的高中学校，齐齐哈尔中学不仅要在示范性特色学校建设上率先践行，而且更需要在迈向 2035 国家教育现代化的新征程上做出新探索。

（一）全面落实立德树人根本任务

习近平总书记在党的十九大报告中系统阐述了新时代中国特色社会主义思想，提出了治国理政的新方略。在学校改革与发展中，按照党的十九大精神，按照习近平新时代中国特色社会主义思想，必须始终坚持走中国特色社会主义教育道路，牢牢把握教育改革与发展的正确方向，尤其要加强党对教育工作的全面领导，贯彻落实立德树人根本任务，培养德、智、体、美、劳全面发展的社会主义建设者和接班人，为中华民族伟大复兴而培养人才。

为此，要进一步丰富和充实“求真教育”的办学思想，要把人才培养目标中的“责任担当”作为关键；将学校德育体系创新与德育工作推进，作为学校改革与发展的优先事项和重要领域，实现以德为先、五育共进的学校发展格局；强化每个教师作为“引路人”的重要角色，在学科教学育人方面迈出更大步伐，产生有传播的经验与模式。

必须将全面落实立德树人根本任务作为学校发展的使命，在学校发展中处理好各方面关系，形成教书育人合力，以培养和践行社会主义核心价值观作为学校教育教学工作的主旋律。在培养学生具有良好的个人行为规范和思想道德品德的基础上，使学生形成正确世界观、人生观和价值观，推进学生的全面发展。

（二）实现教师在学校中当家作主

2016年习近平总书记在考察北京八一学校时指出，各级党委和政府要满腔热情关心教师，让广大教师安心从教、热心从教、舒心从教、静心从教，让广大教师在岗位上有幸福感、事业上有成就感、社会上有荣誉感，让教师成为让人羡慕的职业。

很显然，要想使教师获得真正的地位和尊严，首先需要教育系统内部具有尊重教师的良好氛围，尤其是教师工作的每个学校更应该创造一个重视教师、关心教师和发展教师的氛围与机制。

为此，学校要在坚持对教师人文关怀基础上着力强化教师高尚师德培养，突出教师敬业精神与创新精神培育，按照国家“高素质专业化创新型”的要求引进、培养、培训每一位教师，为学校特色发展和高水平提供人力资源保障。

在学校管理上，要更多地倾听教师声音；在教学上，要更多地激发教师创新；在德育工作中，要组织和发挥每个教师的参与作用。总之，率先创建一个和谐而又积极的教师生活、教师工作与教师发展的学校环境，体现教师在学校中当家作主的地位，使学校在人才培养上实现学生人才辈出与名师人才辈出并举，这应该成为一所示范性高中应有的目标追求。

（三）创建高中育人方式转变示范

当前，普通高中学校发展与改革面临着诸多新课题，尤其是考试招生制度的改革。每所高中学校都必须全面而系统地了解国家教育发展与改革的形势与趋势，要认真学习和领会实施高考改革的出发点，不能再以应试的思维应对新高考。

齐齐哈尔中学作为一所示范性特色高中，需要在转变高中育人方式上发挥先行探索与示范引领的作用，需要以全面落实立德树人为出发点，聚焦教与学的变革。齐齐哈尔中学在这方面已经有了比较好的探索。

学校需要在课程建设的基础上创新发展教育教学活动中的人际关系，将学生与学生、教师与学生都发展成为和谐多元的学习伙伴关系；在学习共同体的基础上，探索建立更多的学习关系，促进学生的合作学习、协作学习、团队学习等方式方法。这种新型关系将有助于促进每个学生的学习参与性、主动性和积极性。

要将传统的学生管理、班级管理方式发展成为学生自主管理与自我管理或者相互管理；要转变传统式班主任的工作方式和工作范围，教师要成为引导、帮助和支持者，而不是简单的说教者、主导者、控制者。

要切实巩固和强化学校文化的三方面特色，使学校文化成为学校培养人才的重要保障和有效支持。要将这种学校文化更多地体现在课程建设、课堂变革、活动引领、教师示范等各个方面。

总之，要有信心在转变高中育人方式的过程中创造学校自身的经验与模式，并为更多学校分享。

（四）继续加强学校发展的开放性

纵观学校的发展实践，齐齐哈尔中学已经意识到了学校所在地理位置偏远这个不利条件，十分重视学校与外部机构联系，注重走出去和引进来相结合的开放与合作的实践探索。

面向未来，学校还需要进一步发展这种对外开放和交流合作，以办学的开放性促进学校的高质量发展。

图 6-24 校长陪同市人大、市科协领导一行调研我校科技活动

首先，对标全国一流知名高中，追求学校高层次发展，而不只是局限在本市或者本省。要与这些高中建立实质性的合作关系，既要引进他们成功的经验与方法，也要与他们开展相互的协作，包括校本课程共享、教师合作研究、学生短期游学（访问）等。

其次，建立高层次人才组成的学校发展咨询委员会。吸收知名校友、学者专家、政府官员等多方面人士参与，定期研讨和规划学校发展事宜。学校发展规划要有一个系统而长远的规划，不能停留在解决当下实际问题，而是更多面向未来。要在制定三年规划的基础上，制定学校发展的十年规划纲要，将学校发展置于国家教育现代化发展的大背景下，推进学校现代化建设。

再次，建立学校教育改革专家工作组。继续深化和推进与大学及其教育科研工作者的合作，建立可持续发展的机制，促进学校教师与教育专业工作者之间的互动，包括教师参与重要科研项目及专家们定期来学校开展教育教学观摩、诊断与交流活动，使学校改革与发展各项活动都有可靠的理论基础和专业引领，增强学校改革的有效性和针对性。

最后，需要将学校国际部教育教学与整个高中部教育教学进行有效衔接，使更多的学生感受到国际特色课程与教学的影响，让国际视野的开放文化真正成为学校每个人都能感受到的学校特色文化。

一位专家说过："未来不是我们要去的地方，而是我们要创造的地方。"未来三年学校发展的蓝图已经绘就，而通向共同愿景的道路需要齐中师生脚踏实地、科学创新、与时俱进。相信齐齐哈尔中学必将取得更辉煌的办学成果。

后记一

2019 年，齐齐哈尔中学迎来了建校 70 周年华诞。70 年来，齐齐哈尔中学伴随着共和国的发展而不断成长壮大。作为齐齐哈尔中学的第 13 任校长，值此学校发展的重要节点，回顾学校的发展历程，总结办学经验，明确未来发展方向，是时代赋予教育者的历史使命和历史重任。

本书的出版得到了华东师范大学教育学部教育学系杨光富副教授和齐齐哈尔市教育教学研究院武海燕教授的悉心指导和大力支持。感谢杨教授带领研究生团队深入学校，从多层面调研走访，从多角度进行深入调查研究，从学术的高度系统梳理，总结提炼了新时代齐齐哈尔中学发展历程中的阶段特征与重要经验，对学校的"求真教育"思想进行了全方位的探讨，对学校不断走向规范化、民主化、科学化的进程进行了全面的总结与提炼，为学校未来发展提供了思路与方向。

与此同时，感谢杨光富教授带领团队分享了我国乃至国际丰富的教育改革经验，引领学校对新时代教育战略发展进行深度思考。在此，我代表学校向参与本书研究工作的华东师范大学的专家团队致以崇高的敬意，向为本书提供材料和修改建议的编审委员们表达诚挚的感谢！

教人求真，学做真人。在新的时代，齐齐哈尔中学将继承传统、锐意进取、开拓创新、砥砺前行，努力为国家培养出更多的高素质复合型人才，不断推动教育事业的发展，办人民满意的教育！

张志勤

2020 年 6 月 10 日

后记二

“教人求真，学做真人”，一直是黑龙江省齐齐哈尔中学在新时代锐意进取、砥砺前行、办人民满意教育的初始动力！2019 年，齐齐哈尔中学迎来了建校 70 周年华诞。在这重要的节点上，张志勤同志作为学校第 13 任校长承担起时代赋予的重任和使命，带领学校的有识之士，编纂完成了《学做真人：齐齐哈尔中学求真教育办学思想的实践探索》一书，令人敬佩。学校诞生于东北老工业基地重镇齐齐哈尔，始建于 1949 年，与共和国同龄。其原名齐齐哈尔铁路分局第一中学，是一所与共和国基础工业发展息息相关并有着光荣历史的学校，2004 年学校归属地方政府，隶属于齐齐哈尔市教育局管辖并更名为齐齐哈尔中学。70 年来，学校伴随着共和国的风雨历程而不断成长，1976 年成为省首批重点中学，2002 年被评为省级示范性高中。学校曾 3 次获得省高考理科状元的桂冠，9 次夺取市理科状元和文科状元，培养了一大批以中国工程院院士栾恩杰为代表的优秀毕业生。在多年的办学实践中，以“教人求真，学做真人”为校训，提出了“求真教育”的办学思想，并将思想渗透到学校课程、教学、管理、学生发展等各项工作中，取得了不俗的教育业绩。

2019 年 9 月，齐齐哈尔中学与华东师范大学教育学部设立“求真教育”办学思想专项研究课题组。课题组前往齐齐哈尔中学，搜集、整理了学校学生德育、课程建设、教学改革、教师专业发展等相关材料，访谈了 40 多名教师及 80 多名学生。同时，课题组还设计了教师与学生两套调查问卷，分别问卷调查了学校 156 位教师和 2344 位学生，从各方面了解“求真教育”办学思想的理论基础、渊源流变、实践探索、实际成效及其影响等，并从不同角度对“淬锋蓄势，初心来路不忘；焚膏继暑，社稷使命担当”的求真教育进行全方位解读。

本书追溯学校历史发展脉络，探求“求真教育”理念背后的理论基础和实践价值，认真回顾学校发展历程，梳理不同时期学校育人模式，总结办学经验和典型做法，目的是承继过往荣光，不负当下责任使命，为学校的长远发展奠定理论基础，并进一步明确学校未来发展方向。全书共分为六章（理论与渊源：求真教育的理论基础；规范与争优：求真教育的德育工作；内求与外探：求真教育的多元课程体系；合作与探究：求真教育的教学实践改革；被动与主动：求真教育的教师发展；辐射与影响：求真教育的显著成效），从六个角度厘清了“求真教育”的精神内核与实践探索模式。

本书是集体智慧的结晶。齐齐哈尔中学的研究团队提供了大量丰富的一手素材，在调研过程中积极认真地做了很多基础准备工作，如原始资料搜集及梳理、教师学生访谈及问卷调查等前期准备工作。研究团队在张志勤校长的统一领导下，广泛征求学校领导及教师意见，从交流拟定研究提纲、初期研讨论证到逐步形成到初稿的完成，都是团队合作辛勤努力的成果。参与本书稿撰写的主要人员有：齐齐哈尔中学的张志勤老师，华东师范大学教育学部教育学系在读研究生章盼、张丹宁（现为上海市长宁区天山第一小学教师）、周志杰和陈钰颖四位同学。书稿撰写具体分工如下：张丹宁、张志勤，第一章；陈钰颖，第二章；张志勤，第三章、第六章；周志杰，第四章；章盼、张志勤，第五章；杨光富，后记。

感谢中国领导科学研究会原副会长、上海市领导科学学会首任会长，中国浦东干部学院首任常务副院长、博士生导师奚洁人教授为本丛书作序。满满的两页纸，字里行间充满对特色学校创建中涌现出来的优秀校长由衷的祝贺与殷切的期望。苏州大学出版社汤定军老师为书稿的顺利出版付出了大量的辛勤劳动。齐齐哈尔中学的研究团队为本书的撰写付出了极大的热忱和辛勤劳动，在此一并致谢。

在编写的过程中，我们参考了大量的文献，由于所收集到的资料庞杂，有的内容一时难以注明作者和出处，敬请谅解。尽管我们在编写过程中反复酝酿、推敲、校对、审核，但由于时间紧迫，才学所限，书中错漏和问题在所难免，敬请各位同人、读者批评指正。

华东师范大学基础教育改革与发展研究所、教育学系

杨光富

2020 年 6 月 10 日